01

항일무장투쟁

수령의 나라

수령의 나라

이경식 지음

들어가는 말

 정식명칭이 조선민주주의인민공화국인 북한은 휴전선을 경계로 한반도 북부를 점령하고 있으며, 1948년 9월 9일 정권을 수립한 이후 지금까지 체제를 유지해 오고 있다. 분단체제가 유지되는 한 한 반도에서의 긴장은 완화될 수 없고 민족적으로나 역사적으로도 언 젠가는 하나로 합쳐야 할 대상이기에 대한민국과는 밀접한 관계를 맺고 있다. 하지만 그동안의 전쟁과 군사적 충돌의 경험 때문인지 적대적인 대상으로 인식되고 있으며, 북한 체제를 객관적인 시각으로 이해하기보다는 정통성을 인정하지 않는 괴뢰 집단으로 인식하는 측면이 강하다.

 싫든 좋든 북한은 남한에 직접적인 영향을 주는 존재이다. 북한과의 군사적 충돌은 남한 경제에 부정적인 영향을 끼치며 사회적 불안을 일으킨다. 동시에 전 세계의 이목을 집중시키며 동북아의 긴장을 조성한다. 따라서 우리 국민이 좀 더 나은 삶을 살기 위해서는 북한과의 대결을 끝내고 통일 국가를 건설해야 한다. 그 준비단계로 우리는 북한을 있는 그대로 이해할 필요가 있다. 북한을 이해하지 못한 상태에서 통일을 이루려면 갈등은 더욱 증폭될 것이기 때문이다.

북한 체제의 가장 큰 특징은 수령체제이다. 사회주의나 독재국가는 북한만의 특징이 아니고 경제적 빈곤 또한 마찬가지다. 왕이 존재하는 국가는 지금도 존재한다. 하지만 '수령'이라는 전대미문의 제도는 북한만이 가지고 있다. 수령 제도가 어떻게 탄생했고 완성되었는지를 이해한다면, 장군님 사진이 비에 맞고 있다고 버스에서 내려 플래카드를 고이 모셔오는 북한 미녀 응원단의 행동도 이해할 수 있을 것이다. 그런 이해가 바탕이 될 때 남북한 주민들의 왕래도 자연스러워질 것이고 통일의 과정에서 발생하는 혼란도 줄어들 것이다.

김일성 주석의 사망 때 대성통곡하던 북한 주민들의 눈물을 보고 남한의 보수 언론은 당에서 강요한 행동이라고 했다. 그리고 정부는 전군 비상 경계령을 발동했고, 이어서 조문 파동이 일어났다. 그런 우리의 반응에 북한은 "우리 조선 옛말에 절대로 상종하지 못할 놈을 상갓집 앞에서 춤추는 놈이라 했습니다"라고 했다. 그때보다 지금은 상황이 더 나아졌는가? 과연 우리는 북한을 좀 더 객관적으로 이해하고 있는지 되묻고 있다.

우리가 북한을 이해하기 위해서는 먼저 수령을 이해해야 한다. 수령은 북한 인민들을 대변하는 하나의 제도이며, 북한 사회는 수령을 정점으로 모든 것이 움직이는 사회이다. 그런 수령 제도를 이해할 때 북한에 대한 선입견은 조금씩 걷힐 것이고 북한 동포들을 품을 수 있는 아량도 생길 수 있을 것이다. 그래서 이 책은 수령론의 이론적 측면을 비롯하여 북한의 수령 제도가 탄생한 배경과 발전과정 그리고 후계자에게 이어지는 과정을 서술했다.

　이 책이 북한 체제를 조금이나마 이해하는 데 도움이 되기를 바란다. 하지만 이해하는 것과 동의하는 것은 별개의 문제임을 강조하고 싶다.

목차

2020년 7월 18일 북한 노동당 기관지 노동신문은 "항일혁명 선열들이 지니었던 백절불굴의 혁명 정신을 깊이 새겨간다"라며 평양 객차대 근로자들의 사진을 게재했다. 신문은 이날 '생산도 학습도 생활도 항일유격대식으로'라는 특집 제목으로 기사를 싣고 과거 항일투쟁 정신으로 현재의 경제난을 극복하자고 독려했다. 김일성 사후 그의 손자 김정은이 북한을 통치하고 있지만, 김일성의 항일무장투쟁은 아직도 북한 체제를 지탱하는 버팀목이 되고 있다.

　북한에서 수령의 권위는 항일무장투쟁 시기를 바탕으로 창조되었고, 김일성 외에도 김일성의 증조부 김응우, 부모인 김형직과 강반석, 아내 김정숙, 동생 김철주, 삼촌 김형권 등 김일성의 가계는 항일투사 집안으로 미화되어 수령의 권위를 뒷받침하였다. 그리고 김일성의 절대권력을 뒷받침했던 북한 지도부의 핵심 성원들 또한 이 시기의 동료들이며, 수령의 후계자 김정일의 탄생도 항일무장투쟁 시기와 결부시키고 있다.

　물론 북한 지도부의 항일무장투쟁에 대해서 여러 가지 이견이 존재하며, 식민지 하에서의 게릴라 투쟁은 북한에서만 존재하는 것은 아니다. 중국과 베트남 등 당시 제국주의의 침략을 받은 국가들은 보편적으로 무장투쟁을 전개하였고, 그 시기의 지도자가 이후 정권을 장악하게 된다. 하지만 북한은 항일무장투쟁 시기의 경험을 토대로 국가를 건설하였다. 그 시기의 핵심 성원들이 단순히 정권만을 장악한 것이 아니라, 국가의 모든 골간(骨幹)을 항일무장투쟁에서 찾았다. 북한의 통치이념인 주체사상도 항일무장투쟁 시기에서 창조된 것으로 선전하고 국가의 정책 노선 또한 항일무장투쟁 시기에서 얻은 경험을 바탕으로 전개하였다. 따라서 북한의 논리대로라면, 해방 후 북한의 사회주의혁명을 이끌어 온 수많은 지도자를 배출한 항일무장투쟁 시기는 이른바 혁명 전통의 근원이며 북한 사회주의의 전사(前史)라 할 수 있다.

물론 북한이 주장하는 항일무장투쟁은 일본 제국주의에 대한 단순한 무력투쟁만을 의미하는 것은 아니다. 김일성이 "해방 후 우리 당은 항일혁명투쟁 시기에 내놓은 인민 정권 건설 노선과 그 실현을 위한 투쟁에서 얻은 귀중한 경험에 기초하여 안팎의 원수들의 온갖 방해 책동을 성과적으로 물리치고 인민 정권을 세움으로써 주권 문제를 빛나게 해결하였습니다"(김일성, 「조선로동당 건설의 역사적 경험」, 태백편집부, 『주체사상연구』, p. 140)라고 언급했듯이, 그것은 단순한 항일무장투쟁뿐만 아니라 그 과정에서 이루어졌던 유격근거지에서의 개혁들, 조국광복회 활동, 그리고 항일무장투쟁 전 기간에 걸쳐 견지되었던 반일 민족통일 전선에서 얻은 경험을 총체적으로 표현하고 있다.

한때 남한에서는 가짜 김일성이 대세를 이룰 정도로 김일성의 항일무장투쟁에 대해서는 부정적이었다. 김일성에 반대하는 사람들은 그의 항일무장투쟁 업적을 인정할 수가 없었고 그것을 인정한다는 것은 북한 정권에 정통성을 부여하는 일이었다. 분단상황에서 체제 경쟁을 벌이던 남한으로서는 용납할 수 없는 일이었다. 그래서 그의 업적을 폄훼하는 일에 일부 학자들이 앞장섰다. 하지만 세월이 흐르면 진실은 밝혀지는 법이다. 비록 북한에서 주장하듯이 김일성이 조선인민혁명군을 이끌고 일본군을 쓸어버리면서 북한을 해방하지는 않았지만, 일제 강점기 동안 행한 김일성의 항일무장투쟁은 결코 과소평가할 수 없다.

　'가짜 김일성'설은 북한 김일성의 본명은 김성주(金成柱, 혹자는 金聖柱라고도 한다.)이며 실제 독립운동가 김일성과 상관없는 사람이라고 주장한다. 즉 마적단 두목이었다가 소련군의 장교가 된 김성주가 김일성의 공적을 가로채 김일성 행세를 했을 뿐 독립운동가가 아니라는 주장이다. 이명영 전 성균관대 교수 등이 일제의 문헌을 바탕으로 줄기차게 주장한 학설이다. 이명영 교수는 진짜 김일성 장군은 김경천(본명 김광서, 함경남도 북천군 태생, 1888.6.5.~1942. 1. 2. 생몰 연일에 대해 여러 이설이 있음)이며 20년대 전반기에 가장 출중하고도 세력이 강했던 부대라는 것이다.

　하지만 여러 학자의 노력으로 지금은 북한의 김일성이 독립운동을 한 김일성으로 인정되고 있다. 여기서 굳이 긴 지면을 할애하여 이 논쟁을 서술하지 않더라도, 그간의 논쟁은 이종석, 한홍구, 서대숙 등이 서술한 다른 책들에서 이미 많이 인용된 상태이다. 다만 김일성의 항일무장투쟁을 어느 선까지 인정하느냐는 논란거리로 남아 있다. 김일성 위주의 독립운동사는 김일성과 관련 없는 사람의 활동에 대해서는 의도적으로 무시하고 김일성의 활동은 의도적으로 부풀리기 때문이다. 좀 더 객관적인 작업이 필요한 것은 대부분의 북한 연구자가 인정하고 있다.

미국으로 망명한 중앙정보부장 김형욱은 그의 회고록에서 "김일성에 대해서도 한마디 안 할 수 없다. 전직 대한민국의 중앙정보부장이었던 내가 이런 발언을 한다면 소스라치게 놀라는 사람이 많을 것이다. 그러나 사실은 사실로써 받아들여져야 한다. 그것이 비록 당장은 충격파를 가져올 수 있으나 장구한 민족사의 체계로 보아서는 오히려 바람직할 수도 있을 것이다. 나는 진실을 말한다면 해방 전에 25세 약관의 김일성이 항일무장게릴라전을 지휘하였고 한때는 중국공산당 만주 지역의 동북항일군 소속으로 압록강 및 두만강 연안에서 항일운동에 헌신했다는 것을 알고 있었다. 비록 규모가 작기는 하였으나 그가 함남의 길주, 명천 등지의 남삼군에 상당한 조직을 가지고 있었고 보천보 전투를 지휘한 사실도 알고 있었다. …… 부끄러운 일이지만, 나는 재직 중에 김일성의 경력을 인정해주고 비판할 것은 비판하는 식의 보다 현실적이고 합리적인 반공교육 체제를 확립하는 데 성공하지 못하였다. 김일성이가 완전 '가짜'가 아니고 사실은 '진짜'라고 교정하는 데는 중앙정보부장인 나도 겁을 먹고 조심을 해야 할 만큼 한국의 반공 문화는 무서운 존재였다. 한국에서 용공이란 딱지는 천형만큼 잔인한 저주였다."라고(「김형욱 회고록」, 제II부 p.271.) 서술하고 있다.

남한에서 반북적인 잡지로 유명한 「월간조선」 1998년 9월호에는 1985년 10월 장세동 안전기획부장이 전두환 대통령의 친서를 지니고 밀사로 평양에 들어가 김일성을 만난 대화록이 있다. "그동안 일제하의 항일투쟁을 비롯하여 40년간 김주석께서 북녘땅을 이끌어오시고 그동안 평양의 우뚝 솟은 의지를 보고 이러한 발전을 위하여

심려해 오신 점에 대한 존경과 감사를 다시 드립니다. 대통령 각하
께서는 비록 체제와 이념은 다르지만 주석님의 조국애와 민족애를
높이 평가하고 계십니다."

김형욱은 김일성을 가짜라고 주장한 것에 대해 양심의 가책을 느
껴 진짜라고 고백만 했다면, 전두환 정부 시절의 장세동 안전기획부
장은 김일성의 항일무장투쟁에 대해 단순하게 인정한 것을 넘어 존
경과 감사까지 드리고 있다. 기본적으로 김일성 가짜설은 남북한이
대치된 상태에서 북한의 지도자를 폄훼하는 과정에서 일어난 것이
다. 하지만 당시 기록을 자유롭게 열람할 수 있던 사람은 김일성의
항일무장투쟁을 누구보다도 더 잘 알고 있었다.

일제 강점기에 독립운동가들은 일본의 감시를 피하려고 가명을
자주 쓰고 모임도 비밀리에 진행했다. 따라서 일제의 기록은 당시
항일무장투쟁을 정확히 기록할 수가 없다. 그러니 죽었던 김일성이
다시 살아나는 일들이 생기는 것이다. 친일파를 비롯하여 가짜 김일
성을 주장하는 사람들에게 역사적 진실은 중요하지 않다. 자신들의
입장을 합리화할 수 있는 기록을 자신들의 입맛에 맞게 의도적으로
편집하는 작업을 해왔다. 일제가 독립군의 사기를 떨어뜨리기 위해
서 김일성이 죽었다고 퍼트린 소문은 기록하면서 정작 목숨을 걸고
싸운 그의 투쟁은 무시한 것이다. 어떻게 보면 분단상황에서 북한의
지도자가 가지는 정통성을 인정하지 못하는 시대적 상황에서, 민족
을 위해 자기 것을 손해 보지 않고 일신의 안락만을 추구한 사람들
이 가진 열등감이 가짜 김일성을 만들어냈는지도 모른다.

1. 동북항일연군

1910년대까지 민족해방운동을 주도하고 있던 부르주아 민족주의자들은 3.1운동 이후 혁명적으로 분출했던 당시 민중의 독립 열망과 사회개혁을 계속 이어가지 못하고 일제와 타협하는 무기력한 모습을 보여준다. 이에 대한 새로운 대안으로 사회주의가 민족주의의 대안으로 당시 지식인들 사이에 널리 유포된다. 하지만 국내의 사회주의운동은 당시 대중에게 설득력을 얻지 못했기에 사회운동의 동력이 되지 못하고, 지식인들 사이의 파벌투쟁으로 전개되었다. 그리하여 해방 이후 분단이 되는 과정에서 국내 공산주의자들은 남한과 북한 어디에서도 주류로 편입되지 못했다.

기본적으로 북한 정권을 이루는 핵심 성원들은 만주 지방에서 항일무장투쟁을 전개한 동북항일연군의 성원들이다. 이들은 당시 중국인 공산주의자들과의 연합으로 항일무장투쟁을 전개하였고, 해방 이후 소련의 든든한 후원 속에서 북한 정권의 헤게모니를 장악하게 된다. 그리고 김일성은 동북항일연군에서 활동한 그의 경력을 바탕으로 북한을 수령국가로 변모시킨다.

김일성이 항일무장투쟁에 본격적으로 나선 것은 1931년 9월 18일 일제가 만주사변을 일으키면서부터였다. 일제가 만주를 침략하여 괴뢰정부인 만주국을 세우자, 재만 중국인들과 조선사람들의 자생적인 항일무장투쟁이 광범위하게 전개되었다. 중국공산당 동만주특별위원회(동만특위)는 특위 서기 동장영의 지도로 1931년 12월 명월구 회의를 열고 중국공산당 중앙의 지시에 근거하여 당의 영도를 강화하고 군중을 발동하여 유격대를 창건하며 유격 전쟁을 전개할 것을 결정하였다. 또한, 1932년 2월 중국공산당 만주성위원회는 동만

특위에 대한 사업지시에서 "유격 전쟁을 발동하는 것은 당전(當前) 동만의 주요한 임무"라고 강조하고 유격대에 대한 당의 영도를 건립하여야 한다고 지적하였다. 그리하여 4월에 동만특위는 만주성위원회의 이러한 지시에 근거하여 각 현 위에 항일유격대를 창건할 것을 요구하였다. 당시 1국 1당주의 원칙에 의해서 중국공산당에 편입되어 있던 조선인공산주의자들은 이 항일유격대 건설사업에 주도적으로 참여하였다.

바로 이러한 만주 상황 속에서 백두산 산록(山麓)에 위치한 안도현의 공산 청년조직에 관계하고 있던 김일성은 그 지역에서 1932년 4월 소수의 동료와 함께 중국 구국군 우사령 부대 산하에서 별동대를 조직하였다. 그리고 이 부대와 김일성의 지시로 이광이 왕청에서 조직한 별동대를 통합하여 1932년 4월 25일 반일인민유격대를 만든다. 이 부대를 북한에서는 조신인민혁명군으로 보기 때문에 1948년 2월 8일 정규군이 창설된 날을 건군절로 기념해 오다가 1978년부터는 조선인민혁명군 창건일인 1932년 4월 25일을 건군절로 바꿨다. 이후 김정은이 등장한 2018년부터 정규군 창건일인 2월 8일을 건군절로 재지정해 기념해 오고 있다.

김일성은 그의 회고록 「세기와 더불어」에서 우사령 부대 산하에서 별동대를 조직하고 확대한 4월 25일 이전에 이미 반일인민유격대를 창설했지만, 당시의 사정상 비밀리에 운영할 수밖에 없었다고 주장한다. 당시 중국 동북지방에는 동북자위군, 반길림군, 항일구국군, 항일의용군, 산림대, 대도회, 홍창회와 같은 형형색색의 반일부대들이 많았다. 반일부대라는 것은 일제가 만주를 강점한 후 항일구국의 기치를 들고 구(舊)동북군에서 떨어져 나온 애국적인 군인들과 관리들 그리고 농민들로 이루어진 민족주의 군대를 말한다. 이 부대들을 통틀어 구국군이라고도 불렀다. 그런데 이 구국군이 조선인공산주의자들을 일제의 앞잡이로 보고 박해하고 학살하여서 일본군뿐만 아니라 구국군도 피해 다녀야 할 정도였다고 한다. 그것은 구국군의 상층부가 대부분 자산계급 출신들로 이루어져 있는 사정과 관련되어 있었다.

김일성은 자신의 유격대를 합법화하기 위해서 오의성 휘하에 있는 우사령 부대에 들어가서 별동대(조선사람으로 조직된 특별부대)를 조직하기로 한다. 우사령 부대에 들어가면 구국군의 간판을 가지게 되어 피해를 볼 염려가 없고 무기도 해결할 수 있기 때문이다. 이를 위해 김일성이 우사령 부대를 찾아갔는데, 그 부대에서 길림의 육문중학교 스승이었던 류본초 선생을 만나게 된다. 당시 류본초 선생은 우사령 부대에서 참모장으로 활동하고 있었다. 류본초 선생의 주선으로 김일성은 우사령을 만나게 되고 그의 부대에서 사령부 선전대 대장을 맡게 된다. 이후 우사령의 신임을 얻게 되고 우사령 부대에 잡혀 온 조선인 청년들을 구출하여 별동대를 조직하게 된다. 김일성은 이광에게 지시하여 왕청에서도 별동대를 조직하도록 지시하고 이 부대와 자신이 만든 별동대를 통합하여 1932년 4월 25일 안투(安圖)현 소사하 토기점골 등판에서 반일인민유격대의 창건식을 가진다. 이때 김일성은 이 부대의 대장 겸 정치위원을 맡게 된다.

1933년에 중국공산당 중앙은 '1월 서한'을 중국공산당 만주성위원회에 보내 소비에트 수립노선을 포기하고, 적색유격대를 기초로 한 인민혁명군을 조직하여 반일민족혁명 세력들과 통일전선을 결성할 것을 지시했다. 이에 따라 만주성위원회는 만주 각지에 조직된 항일적위대와 유격대를 규합하여 각 유격구별로 동북인민혁명군을 조직했다. 1933년 9월에 남만주 반석현에서 종래의 홍군 32군 남만 유격대를 기초로 중국인 양징위(楊靖宇양정우)를 총사령으로, 조선인 이홍광을 사장(師將)으로 한 1,700명 규모의 동북인민혁명군 제1군 제1독립사가 조직되었다.

1934년 3월에는 연길(延吉)·화룡(和龍)·왕청(汪淸)·혼춘(琿春) 등 동만 지역 4개 현의 유격대를 규합하여, 조선인 주진(朱鎭)을 사장으로, 중국인 왕더타이(王德泰왕덕태)를 정치위원으로 한 1,500여 명 규모의 동북인민혁명군 제2군 독립사를 조직했다. 이 제2군 독립사는 비록 중국공산당의 지도를 받고 있었지만, 그 부대 성원의 다수는 조선인들이었다. 김일성은 이 독립사에서 1934년 가을부터 3단 정치위원을 맡았다.

그 외에도 1935년 1월에는 주하(珠河) 지방에서 중국인 자오상즈(趙尙志조상지)를 사장으로 제3군 제1독립사가, 1935년 9월에는 우수리강에 인접한 소·만 국경지대에서 조선인 이학만과 중국인 리정뤼(李政錄이정록)를 중심으로 제4군 독립사 등이 조직되었다. 동북인민혁명군의 주력인 제1, 2군 독립사는 일제의 대대적인 토벌과 내부의 반민생단 투쟁의 여파로 1934년 말경에는 한때 붕괴의 위기를 맞기도 했으나, 1935년 들어서 이를 극복하고 치열한 항일무장투쟁을 전개했다.

1935년 7월 개최된 코민테른 제7회 대회에서 광범한 반제 통일전선 결성문제가 제기되자 중국공산당은 "중화 소비에트 정부와 동북 각지의 항일정권을 단일적·전국적 국방정부로 조직하고, 홍군과 동북인민혁명군 및 각지의 반일의용군을 하나로 하여 전(全) 중국적

항일연군을 조직하라"라는 항일 구국 선언인 '8·1선언'을 발표하였다. 이 선언에 따라 중국공산당 만주조직은 1936년 1월 회의를 소집하고 각 항일부대를 '동북항일연군'으로 재편성하기로 하였다. 그리고 1936년 2월 '동북항일연군 통일군대건제 선언'에 따라 같은 해 3월 동북인민혁명군이 동북항일연군으로 재편성되었다.

동북항일연군은 동북인민혁명군뿐만 아니라, 그 밖의 모든 반일 무장대를 항일 구국의 기치 아래 단결시켜서 조직한 부대이다. 처음 만들어졌을 때는 제1군으로부터 제11군까지 존재했으며, 제1군, 제2군이 남만주에서, 제4, 5, 7, 8, 10군이 동만주, 제3, 6, 9, 11군이 북만주에서 활동하였다. 후에 남만주의 군은 제1로군, 동만주의 군은 제2로군, 북만주의 군은 제3로군으로 재편성되었다. 동북항일연군은 중국과 조선의 독립군 연합부대로 종래 동북인민혁명군에 가담하고 있던 조선인 대원은 특히 동북항일연군 제1로군으로 많이 편입되었다. 하지만 조선과 가까운 2로군에도 조선인이 많았으며, 하얼빈을 중심으로 활동했던 3로군에도 이복림, 김책 등의 조선인이 있었다. 1945년 8·15해방 후 북한 정권 창출 과정에서 중요한 임무를 수행한 김일성, 서철, 최현, 오백룡, 임춘추, 안길, 최용건, 김책 등은 모두 이 동북항일연군에서 활동했던 사람들이었다.

김일성은 동북항일연군 제2군 6사 사장, 1938년에는 동북항일연군 제1로군 제2방면군 군장으로 활동하면서 크게 작은 전투에서 여러 차례 승리를 거두었다. 특히 1937년 6월 김일성이 제1로군 제2군 소속으로 감행한 보천보 전투는 김일성의 이름을 본격적으로 알린 계기가 되었다. 중무장한 유격대가 함경남도 갑산군 보천면 보천보(현재 북한의 행정구역상 양강도 보천군 보천읍)에서 일제의 관공

서를 습격하고 보천보 일대를 일시 점령한 사건은 당시 조선 민중들에게 큰 충격과 희망을 가져다주었다. 북한에서 보천보를 중요시하는 것은 전투의 전과가 큰 것이 아니라 국내 진공 작전으로 조선 인민들에게 독립의 희망을 선사했기 때문이다. 일제의 지배가 길어지면서 독립에 대한 희망도 사라지고 있던 당시의 상황에서 보천보 전투는 그야말로 조선 민중들에게 충격으로 다가갔다. 당시 파장이 매우 커서 일장기 말살 사건으로 무기 정간에서 막 풀려난 동아일보는 6월 5일 자로 두 차례에 걸쳐 이 사건에 대한 호외를 발행할 정도로 이 사건에 관심을 보였다.

김일성은 그의 회고록에서 "보천보 전투는 대포도 비행기도 땅크도 없이 진행한 자그마한 싸움이었다. 보총과 기관총에 선동 연설이 배합된 평범한 습격전투였다. 사상자도 많지 않았다. 우리 측으로 볼 때에도 전사자는 없었다. 너무나도 일방적으로 진행된 기습전이여서 어떤 대원들은 오히려 아쉬워할 지경이었다."라고 회고하고 있다. 하지만 "그러나 이 전투는 유격전의 요구를 최상의 수준에서 구현한 전투였다. 전투목표의 설정과 시간의 선택, 불의의 공격, 방화를 통한 충격적인 선동, 활발한 선전 활동의 배합 등 모든 과정이 하나에서부터 열까지 립체적으로 맞물린 빈틈없는 작전이었다."라고 회고하며 높이 평가하고 있다.

당시 1만여 명에 달하는 동북항일연군의 활동에 위협을 느낀 일본은 1937년부터 '만주국치안숙청계획'을 세우고 동북지역 일본군의 수를 70만 명까지 확대하였다. 그리고 1939년 10월부터 이른바 '동남부 치안숙정공작'을 개시하여 동북항일연군에 대한 '대토벌 작전'을 실시하였다. 이 토벌 작전에는 관동군 1개 사단 병력을 중심으로 해서 만주국군과 만주국 경찰과 자위단 등 거대한 병력을 총동원하여 이 해에 항일유격대들을 완전히 포위하여 절멸(絶滅)시키려고 하였다. 치안숙정공작의 주요 내용은 "겨울에 눈이 내리는 시기를 이용하고 미리 목표비(目標匪)를 정하여, 쌓인 눈 위의 적의 발자국(위장 발자국을 간파하여)을 밟아 산채에서 취사하는 연기를 발견하면 이것을 복멸(覆滅)하고, 적의 모습을 발견하면 단숨에 섬멸하도록 하며, 나머지 잔당을 급히 추격하고 또 추격하여 적에게 한시도 쉴 틈을 주지 않고 지쳐 빠지게 하며(일명 진드기 전법), 굶주림과 추위 때문에 투항, 또는 귀순하지 않을 수 없게 한다."라는 것이 요지였다.(와다 하루끼(和田春樹), 「김일성과 만주 항일전쟁」, p. 224)

1941년 3월에 끝난 이 작전은 이전에 있었던 토벌대와는 전혀 수준을 달리하는 강력한 토벌 작전을 구사했다. 비행기까지 동원한 감시, 집단부락 건설, 나가시마 공작대 등의 특수공작이 병행되었는데, 작전은 1941년 3월까지 1년 3개월 동안 3천만 엔의 예산을 들여 전개되었다. 이때 토벌대는 정치적 회유와 사상적인 와해 수단도 동시에 활용하였다. 독립군 지도자가 체포되었다거나 부대가 궤멸하였다는 등 헛소문을 날조하면서 동북항일연군의 사기를 떨어뜨렸다. 김일성도 그의 회고록에서 일본군이 자신의 할머니를 귀순 공작에 이용하였다고 서술하고 있다.

주요 지도자들에게는 막대한 현상금이 나붙었다. 양정우, 김일성, 최현, 조아범, 진한장에게는 1만 원, 박득범, 방진성은 5천 원, 위증민, 전광에게는 3천 원의 현상금이 각각 내걸렸다. 당시 만주국 치안 당국이 '경찰상'을 제정하면서 보통상 10원으로부터 치안부 대신의 명의로 된 최고상의 액수를 200원으로 제정하였다는 것을 고려해볼 때 현상금 1만 원은 엄청난 액수였다.

이 와중에 1940년 3월 11일 김일성부대는 홍기하 계곡에 있는 대마록구(큰 말사슴골이라는 뜻)에 있는 일본인 목재소를 습격하였다. 삼림경찰대가 지키는 곳이었지만 심야에 습격하여 대량의 총탄과 쌀을 탈취하는 데 성공하였다. 이 소식을 접한 악명 높은 토벌대 '마에다 부대'가 김일성부대를 추격하기 시작했다. 1940년 3월 25일 김일성부대는 만주의 안투(安圖안도)현 대마록구 홍기하 골짜기에서 추격하는 마에다 중대를 공격해 이 부대를 전멸시켰다. 마에다 중대 지휘관인 마에다 다케이치(前田武市)는 조선 경찰로 있다가 지도관으로 만주에 파견되어 화룡현 경찰서장과 삼도구 경찰서장을 지냈고, 1939년 4월부터 '김일성 토비대'에 참가했으며 10월 우나미 경방대대가 조직되자 그 중대장이 되었다. 늘 "김일성의 머리는 내가 베어 들겠다"라고 떠들며 밀림으로 들어갔다가 홍기하 전투에서 유격대에 의해 사살되었다.(와다 하루끼, 「김일성과 만주 항일전쟁」 p. 229)

김일성의 회고록에는 무기를 바치고 투항한 30명쯤 되는 적을 내놓고는 140여 명을 사살하였다고 기록하고 있다. (하지만 일제 측 기록에 의하면, 145명 중 20여 명이 살아남았다고 한다.) 그런데 이때 궤멸당한 마에다 부대 중 일본계가 9명, 일부 만주계도 있었으나 대부분 조선계였다. 생존자의 말에 따르면 김일성부대 쪽에서는 "총을 버리고 손을 들어라. 명령에 따르는 자는 죽이지 않는다"라고 목이 쉬도록 외쳤지만, 마에다 부대의 조선인 경찰관은 한 사람도 항복하지 않았다고 한다.

일본 경찰 잡지에서는 그 전투를 이렇게 평했다. "어떻게 된 노릇인가, 토벌에서는 천군만마의 오랜 강자인 마에다 대장, 그러한 술책에 빠져본 적이 없는 토벌의 왕자인 마에다 대장이 뜻하지 않게 이런 궁지에 빠져들어 간 데 대하여 이러저러한 비판의 여지가 있을지 모르겠으나 이것은 요컨대 흔히 말하는 귀신의 농간이라 할 수밖에 없다….”(림춘추, 「항일무장투쟁 시기를 회상하여」, 참조) 일본 경찰 스스로 귀신의 농간이라고 표현할 정도로 김일성부대의 활약은 전설적이었다. 그리고 마에다 부대가 전멸한 1년 후 현충비를 세웠는데, 이 비문에는 “조각난 비적들이 산야에 잔존해 있지만, 일거에 그들의 목을 잘라 그 피를 묘 앞에 붓겠다. 살아있는 우리는 맹세코 그대들의 복수에 나서겠다.”라는 문구가 적혀 있다. 김일성부대를 죽이는 일이 일본 제국의 공통된 목표가 된 것이다.

일본군의 강력한 토벌 작전과 고립정책으로 인해 동북항일연군은 소부대로 전환하여 게릴라전에 치중할 수밖에 없었다. 1940년 가을부터 남은 대원들은 점차 소련 경내로 도피하였다. 동남지역에서 활동하던 김일성 등 일부 생존자들도 1940년 12월 중순 훈춘을 거쳐 연해주로 피신하였다. 당시 김일성부대는 일본군보다 추위와 굶주림으로 큰 어려움을 겪었고, 1940년 2월 20일 제2방면군 참모장 임수산이 부하 10여 명과 경기관총 2자루를 가지고 투항하는 등 변절자들로 인해 타격이 컸다. 이후 임수산은 공작대를 조직하여 나가시마 공작반과 함께 무송, 왕청, 연길 일대에서 김일성부대를 뒤쫓았다.

북한 당국은 이 당시 일제의 토벌로 인해 어려움을 겪고 있었음을 부인하지는 않는다. 하지만 일본과 소련의 군사적 충돌을 예상하고 소련과의 합동작전을 통해 국내로 진격할 것을 계획했다고 한다. 국경을 넘은 김일성 등의 제1로군 부대는 제2로군의 일부와 함께 연해주 보로실로프 근처(남야영)에서, 제3로군과 제2로군 다수는 하바

롭스크에서 70㎞ 떨어진 아무르 강변 뱌츠코예 마을(북야영)에 주둔하였다. 이후 1942년 7월에 남야영과 북야영으로 나뉘어 있던 동북항일연군은 동북항일연군교도려(東北抗日聯軍敎導旅敎導旅)로 재편되었다.

동북항일연군교도려는 약 천여 명으로 구성되었으며, 4개의 교도영과 1개의 통신영을 두었으며 두 개의 병영(북야영과 남야영)을 가졌다. 려장에는 제2로군 군장 출신의 저우바오중(周保中주보중)이 정치부 려장에는 제3로군 군장 출신인 리자오린(李兆麟이조린, 일명 張壽錢장수전)이 임명되었으며 참모장에는 제2로군 참모장 최용건이 임명되었다. 4개 영 중 제1로군 출신들이 모인 제1영 영장에는 1로군 제2방면 군장 출신인 김일성이 임명되었다.

한편 소련군은 교도려를 42년 8월 1일에 '소련 적군 88특별저격여단'으로 정식 개편하여 편제상 소련군 휘하로 두고 간부들에게 소련군 계급을 부여하였다. 이때 김일성은 소련군 대위 계급을 받게 된다. (이후 1945년 9월 19일 원산항을 통해 입북하기 직전 소련군 소좌가 된다.) 동북항일연군교도려는 소련군의 도움을 받아 군정학습(軍政學習)을 실시하는 한편 1945년 8월 해방 직전까지 계속해서 만주와 조선에 정찰·기습·공작을 위한 소규모 부대를 파견하였다. 이러한 활동을 바탕으로 소련군은 일본의 약점을 정확히 파악하고 있어서 관동군을 쉽게 물리칠 수 있었다고 북한은 주장하고 있다.

북한에서는 일제 강점기 때 행한 항일무장투쟁을 김일성을 중심으로 서술하기 때문에 김일성과 관계없는 항일무장투쟁은 상대적으로 소홀하게 대하거나 언급조차 하지 않는 경우가 많다. 중국의 중원에서 일본과 대적하여 싸운 조선의용군의 역사가 북한의 역사에서 지워진 것이 대표적인 예이다. 조선의용군의 전신인 조선의용대 대장인 김원봉이 월북한 후 북한에서 종파주의자로 숙청당한 여파인지 조선의용대와 관계된 활동은 북한에서 잘 알려지지 않고 있다. 민족주의 계열의 항일무장투쟁도 김일성과 관계없는 부대들은 인민들에 기생하여 민폐나 끼치면서 일본과는 잘 싸우지도 않는 세력으로 김일성의 회고록 「세기와 더불어」에서 서술되고 있다.

통일되면 남북한을 아우르는 독립운동사를 정립해 나가야 한다. 이데올로기 대립이 없는 상황에서는 우리가 놓치고 있었던 사회주의 계열의 독립운동도 더욱더 자유롭게 논의할 수도 있을 것이다. 독립운동의 모든 줄기를 김일성과 연관시키려는 북한의 태도도 문제이고 김일성의 항일무장투쟁을 철저히 부정하는 것도 문제이다.

2. 유격대

일본의 와다 하루끼(和田春樹) 교수는 북한 체제를 이해하기 위한 '틀'로 '유격대 국가'를 제시하고 있다. 일제 강점기 김일성이 이끌었던 항일유격대의 정당성이 북한을 떠받치고 있고, 북한 정권은 유격대의 생존방식으로 국가를 운영하고자 한다는 논리이다. '유격대 국가론'은 북한 정치체제의 기원을 20세기 전반부의 만주라는 시공간에 두고 있다. 김일성은 북한을 '유격대 국가화'함으로써 정권 유지의 근간을 마련한 것이다. 즉 항일무장투쟁으로 정권의 정당성을 가져오고 빨치산 동료들을 든든한 지원 세력으로 두게 되었다고 와다 교수는 주장한다.

와다 하루끼에 의하면 북한의 국가체제는 1967년부터 1972년에 걸쳐 확립되었다. 그 토대는 1961년에 만들어진 소비에트형 사회주의, 즉 국가사회주의 체제이며 이 토대 위에 독특한 유형의 사회주의 국가가 2차 구조물로 세워졌다. 와다 하루끼에게 있어 국가사회주의란 소련형 사회주의 건설이 모델이 되어 전 세계 사회주의 국가의 일반적 형태가 된 것을 말한다. 와다는 1961년경에 북한에서 국가사회주의 체제가 완성된 것으로 보고 있다. 그러다가 1967년 7월 당중앙위원회 전원회의에서 채택된 유일사상체계 확립이 유격대 국가 형성의 결정적인 계기가 된다. 김일성은 유일 수령으로서 절대화되었으며 만주에서의 항일유격투쟁 전통은 김일성 개인의 혁명역사 업적으로 전환되었다. '생산도 학습도 생활도 항일유격대식으로'라는 구호가 영속적인 기본 구호로 자리를 잡았으며 모든 인민은 김일성 유격대의 대원이 되어야 했다. 이제 북한은 김일성이 유일한 최고사령관이고 인민 전체가 만주파화, 곧 유격대원화 된 국가가 된 것이다. 그런데 선군정치를 내세워 군부를 통해 국가를 운영한 김정일 체제의 북한은 1995년부터 이러한 유격대 국가의 전통에서 벗어나 정규군 국가로 이행하고 있다고 주장한다.(와다 하루끼, 「북조선 : 유격대 국가에서 정규군 국가로」 참조)

와다 교수는 최근 인터뷰에서 북한이 유격대 국가(김일성 시대)와 정규군 국가(김정일 시대)를 넘어서 정규국가(김정은 시대)로 나아가고 있다고 언급한 바 있다. 유격대 국가 시절의 정당성이 희석되고 '고난의 행군'이라고 불렸던 탈냉전과 대기근의 1990년대를 군대를 강조하는 선군정치로 버텼던 북한이, 이제 군대보다 당이 우선되는 집단지도체제의 정상적인 사회주의 국가로 변하고 있다는 것이 그의 진단이다.

1) 동북항일연군과 조선인민혁명군

우리가 김일성의 항일무장투쟁을 이야기할 때 고려해야 하는 것은 김일성부대가 유격대라는 사실이다. 김일성부대를 인정해주는 사람들도 김일성을 중국공산당의 지휘를 받은 일개 지휘관으로 치부하는 경향이 있다. 하지만 김일성부대는 정규군이 아니라 유격대이다. 유격대 대장의 판단으로 부대가 몰살할 수도 있는 여건에서 김일성은 그의 부대를 잘 보존하였고 수많은 전과를 만들어냈다. 형식상 중국공산당의 지휘를 받았다고 할지라도 유격대는 지휘관의 역량에 의해 움직인 집단이다. 정규군처럼 상급 부대의 지시로 움직이지 않는다. 정치·사상적인 면에서 중국공산당의 통제를 받고 움직이지만, 실제적인 활동은 단위 부대의 리더에 의해서 이루어진다. 그래서 북한은 김일성부대가 김일성이 주도하고 지휘한 부대로 선전한다.

1929, 30년 시기는 한인 사회주의자들이 중국공산당에 입당하던 때이다. 그 전에 조선 공산주의단체들은 극심한 갈등에 휩싸였다. 분파와 노선이 갈등하여 독립운동 단체 간에 유혈사태까지 발생했다. 그리하여 1928년 12월 7일 국제공산당 정치 서기국은 '조선공산당 당내정세에 관한 코민테른 집행위원회 결의'를 통하여 조선공산당이 극히 치열한 당내 파벌투쟁에 빠졌기 때문에 조선공산당의 지부승인을 취소하고 농민과 노동자 등 생산 대중에 기초한 당 재건을 지시하였다. (12월 테제) 그리고 1930년 3월 20일, 코민테른의 1국 1당 원칙에 따라 조선공산당 만주총국을 해체하고 중국공산당에 흡수되도록 지시하였다. 또한, '1국 1당' 원칙을 준수하며, 이를 위반하는 사람은 강력하게 처벌하는 특별결정을 내렸다. 이에 따라 조선인

공산주의자들은 중국공산당에 입당하게 된다. 당시 중국공산당은 도시에서 농촌으로 활동의 비중을 옮기려고 하고 있었기 때문에 조선인 농민에 기반을 두고 있던 조선인공산주의자들이 필요해서 큰 무리 없이 진행될 수 있었다. 1931년 김일성이 중국공산당에 입당하게 되는 것도 이러한 시대적 흐름 속에서 이루어진 일이었다.

하지만 중국공산당에 입당했다고 해서 조선인공산주의자들이 조선의 독립을 포기한 것은 아니었다. 동북인민혁명군은 이념적으로는 공산주의를 추종하지만, 정치적으로는 징강산(井岡山정강산)에서 마오쩌둥이 조직한 '공농홍군(工農紅軍)'이나 옌안(延安연안)의 중국공산당 중앙과는 직접적인 관련이 없었다. 당시에만 해도 중국공산당 또한 여러 계파가 우후죽순으로 난립하여 서로 통일성이 없이 개별적으로 활동했기 때문이었다. 명목상으로는 중국 내 모든 공산주의자는 코민테른이 인정한 중국공산당 중앙에 복종해야 하지만 실제로는 중국공산당 중앙의 영향력은 상당히 제한적이었다. 1940년대 초반 대대적인 정풍운동과 숙청 과정을 통하여 마오쩌둥 일인 권력을 확립한 뒤에야 비로소 중국공산당 중앙이 진정한 위상을 세울 수 있었다.

1935년 7월 25일~8월 20일에 모스크바에서 코민테른 제7차 대회가 열렸다. 이 대회에서 식민지·반식민지에서 반파쇼인민전선과 함께 소수민족문제에 주의를 기울여야 한다는 방침이 제시되었다. 그리고 중화 소비에트 정부와 중공 중앙당 명의로 '8·1선언'이 제출되었다. 이 8·1선언은 중국공산당의 항일노력과 함께 동북의 항일 활동에 관해서도 관심을 기울였는데, 항일을 위해서 당파를 초월하여 협력할 것을 호소하면서 중국 내의 모든 피압박민족(몽골, 위구르, 조선, 티베트, 묘, 요, 여, 번 등)의 형제들을 그 대상에 포함했다. 중국공산당은 8.1선언을 통해 항일민족통일전선을 구체적으로 제시하고 각 당파와 민족, 모든 계급·계층을 망라한 '항일연합군'을 조직할 것을 제기하였다. 이러한 선언에 따라 중국공산당 만주조직은 1936년 1월부터 회의를 소집하고 각 항일부대를 '동북항일연군'으로 개편·확대하기로 하였다

이때 중국공산당 파견원인 웨이쩡민(魏拯民, 위증민)은 당시 회의에는 참석하지 못하고 1935년 10월에 모스크바에 도착한 것으로 알려졌다. 하지만 비록 늦게 도착하여 회의에 참석하지는 못했지만, 당 회의 결정서를 전달받았고, 그 결정서를 실행하기 위한 문제들에 대해서는 활발한 토의를 진행하였다. 이 토론에서 웨이쩡민(魏拯民)은 동만 지역에서 조선인을 상대로 광풍처럼 몰아쳤던 '반민생단 투쟁' 문제를 정식으로 상정시키고, 본 토의에서 '반민생단 투쟁'을 더는 진행하지 않고 멈출 것을 결의하였다. 또 그 토론에서는 동북인민혁명군 제2군은 전체 군사 간부의 60%, 정치 간부의 70%, 대원의 80%가 조선인인 점을 고려하여 제2군에서 조선인들을 분리해 따로 부대를 조직할 것을 합의하였다. 또한, 만주 지역에 거주하는 재만 조선인들의 대중적 반일 조직을 결성하는 데 대한 문제도 토의, 결정하였다.

1935년 11월 2일 자로 코민테른 기관지에 양쑹(楊松, 양송)이 「동북인민반일통일전선을 논함」을 발표했다. 양쑹(楊松)은 이 글에서 가능한 모든 반일 세력을 집결시켜 반일반만통일전선을 구축하고, 만주에서 조선인의 독자적인 독립투쟁을 인정하는 바탕 위에서 조·중 연대를 실현할 것을 제시하였다. 양쑹(楊松)의 글은 중공 중앙의 새로운 방침인 '8.1선언'을 한 걸음 더 진전시켜 동북지역에서 반일통

일전선과 함께 조·중 민족의 항일연합군을 조직하고, 조선 민족의 통일전선적 당 조직을 건설할 것을 제시하였다. 이는 동북지역 항일 운동에 대한 중대한 문제 제기가 아닐 수 없었는데, 사실상 지금까지 극좌적으로 진행된 반민생단 투쟁을 끝내고 조선인의 독자적인 항일 활동과 독립투쟁을 인정해야 한다는 내용이었다.

민생단 사건은 간도 지역에서 조선인 독립운동가들이 일본의 첩자라는 누명을 쓰고 중국 공산당에게 살해된 사건이다. 일제의 괴뢰 정권인 만주국이 수립되자 한·중 민족을 분열시키고 항일유격대를 무력화시키기 위해 일제는 민생단을 조직했다. 민생단(民生團)은 1932년 2월에 조직되었다가 동만주의 조선인 사회가 강력하게 저항하자 7월에 스스로 해산한 친일 반공 조직이었다. 중국공산당은 민생단의 조직원들이 중국공산당 동만특별위원회와 유격대에 들어와 분파 투쟁과 좌경 투쟁을 일으킨다고 보았다. 이에 1932년 10월부터 1936년 중반경까지 반 간첩 투쟁을 전개하여 500명이 넘는 조선인이 죽었다. 당시 간도의 혁명근거지에서 말깨나 하고 글깨나 읽던 조선사람은 다 억울하게 죽었다는 말이 돌 정도로 숙청은 광범위했다. 처음에는 조선인 내 민생단 첩자를 제거한다는 명분으로 숙청이 시작되었다. 그런데 첩자의 기준이 모호하였고 무엇보다 민생단에 몸을 담았다는 물적 증거는 없었다. 나중에 가면 할당량을 정하고 마음에 안 들면 민생단으로 낙인을 찍어서 열성분자들을 동원해 민생단원이라는 죄명을 씌워 인민재판에 넘기어 처형하는 일이 비일비재하게 일어나게 된다.

반(反)민생단 투쟁으로 만주 지역 내 조선인공산주의자들은 큰 타격을 입었고 지도부의 공백이 생겼다. 따라서 중국공산당은 2·30

대의 젊은 조선인공산주의자들을 대거 발탁해서 간부층의 공백을 메우고 조선인들의 성난 민심을 달랬다. 그런데 이들 중에 선두주자가 바로 김일성과 김책이다. 특히 김일성은 이후 보천보 전투를 주도하면서 만주와 한반도 전역에 이름을 떨치게 된다.

동북항일운동에 대한 중공당 중앙의 방침이 2군 지도부에 의해 공식화된 것은 1936년 3월 초순에 열린 허룽현(和龍縣, 화룡현)의 '미혼진 회의'에서였다. 이 회의에는 웨이쩡민(魏拯民위증민), 왕더타이(王德泰왕덕태), 리쉐쭝(李學忠이학충), 안봉학, 김일성 등 2군의 주요 간부들이 대부분 참석했다. 회의에서는 광범위한 반일 세력을 결집하기 위해 동북인민혁명군을 동북항일연군으로 개편하고, 종교, 정치, 성별, 빈부를 가리지 않고 또한 과거 일제의 주구, 간첩이었던 자들까지도 잘못을 뉘우치고 항일의 길에 나선다면 함께 손잡는 반일통일전선 방침을 확인하였다.

그동안 적색유격대, 공농유격대에서 동북인민혁명군을 거쳐 동북항일연군으로 변환하였는데, 이는 노동계급의 무력에서 전체 인민을 포괄하는 계급의 연합부대로 바뀐 것을 의미했다. 또한 동북항일연군이라고 했을 때는 중국인민의 연합뿐만 아니라 조선과 중국 민족의 연합이라는 의미도 포함되어 있었다. 모스크바 코민테른 중공지도부는 제2군에 조선인들이 특히 많은 점을 고려하여 조선인부대를 따로 분리해서 꾸리고 이를 바탕으로 다시 조중(朝中) 연합군을 결성한다는 방침을 마련하였다. 민족 간 분리는 제2군이 중심이었지만 제1군과 제7군의 경우에도 따로 편성할 것을 고려하였다. 그러나 이러한 민족 간 부대의 분리에 대해 김일성 등 조선인 지도자들은 반대했다. 역량이 미약한 상태에서 민족 간으로 부대를 분리하게 될 경우, 일제의 이간 공작에 놀아날 수 있고, 만주 전역으로 볼 때 조선족은 소수에 불과하므로 분리해서 조선군대가 단독으로 행동하면 고립되어 제대로 활동하기 힘든 상황이 될 수 있었기 때문이다.

김일성은 이 문제에 대해서 그의 회고록에서 다음과 같이 서술하고 있다. "국제당의 지시대로 만주의 모든 유격부대들에서 조선사람들을 다 뽑아다가 순수한 조선인부대를 따로 편성한다면 그 력량만으로도 능히 조선에 주둔하고 있는 일본군 2개 사단 력량과 대적하여 혈투를 벌일 수 있었다. …그러나 우리는 이제까지 여러 해 동안 한 전호에서 공동의 적을 반대하여 련합항일을 해온 공산주의자들로서의 형제적 의리, 전우의 의리를 저버릴 수 없었다. 자기들 쪽에 유리하다고 하여 조선사람들을 다 빼 오게 된다면 조선족 군사 인원이 90%나 되는 제2군 같은 것은 허물어지고 말 수 있었다. 2군을 제외한 다른 유격부대들에는 중국인들이 과반수였으나 그 대부분은 반일부대 출신들이었고 공산주의자들은 많지 못하였다. 그런 데다 지휘 성원들은 어느 부대에서나 다수가 조선사람들이었다. 각 부대의 핵심 력량도 역시 조선인 대원들이었다. 이런 형편에서 조선인들과 중국인들을 따로 갈라 부대를 꾸리게 되면 당장은 항일련군 부대들을 유지해나가기 어려울 수 밖에 없었다.

…… 우리가 중국 땅에서 무장투쟁을 벌이고 있는 형편에서 조선사람들이 따로 갈라져 나와 부대를 조직하게 되면 우리에 대한 중국 인민들의 지지와 도움도 종전보다 약화할 수 있었다. 우리가 요구한 것은 자주권이었지 분권은 아니었다. 우리는 조선사람들이 제한과 구속과 방해를 받지 않고 조선 혁명을 해나갈 수 있는 자주적 권리를 인정하고 존중할 것을 요구한 것이지 세력분배를 요구하지 않았다.

… 항일무장부대를 민족별로 가르는 것은 조선 공산주의자들을 존중해서 제기하는 것이라고 볼 수 있는데 우리는 결코 문제를 형식적으로 고찰하지 않습니다. 그리고 사실상 우리는 중국 공산주의자들과 함께 싸우면서도 내용상으로는 조선인민혁명군으로 활동하고 있습니다. 그런 조건에서는 형식적인 분리를 할 필요가 없다고 생각합니다.

…… 그것은 걱정할 필요가 없다고 봅니다. 련군 체계대로 활동하면서도 우리가 조선 국내와 동북의 조선인 부락에 가서는 조선인민혁명군이라고 하고 중국인 부락에 가서는 항일련군이라고 부르면 어떻겠는가 하는 것입니다. 그러면 련군 체계를 유지하면서도 국제당의 지시를 집행하는 것으로 되지 않습니까? 어떻습니까?"

미혼진 회의의 결과에 따라 동북인민혁명군 제2군은 모두 3개의 사단과 1개 독립여단으로 편성하기로 결정했다. 2군 군장에는 왕더타이(王德泰왕덕태), 정치위원에 웨이쩡민(魏拯民위증민), 정치부주임에 리쉐쭝(李學忠이학충), 참모장에 류한싱(劉漢興류한흥)을 각각 임명했다. 제1사는 연길 1단과 일부 반일 산림대를 토대로 편성하였는데 사장에는 안봉학, 정치위원에는 저우슈동, 정치부주임에는 루보치(呂伯岐여백기), 참모장에는 박득범이 임명되었다. 1단 단장에는 최현, 정치위원에 임수산 등 조선인이 임명되었다. 2사는 왕청 3단과 훈춘 4단, 그리고 구국군 시쭝헝(史忠恒사충항) 부대를 바탕으로 조직되었는데, 사장에는 시쭝헝(史忠恒사충항), 정치위원에 왕룬청(王潤成왕윤성), 참모장에 첸한장(陳翰章진한장)이 각각 임명되었다. 3사 사장에는 김일성이, 정치위원에는 1935년 3월 다홍왜 회의에서 민생단 문제를 두고 김일성과 격하게 충돌했던 차오야판(曹亞

範조아범)이 각각 임명되었다. 사실상 '조선인민혁명군' 성격을 띠고 활동할 2군 3사 정치위원에 차오야판을 임명한 것은 여전히 중국인들이 김일성을 견제하기 위한 장치를 마련하려 했다는 것을 알 수 있지만, 워낙 조선인 대원들의 감정이 나빠서 차오야판(曹亞範)은 실제로 3사의 정치위원으로 활동하지 못했다고 한다.

혹자는 김일성이 만들었다는 조선인민혁명군을 가공의 부대로 말한다. 동북인민군이나 동북항일연군은 실체가 있는 부대이지만 조선인민혁명군은 김일성이 자기의 항일무장투쟁을 날조하기 위해 만든 부대라고 한다. 이에 대해 북한은 만주 지역의 특수성에 기인한 것이라고 한다. 당시의 만주는 중국인과 조선인들이 섞여서 산 지역이었고 일제의 침략에 핍박받던 시절이다. 김일성이 반일유격대를 조선인민혁명군으로 발전시켰지만, 중국 동지들과의 의리 그리고 중국인들의 호응을 얻기 위해서 중국인들이 많은 곳에서는 동북인민혁명군(후에는 동북항일연군)의 이름을 사용했다고 한다. 하지만 조선인 마을에서는 조선인민혁명군으로 자기 부대를 일컬었다고 주장한다.

동북항일연군 제2로군 총사령관으로 복무한 저우바오중(周保中주보중)도 그의 회고록에서 1936년부터 동북항일연군은 동북 내의 조선족 지구나 조선으로 진격할 때는 '조선인민혁명군'이라는 명칭을 사용했다고 기록하고 있다. 실제로 중국에서 1930년대 중반에 나온 잡지에도 "1934년 7, 8월쯤에 활약하고 있었던 간도 3000명의 의용군은 조선인민혁명군이다"라고 기록돼 있다. 그렇다면 조선인민혁명군을 가공의 조직으로 치부할 수는 없는 일이다.

2) 기록의 부정확성

김일성이 그의 항일 빨치산 활동을 서술한 1992년 그의 회고록 '세기와 더불어'를 발간하자 여러 비판이 쏟아져 나왔다. 그중에서 김일성 전기에 기록된 사건들의 연도가 조금씩 틀린 사실을 지적하는 내용도 있었다. 서울신문에 '세기와 더불어'를 분석한 글을 연재한 조총련 출신의 김일성 연구가 허동찬 씨의 비판이 대표적이다. 그는 김형직이 '조선국민회' 사건 이후 감옥에 투옥되었다고 북한이 선전하는데, 52년 전기에서는 김형직이 3·1운동 이후에 평양 감옥에 들어갔다고 서술하다가 1961년에 발간된 「조선근대혁명운동사」로부터 3~4년은 그가 1916년에 투옥되었다고 변경하고 조선국민회 자료를 입수한 후부터는 투옥이 1917년 가을부터 18년 가을까지로 다시 변경되었다고 비판하고 있다. 비단 이뿐만 아니라 김일성 전기에는 사건이 발생한 연도가 조금씩 바뀌는 경향이 분명 있다. 그리고 그 내용도 가감(加減)하고 있다.

김일성의 부친 김형직은 1926년 6월 5일에 32세로 갑자기 사망한다. 김일성은 그의 회고록 '세기와 더불어'에서 이 사망의 원인을 1917~18년 평양 감옥에 투옥된 김형직이 병약하였던 것과 24년 말 팔도구 내안인 평북 후창군 포평에서 일제 경찰에 체포되어 후창 경찰서로 호송되는 도중 연포리의 주막집에서 탈출할 때 입은 동상이 악화하였다는 데 돌리고 있다. 사인은 직접적으로는 연포리에서 얻었다는 주장이다. 1924년 말 김형직을 연행한 경관은 아키시마와 또 한 명의 조선인 경관이라고 주장하는데, 1968년에 발간된 「불굴의 혁명투사 김형직 선생」은 도보로, 72년에 발간된 백봉의 「인류해방의 구성 김일성 원수」는 호송차로 김형직을 연행했다고 주장을 달리하고 있다.

그런데 이 탈출을 성공시킨 인물 황 씨는 술병을 들고 그들을 뒤쫓아 연포리 주막에서 순사 2명을 취하게 하였다. 그 틈을 타서 김형직은 탈출했다는 것이다. 그러나 황 씨가 술병을 들고 호송차를 뒤쫓아갈 수 있는지 의심이 든다. 그리고 여기에 1960년 초까지 발간된 김일성의 전기들에는 이러한 '일화'가 없었다.

초기 북한 역사서는 사실 자체에 대한 오류가 많다. 가령, 김일성은 1924년에 중국으로 망명한 부친을 따라 동북(만주 지방)으로 건너가서 무송 제1우급소학교에 입학하여 1926년에 길림 육문중학교에 입학하였다고 기술하였다. 1929년 반동 군벌에 체포되어 길림 감옥에서 수감되어 있다가 1930년 출옥하여 중학교를 졸업하고 안도 지방으로 가서 직접 흥룡청년회를 조직·지도하면서 한편 공청 동만특별구 비서로 활동하였다고 기술하였다.(이나영, 「조선민족해방투쟁사」, (평양: 조선역사연구소, 1958) p. 337) 그런데 의도적 왜곡이라기보다는 자료 부족에 의한 허위 사실이 많다. 「조선통사」도 마찬가지이다. 무송 제1우급소학교 입학, 졸업 후 1926년 길림중학교에 입학하였다고 기술하면서 화성의숙에 다닌 사실은 언급하지 않았다.

이런 외부의 비판에 대해 북한도 오류를 인정한다. 부분적으로 날짜와 장소가 엇갈리는 것을 북한 당국도 잘 알고 있다. 이런 현상에 대해 김일성은 그의 회고록에서 다음과 같이 서술하고 있다. "우리 대오에는 력사학을 전공한 사람도 없었다. 그래서 력사기록은 비전문가들이 하였다. 부대의 대표적인 력사기록자는 리동백과 림춘추였다. 그들이 기록을 많이 남기느라고 하였지만 대부분은 인멸되었거나 소실되었다.

우리 학자들은 해방 후 거의 백지상태나 다름없는 조건에서 항일 혁명력사를 연구하는 데 달라붙었다. 대부분의 력사 자료들은 항일 혁명투쟁참가자들의 회상에 기초하여 작성되었으며 적측의 문건들도 많이 참고하였으나 어떤 자료는 외곡(왜곡)되거나 과장, 왜소화된 것들도 있어 결국, 력사를 체계화하고 고착시키는 데서 적지 않은 난항을 겪지 않으면 안 되었다. 게다가 선전부문의 요직을 차지하고 있던 반혁명 종파 분자들의 방해 책동과 무관심으로 하여 항일 혁명력사와 관련된 전면적인 자료수집은 1950년대 말에 와서야 시작되었다.

항일혁명력사를 반영한 우리의 책자들에서 부분적이기는 하나 날자(날짜)와 장소들이 약간씩 엇갈리는 것은 이런 특수한 실정의 반영이라고 보아야 할 것이다. …… 적의 포위와 추격 속에서 위치를 부단히 바꾸어가며 유격전을 벌인 우리였던 것만큼 비밀로 될 수 있는 한 장의 문건마저도 안전하게 간수할 수 없었다. 우리는 만일의 경우를 생각하여 적구에서 오는 쪽지편지도 보는 족족 제때에 태워 버리곤 하였다. 사료적 가치가 있다고 생각되는 문건들이나 사진 자료들은 배낭 속에 넣어서 국제당에 보냈다.

1939년에도 우리는 국제당에 여러 배낭의 문건들을 보냈다. 그런데 그 문건들은 목적지까지 가닿지 못하였다. 그때 류실된 자료들 중 적지 않은 것들이 일제 경찰 문건들과 출판물들에 반영된 것으로 보아 호송자들은 분명 중도에서 적들에게 피살된 것 같다. …… 우리 학자들이 항일혁명력사를 연구하는 데서 제일 큰 애로로 느끼고 있는 것이 바로 이 점이다. 우리 혁명이 안고 있던 특수한 사정과 복잡한 내면을 잘 알지도 못하는 제국주의앞잡이들과 매문가들, 부르주아 어용학자들은 몇 건의 문서에서 따온 숫자들과 사실들을 조립하는 방법으로 자기 조국과 혁명 위업에 무한히 충실한 조선의 아들딸들이 육탄으로 개척해온 항일혁명력사를 어떻게 하나 보잘것없는 것으로 만들어버리려고 무진 애를 다 쓰고 있다.”

결국 당시 항일무장투쟁 시기에는 그들의 역사를 체계적으로 기술할 인력도 없었고 여유도 없었기에, 1950년대 말에서야 항일혁명 역사와 관련된 자료를 본격적으로 수집하기 시작했다는 주장이다. 그런데 당시 상황 때문에 정상적인 기록물을 찾지 못하고 사람들의 기억으로 항일무장투쟁을 재구성했기에 착오가 생긴다는 것이다. 처음에는 몇몇 사람들의 기억으로 사건을 서술했지만 다른 사람들의 증언으로 수정되는 사례가 생겼다는 것이다. 일본의 자료도 참고하였으나 당시 점조직으로 구성된 항일조직을 일본이 정확히 파악할 수 없었을 뿐 아니라 의도적으로 왜곡하고 축소한 것이 있었기에 북한의 역사 서술과는 차이가 있을 수밖에 없다고 주장한다.

김일성 개인의 경험도 시대에 따라 약간 달리 서술되는 경향이 있다. 학창 시절에 읽은 책도 전기에 따라 다르고 아버지와의 겪은 경험도 가감되는 내용도 있다. 한 예로, 그의 회고록에는 그가 길림의 육문중학교에서 읽은 책 중 자본론이 나온다. 그런데 이 내용은 1978년에 발간된 「불멸의 자욱을 따라」에서는 화성의숙 시기에 김일성이 김시우 집에서 공산주의 서적을 읽었다는 막연한 내용으로 나온다. 그러다가 1982년에 나온 그의 전기에서는 놀랍게도 그가 이 시절 「공산당선언」과 「자본론」, 「임금노동과 자본」을 읽었다고 주장하였다.

상식적으로 당시 중학생이 그 어려운 자본론을 읽었다는 것은 받아들이기 힘들다. 그리고 자본론은 1930년에 그 제1권 제1 분책의

제3장까지가 진계수 등의 번역으로 상해에서 출판되었다. 또 그 전(全) 역본은 38년이 되어야 나오게 된다. 그래서 어느 순간 자본론을 읽은 내용이 그의 전기에서 빠지고 '공산당선언'만 보았다고 수정하게 된다. 그러다가 회고록에는 다시 등장하는데, 자본론에 대해 해박한 지식을 가진 육문중학교의 박소심 선생이 어려운 자본론을 잘 강해해 주어서 자본론을 읽을 수 있었다고 한다. 시기의 문제는 기억에 회상하기 때문에 달라질 수 있고, 소책자 형태이든 책으로 출간된 것이든 자본론을 접한 것은 사실이라는 것이다.

역사서에 기록되는 사실들은 그 시기에 필요한 내용을 편찬한 것이다. 개인이 겪은 모든 사실을 다 기록할 수는 없다. 한 개인의 전기도 시대에 따라 주인공이 겪은 경험을 바탕으로 다르게 서술할 수도 있다. 북한도 김일성이 겪은 경험을 시대별로 필요한 내용을 가감하여 서술한 것이다.

북한은 1947년 2월 7일에 25명으로 구성된 조선역사편찬위원회를 설치하였으며, 1948년 10월 2일에는 내각 제4차 회의의 결정을 통해 1949년까지 「최근세사(最近世史)」와 「조선통사」를 편찬할 것을 결정함으로써 일제 강점기 민족 운동사에 대한 체계화 작업을 시작하였다. 당시 북한은 김일성 계열이 당과 군, 그리고 정부 내에서 주도권을 장악하고 있었던 반면, 역사학계는 최창익, 이창원, 백남운 등 김일성 계열과 일정한 거리가 있는 연안파 엘리트들에 의하여 주도되고 있었기 때문에 민족해방투쟁사를 인식하는 양측의 입장에는 차이가 있을 수밖에 없었다.

1949년 10월 역사편찬위원회에서는 최창익 주도로 「조선민족해방투쟁사」를 발간하였으나, 이 책은 1950년대 후반 이후 최창익이 이른바 '8월 종파 사건'의 영수로 지목되면서 혹독한 비판의 대상이 되었다. 하지만 최창익은 김일성의 항일무장투쟁을 긴 지면을 할애하면서 상세히 기술하였고 연안파의 업적도 김일성의 업적으로 기술할 만큼 김일성의 항일무장투쟁을 후하게 평가하였다. 최창익은 책에서 "조선 민족의 영웅 김일성 장군의 영도하에 만주에 있어서 영용한 항일무장투쟁의 전개를 보게 되었다."라든지 "만주에 있어서의 김일성 장군 빨치산부대의 혁혁한 항일무장투쟁의 성과에 고무되어 중국 관내의 조선 청년들도 강력한 항일투쟁에 궐기하게 되었다."라고 기술하였다. 즉, 비록 연안파이지만 최창익은 김일성의 항일무장투쟁에 대해 상당히 높게 평가하고 있었다.

이후 1956년 5월 조선노동당 제3차 대회는 과거 조선 노동운동사, 민족해방투쟁사들에 관한 연구가 망각 또는 무시되고 있는 데 대하여 비판을 가하였다. 이나영은 조선노동당 3차 대회 결정에 따라서 초고를 1956년도에 민주조선지에 연재하고, 1958년 3월에 최창익의 주도로 발간된 책과 같은 제목의 「조선민족해방투쟁사」를 발간하였다. 이 책의 서론을 통해서 보면 김일성의 항일무장투쟁에 대한 당시 북한학계의 입장을 살펴볼 수 있다. 이나영은 "최창익의 연구가 해방 전 노동운동에 해악을 입혔던 분파주의의 해독을 숨겼으며, 김일성을 중심으로 한 견실한 공산주의들이 수립한 혁명 전통을 왜곡 말살하였다."라고 비판하였다. 그의 이와 같은 언급은 반종파 투쟁이 김일성의 승리로 끝났으며, 그에 따라 북한학계의 혁명 전통에 관한 서술이 김일성과 그 계열의 활동을 중심으로 새롭게 확립되기 시작하였음을 나타낸다.(이에 대한 자세한 사항은 서재진, 「김일성 항일무장투쟁의 신화화 연구」 제6장 참조)

하지만 일제 강점기와 한국전쟁을 거치면서 정확한 기록을 바탕으로 역사를 구성할 수 있는 토대가 구축되지 않았다. 사건에 대한 기록은 당시 관여했던 사람들의 기억을 재구성하였고 필요한 자료를 구하기도 쉽지 않았다. 따라서 이후에 나온 역사서는 사람들의 증언이 나오고 역사적 기록이 발견되면 연도부터 시작하여 부분적인 개정이 계속 이어진다.

일제 강점기의 기록은 당시 정부였던 일본 당국이 공식적으로 기록한 문서가 가장 정확할 수도 있다. 하지만 일본 정부에 대항한 항일투쟁의 역사를 일본이 다 담을 수는 없다. 일제의 탄압을 피해 사람들은 가명을 사용하면서 철저히 지하운동을 하였다. 일본 경찰은 독립운동가의 정체를 정확히 파악하지 못했기에 투옥된 독립투사를 고문하여 배후를 캐려고 하였다. 그래서 일제의 기록을 토대로 북한의 항일무장투쟁 기록의 진실성을 파악하는 것은 한계가 있다.

북한은 김일성과 빨치산 활동을 같이했던 사람들의 기억을 바탕으로 그들의 역사를 서술하였다. 비록 기억이 정확하지 않아서 연도에 오차가 있을 수도 있고, 필요한 내용을 시대에 따라 새로 서술할 수 있다. 하지만 그들이 겪었던 항일투쟁의 역사 자체가 거짓일 수는 없다. 북한 당국의 역사 서술에 김일성과 같이 활동하였던 중국인들의 이름이 열거되는 것을 보면 북한만의 서술이라고 치부할 수도 없는 노릇이다. 북한에서 주장하는 그들의 혁명역사를 전부 사실로 받아들이는 것이 힘든 것처럼 조선혁명박물관에 전시된 자료들이 모두 거짓이라고 말하는 것 또한 어폐(語弊)가 있다.

3. 한별을 우러러보네

김일성의 본명은 김성주(金成柱)이다. 1912년 4월 15일 평안남도 대동군 고평면 남리(현재의 만경대)에서 3형제의 장남으로 태어났다. 가족들은 유년 시절에는 증손이라고 불렀다. 증조할머니가 생존해 계실 때 김일성을 증손이라고 불러서 집안사람들이 그 본을 따서 '증손이', '증손이' 하고 불렀다고 한다. 그의 아버지는 김형직이었고 어머니는 강반석이었다. 김형직은 그가 태어났을 때 평양의 유명한 미션스쿨인 숭실중학교 학생이었고 뒤에 기독교 계통인 명신학교에서 교사 생활을 한 바 있다. 어머니 강반석은 독실한 기독교 집안에서 태어났다. 그녀의 아버지 강돈욱은 교회 장로로서 딸 이름도 베드로의 이름을 따서 반석이라고 지어주었다. 하지만 김일성의 부모가 전통적인 기독교 신앙을 갖지는 않았다. 김일성이 예배당에 가기 싫다고 하자 김형직은 사실상 예배당에는 아무도 없다고 말하면서 예수보다도 나라를 더 믿으라고 했다고 회고하고 있다. 그리고 그의 어머니 강반석도 무엇이 있어서 교회에 가는 것이 아니라 일요일에 쉬러 교회에 간다고 김일성에게 말했다.

김일성은 아버지 김형직이 독립운동을 하다가 일제의 감시가 심해지자 한곳에 정착하지 못하고 여러 곳을 전전하며 어린 시절을 보냈다. 1920년 중국 '림강소학교'에 입학하지만, 외삼촌인 강진석이 1921년 4월에 평양에서 체포된다. 일제 경찰이 아버지 김형직까지 체포하려고 하여서 더는 임강에 살 수 없게 되어, 가족이 장백현 팔도구로 이사하고 1921년 여름 4년제 중국인학교인 팔도구소학교로 전학을 간 후 1923년 졸업을 한다. 그리고 1923년 중국 팔도구에서 평양의 만경대까지 소위 배움의 천리길을 걸어서 간다. 이후 외할아버지가 교감으로 재직하고 있는 평양시 칠골에 있는 5년제 사립학교 창덕학교 5학년에 편입을 하고 그때부터 외갓집에 머문다. 1925년 1월 김형직이 체포된 후에는 1월 22일에 평양 만경대를 출발해 중국 안도현 팔도구까지 14일 동안 천리길을 걸어간 후(광복의 천리길), 다시 김형직이 탈출하자 온 가족이 무송으로 가서 1925년 무송제1우급소학교 5학년에 편입하고 13세 되던 그 이듬해인 1926년에 졸업하고 1926년 6월에 무송의 화성의숙에 입학하였다. 화성의숙은 국민부의 전신인 정의부에서 민족주의자들이 독립군의 간부양성을 목적으로 설립한 학교로서 소대장급 이상 군인들을 대상으로 한 군사전문학교였다. 김일성은 1926년 12월 부친의 사망으로 어머니가 사는 무송으로 왔다가 6개월간 다니던 화성의숙으로 돌아가지 않고 1927년 1월 길림의 육문중학교에 입학한다. 육문중학교는 중국공산당에서 운영하는 학교로서 비교적 진보적 선생들이 많았다. 그중에는 샹웨(尚越상월) 선생도 있었는데 관내에서 공산당원으로 활동하던 사람이다. 김일성은 샹웨(尚越) 선생에게 사회주의 사상을 배운다.

1928년 길림에서 길회(길림-회령) 철도 반대 운동이 일어났다. 일본이 철도를 건설하여 중국을 침략할 것이라고 하여 일어난 운동이다. 이 운동은 한족 위주의 운동이었는데 조선사람까지 합세하였다. 이러한 일련의 운동을 통하여 이 시기 민족주의 단계였던 정의부의 청년층은 좌경화되고 있었다. 김일성이 사회주의 사상을 수용한 것도 이러한 흐름과 무관하지 않다.

일제 정보자료에 의하면 김일성은 1929년 5월 상순경 허소, 한석훈, 이금천, 성숙자, 김동화, 신영근 등과 더불어 '조선공산청년회'의 결성에 참여하였다고 한다. 조선공산청년회는 정의부 시기부터 좌경화된 청년층 중심의 비합법적 조직이었다. 김일성은 자신의 회고록에서 조선공산청년회 활동 건으로 야기된 1929년 가을 길림 제5 중학교 독서회 사건을 수습하던 중 중국 관헌에 체포되어 1930년 5월 초에 석방되었는데, 감옥에서 초기 공산주의운동과 민족주의운동을 총화하였고 그 교훈에 기초하여 조선 혁명의 앞길을 설계하였다고 한다. 이후 김일성은 졸업을 한 해 앞두고 육문중학교를 중퇴하고 혁명가의 길을 걷는다.

1928년 10월에 시인 김혁이 김일성을 위한 시를 짓고 여기에 곡조까지 붙인 노래가 있는데 바로 '조선의 별'이다.

> "조선의 밤하늘에 새별이 솟아 삼천리강산을 밝게도 비치네
> 짓밟힌 조선에 동은 트리라 2천만 우리 동포 새별을 보네
>
> 캄캄한 밤하늘 바라다보니 신음하는 조국 산천 어리어오네
> 변치 말자 혁명에 다진 그 마음 2천만 우리 동포 새별을 보네
>
> 간악한 강도 일제 쳐 물리치고 삼천리에 새별이 더욱 빛날 때
> 조선아 자유의 노래 부르자 2천만 우리 동포 새별을 보네."

짓밟힌 조선에도 동이 트리라는 희망적인 내용을 담고 있는 가사이다. 그리고 어두운 조선의 밤하늘에 빛나는 별과 같은 김일성을 중심으로 단결하고 높이 받들면서 혁명에 바친 마음 변치 말자는 다짐이 주제이다. 일제에 대해서는 '간악한 강도 일제'라고 표현하고 있다. 이때부터 김혁, 차광수 등 김일성의 동지들이 김일성을 '한별'이라고 부르고 지도자로 옹립하기 시작한다. 한별을 한문으로 표기하면 一星(일성)이다. 엄혹한 상황에서도 환하게 빛나는 밤하늘의

별처럼 김일성을 조선의 희망으로 생각하였다.

김성주의 이름을 김일성(金日成)으로 고치자고 발기한 것은 변대우를 비롯한 만주 오가자의 유지들과 최일천과 같은 청년 공산주의자들이었다. 이왕이면 별보다는 태양 같은 지도자가 되라는 취지에서 일성(一星)에서 일성(日成)으로 고친다. 그렇게 되어 김일성은 '성주', '한별', '일성'이라는 세 가지 이름으로 불리게 되었다. 별이나 태양은 인간의 능력으로 갈 수 없는 곳에 있으며 예로부터 숭배해온 대상이다. 이제 김일성은 그의 동료들로부터 태양처럼 믿고 따라야 하는 존재가 된다.

김일성이라는 이름이 공식 출판물에 처음으로 소개된 것은 1931년 봄 김일성이 길림성 고유수에서 군벌들에게 체포되어 20일가량 감옥 생활을 할 때였다. 훗날 동만으로 옮겨서 무장투쟁을 할 때부터 본격적으로 김일성이란 이름으로 불리었다.

반공교육이 극심하던 시기에 남한에서는 북한 김일성의 본명이 김성주이고 그가 진짜 김일성 장군의 이름을 차용하여 공로를 가로챘다고 주장했다. 그리고 마치 김성주란 이름을 북한 주민들은 모르고 있다고 교육하였다. 하지만 그의 이름에 관한 이야기는 김일성 본인의 회고록에 나오고 있으며 북한 주민들도 김일성의 본명에 대해 알고 있다.

> "가는 길 험난하다 해도 시련의 고비 넘으리 불바람 휘몰아쳐 와도 생사를 같이하리라
> 천금 주고 살 수 없는 동지의 한없는 사랑 다진 맹세 변치 말자 한별을 우러러보네
> 돌 위에 피어나는 꽃은 그 정성 키운 것이고 죽어도 잃지 않는 생은 그 사랑 주신 거라네
> 비가 오나 눈이 오나 가야 할 혁명의 길에 다진 맹세 변치 말자 한별을 우러러보네"

영화 '조선의 별' 주제곡으로 유명해진 1980년에 창작된 동지애의 노래 가사이다. 여기서 한별이 김일성임은 두말할 필요가 없다. 1928년에 등장한 한별은 1980년의 북한에서도 언급되고 있다. 항일무장투쟁 시기에 혜성같이 떠오른 김일성은 50년이 넘는 세월이 지났음에도 변함없이 한별로 칭송받고 있다. 이는 북한 지도부가 김일성을 중심으로 계속 이어져 왔음을 보여주고 있으며, 김일성에 대한 배신은 동지의 한없는 사랑을 배신하는 것으로 생명을 부여한 부모를 거역하는 것으로 인식되고 있다.

김일성이 민족의 태양으로 옹립되는 것은 그가 주변 사람들에게 많은 감화를 주고 희망을 주었다는 것을 방증한다. 그는 군사적 자질뿐만 아니라 만나는 사람을 자기 사람으로 만드는 능력이 강하였다. 그래서 '어버이 수령'이란 말도 나오게 된다. 그리고 그의 리더십은 이론적으로 발전하여 '수령론'이라는 전대미문의 논리를 창출한다. 중국공산당도 항일무장투쟁을 전개하였지만, 한 개인이 동료들의 어버이로 숭배받지는 않았다.

1933년 9월에 일어난 동녕현성 전투에서 크게 다친 구국군 여단장 시쭝헝(史忠恒사충항)을 김일성이 구해주었다. 이때 의식에서 깨어난 시쭝헝(史忠恒)은 "1933년 9월 7일은 내가 두 번째로 생명을 받아안은 날이다. 지금까지의 생명이 부모들이 준 것이라면 9월 7일부터의 생명은 김일성 사령이 준 것이다. 김일성 사령은 나의 생명의 은인이고 항일유격대는 우리 구국군의 첫째가는 형제들이다."라고 하였다고 김일성은 회고하고 있다. 자기 부대원도 아닌 김일성이 죽을 목숨을 구해주었으니 자기가 두 번 태어났다고 생각하는 것도 무리가 아니다.

김일성에게 큰 충격을 준 것이 민생단 사건이다. 김일성 본인도 1933년 9월 동녕현성 전투 무렵에 민생단 혐의를 받았다. 하지만 구국군의 시쭝헝(史忠恒)을 비롯하여 저우바오중(周保中주보중), 왕룬청(王潤成왕윤성) 등 중국공산당 간부들의 도움으로 큰 해를 입지 않고 살아남았다. 김일성은 그의 회고록에서 민생단 사건을 처리하는 과정에서 일어난 오류에 대해 많은 지면을 할애하며 엄청난 비판을 가하고 있다. 그의 부하들도 민생단 사건에 연루되어 처형을 당하는 등 조선인들이 속절없이 죽어가는 것을 보고 민생단 사건에 대해 엄청난 반감을 품는다.

김일성은 민생단 사건에 대해 중국 공산주의자들에게 항의하고 혐의자들을 석방하고 그들의 혐의를 입증하는 문서를 불태운다. 그리고 동북항일연군 주력부대에 편입시킨다. 민생단 혐의를 입어 죽기 직전의 상황에 있었다가 김일성에 의해 동북항일연군 주력부대로 편입되어 후에 북한 요직에 앉아 김일성파, 백두산 줄기를 형성하는 간부들이 김일성을 '어버이 수령'이라 부르는 것은 단순한 정치적 수사, 세뇌 교육 차원의 문제가 아니라, 그들이 김일성을 정말 어버이로 인식했기 때문이다. 그들에게 김일성은 자신의 생명을 살린 은인이자 어버이였다.

마안산에는 민생단 혐의로 인해 감금되어 있던 아동 단원들이 있었다. 부모가 항일무장투쟁 속에서 죽은 고아들이었는데, 민생단과 연루되어 누구 하나 그들을 돌봐주지 않았다. 아이들에게 따뜻한 연민의 눈길을 보내는 사람들조차 민생단 혐의를 받았다. 아이들의 몰골을 보다 못해 군복 천으로 옷을 해 입힌 사람조차 처형되는 실정이었다. 그런 아이들에게 김일성은 민생단 혐의를 벗기고 어머니가 운명하면서 물려준 20원으로 천을 사서 아이들에게 옷을 해 입힌다. 적어도 그 아동 단원들에겐 김일성이 죽어가는 자신들의 생명을 살려준 은인이며 어버이였다.

1936년 11월, 동북항일연군 2군 군장 왕더타이(王德泰왕덕태)가 무송 소탕하 전투에서 총에 맞아 전사하였고, 1군 2사 사장 조국안이 1936년 12월에 장백현 7도구 목재소 근처에서 일본군과 전투를 치르면서 치명상을 입은 후 상처를 치료받다가 변절자가 밀고하는 바람에 일본군의 총에 맞고 전사한다. 왕더타이(王德泰왕덕태)와 조국안(曹國安)을 비롯한 주요 군정 간부들의 희생은 항일연군의 모든 지휘관과 대원들에게 큰 충격을 주었으며, 그들 속에서 경위(경호) 사업과 관련된 활발한 논의를 불러일으켰다. 적지 않은 단위들에서 경위 사업을 전문으로 맡아보는 부대들이 속속 조직되었다. 이런 흐름을 타고 김일성의 동료들은 사령부 호위를 전문으로 하는 부대를 조직할 것을 제기한다. 김일성은 처음에는 거부하지만, 일본이 밀정을 계속 보내서 암살을 시도하자 경위부대 조직을 결심하게 된다.

그때 김일성은 전투 경험이 미숙한 신입 대원들을 중심으로 경위 중대를 꾸렸다. 그 초년병들 중에는 마안산 아동단 출신도 있었다. 김일성은 그의 회고록에서 취침시간이 될 때마다 경위 중대의 어린 대원들이 자기 옆에서 자려고 노력했다고 한다. 김일성은 어린 대원들을 매일 자기 옆에 돌아가면서 재우면서 부모의 사랑을 느끼게 하였다. 김일성의 장례식 때 대성통곡하던 북한 군인 중에는 어린 경위 대원들이 있었음은 두말할 필요가 없을 것이다.

일제 강점기에 일본은 투항하는 독립군을 밀정으로 이용하거나 귀순 공작에 동원하였다. 때로는 독립군 소탕을 위한 길 안내자로 삼았다. 그렇지 않고 일본에 대항하는 사람들은 무자비하게 학살하였다. 만약 유격대가 일본군에게 전투에서 진다면 무자비한 살육만이 기다리고 있었다. 그래서 김일성부대는 생사를 함께 해야만 했다. 순간적인 판단 능력이 탁월한 사람만이 부대의 지도자가 될 수 있었고 그런 지도자에 절대적으로 복종해야만 부대가 일사불란하게 움직일 수 있었다. 위기 상황에서 일사불란한 지휘체계를 가지고 있지 못하면 부대가 몰살되는 길밖에 없다. 이런 환경 속에서 김일성부대는 김일성에 대한 절대적인 존경을 바탕으로 하나의 몸처럼 생사를 같이하는 부대로 거듭나고 있었다.

항일무장투쟁을 거치면서 김일성은 빨치산 동료들의 형제에서 부모로 그리고 어둠을 밝히는 한별에서 민족의 태양으로 승격되고 있었다. 단결의 구심이 확실했던 김일성부대는 다른 부대에 비해 병력의 손실이 적었고 그래서 김일성의 부대에 소속되는 것을 대원들이 자랑스럽게 여기게 된다. 이는 자기 목숨을 내맡겨도 될 정도로 김일성에 대한 믿음이 컸다는 것을 의미한다. 이때 함께했던 빨치산 동료들로 인해서 김일성은 북한 내의 권력투쟁에서 유리한 위치에 있게 된다. 김일성에게는 여타 빨치산 지도자들보다 대중을 자기 사람으로 만들고 부모의 사랑을 느끼게 하는 특별한 능력이 있었다.

해방 이후 김일성은 북한에 들어온 후 중국으로 대표단을 파견하여 해외에 있는 혁명가 유자녀들을 북한으로 데려왔다. 부모를 잃고 거지꼴로 다니던 아이들을 한명 한명 찾아서 만경대혁명자유가족학원(만경대혁명학원)에서 공부시켰다. 대표단이 떠날 때 한두 번 찾고 포기하지 말고 끝까지 찾아서 오라고 신신당부를 했다고 한다. 거지 몰골로 다니던 아이들이 북한으로 오면 김일성의 집에서 김정숙이 먹이고 입히면서 사람 몰골을 만들어 만경대학원으로 보냈다. 부모를 잃고 떠돌던 아이들에게는 김일성이 자신들의 생명을 살린 어버이요 자신들을 교육한 은인이었다.

김일성은 한국전쟁 시기 10대의 혁명가 유자녀들로 경위 중대를 만들어서 최고사령부를 호위하게 하였다. 부모가 항일무장투쟁 시기에 죽은 관계로 자녀들은 전선으로 내보내지 않았다. 이때 성장한 아이들이 김정일 또래로 대를 이어 충성하는 집단으로 성장하게 된다. 북한에서 어버이 수령님을 외치며 눈물을 흘리는 장면이 남한의 관점에서 보면 굉장히 거슬리겠지만, 적어도 거지꼴로 떠돌다가 만경대혁명학원에서 최고의 교육을 받고 성장한 그들로서는 당연한 반응이다. 일제 강점기 때 일자무식꾼으로 최하위층 생활을 하던 사람들이 해방 후 글자를 읽고 쓸 줄 알게 되고 단체의 간부를 맡게 되는 일들이 벌어졌다. 그들에게서 김일성 장군은 해방의 은인이요 자신들의 삶을 바꾼 구원자인 셈이다. 그런 그들의 상황을 이해할 때 북한 주민들의 사고방식도 이해할 수 있게 될 것이다.

4. 사람 중심

일반 독립군부대들과 김일성부대의 차이점은 신념의 차이였다. 김일성부대는 그냥 습관적으로 일본군과 싸우는 것이 아니라 반드시 이긴다는 신념을 가지고 있었다. 그리고 그런 신념의 원천을 김일성은 인민 대중에게서 찾았다. 물고기가 물을 떠나 살 수 없듯이 혁명가는 대중을 떠나서 살 수 없고, 모든 사업을 '인민 대중'에 의거하여 풀어야 한다는 '대중성'을 사업의 방법으로 내세우고 있는 것도 항일무장투쟁 시기의 경험에서 파생된 것이다.

1920년대 들어서 사회주의 사상이 동만 지방에 유입되어 북만과 남만으로 확산하고 있었다. 사회주의 사상이 급속하게 확산하게 된 요인들은 첫째, 동북지방에서 살고 있던 조선사람들이 중국의 지주로부터 착취를 당하고 있었기 때문에 러시아의 10월 혁명과 사회주의 사상에 영향을 받을 수밖에 없었다. 둘째, 당시 교육을 받은 청년 학생층이 사회주의 사상을 받아들였고 사회주의자들이 농촌에 들어가서 적극적으로 사회주의를 선전하였기 때문에 대중들도 사회주의를 비교적 친숙하게 받아들일 수 있었다. 셋째, 당시의 민족주의 계열 독립단체들이 대중들에게 민폐를 많이 끼쳐서 민심이 등을 돌리는 현상들이 발생하기 시작했다. 따라서 기존의 민족주의 독립운동보다는 새로운 독립운동 흐름을 기대하는 흐름이 발생하였다. 넷째, 코민테른의 반제노선과 한국의 독립에 관한 관심과 지지 천명 때문에 사회주의 사상은 민족해방의 수단으로 인식되었다.

사회주의 사상의 확산 결과로 만주에 사는 주민들은 계급의식, 민족 각성이 현저히 제고되었고 반일회, 반제동맹, 노동조합, 농민동맹, 청년동맹, 부녀동맹 등 수많은 단체가 결성되었다. 이러한 단체들은 항일무장투쟁을 뒷받침하는 배경으로 형성되었고 주민들도 사회주의 세력을 지지하면서 유격구를 형성하는 밑거름이 되었다.

일제는 유격대를 해산하기 위해서 악랄한 술책을 펼친다. 유격대에 조금이라도 편의를 제공한 사람들을 무참하게 학살하여 유격대와 민중과의 관계를 끊게 했다. 그럴수록 김일성부대는 자신들에게 우호적인 사람들로 구성된 유격구와 밀영으로 알려진 비밀병영을 건설하여 후방 기지의 역할을 맡겼다. 후방 기지는 유격대에 필요한 물품을 조달하고 부상자들을 간호하는 역할을 맡았다. 또한, 일본군경의 눈을 피해 조금이라도 도움을 줄 수 있는 사람들에게서 필요한 물품을 조달하였다. 정규군처럼 필요한 물품을 지원받지 못한 상태에서 자체적으로 그들이 필요한 물품을 생산한다고 하더라도 한계가 있다. 생존을 위해서는 필요한 물품을 공급하는 인민들에게 의지할 수밖에 없었다. 김일성 자신도 그의 회고록에서 "유격구의 인민은 나의 조부모, 나의 부모, 내 동생들을 대신하게 될 혈육이었다."라고 고백하고 있다. 이런 시대적 상황에서 김일성은 인민 대중에게 기대어 투쟁을 전개하는 방식을 취했고 사람 중심 사상 또한 이런 토대에서 생겨났다.

김일성부대는 유격구에서 사회주의 사상을 실천하였다. 그 당시에는 동북항일연군이 지배하는 완전 유격구를 쏘베트 구역 또는 적색구역이라고 하고 일본 통치구역을 백색 구역이라 칭하였다. 그리고 동북항일연군도 통치하고 일본도 통치하는 지역, 형식상으로는 적의 통치지역이지만 내용상으로는 동북항일연군의 관할 지역을 반유격구라 하였다. 반유격구는 낮에는 일본이 통치하지만, 밤에는 동북항일연군이 관할하는 그런 지역을 말한다. 김일성은 반유격구를 건설하여 항일유격대를 지원하고 혁명역량도 키워내며 적구와 유격구 사이에서 중간연락소의 역할도 담당하도록 하였다. 구조적으로는 반유격구들이 유격구를 옹위하도록 만들었다.

김일성은 동북항일연군이 지배하는 유격구에서 토지를 무상으로 분배하였고 누구나 무상으로 공부하며 치료받을 수 있는 권리를 주었다. 이런 경험이 해방 이후 북한에서 반제반봉건민주주의 혁명을 완수하고 사회주의혁명으로 빠르게 전환할 수 있는 토대가 되었다. 그리고 인민들의 마음을 얻고 인민들을 동원하는 방법도 개발하였다. 80년대 말부터 시작된 동구 사회주의권의 붕괴 이후 북한이 자신들의 사회주의를 '인민 대중 중심의 우리식 사회주의 국가'로 명명하면서 다른 사회주의 국가들과 차별화시킨 것도 항일무장투쟁의 과정에서 유격구에서 실천한 경험을 중시했기 때문이다.

일부에서는 김일성부대를 비적질이나 하는 무리로 폄훼한다. 실제로 유격대는 부자들을 납치하여 그들의 몸값을 빌미로 필요한 물품을 조달하는 일이 있었다. 하지만 그것은 선량한 사람들을 괴롭힌 것이 아니라 일제에 부합하는 악질 지주들을 납치하였거나, 부자 중에 유격대를 돕고 싶어 하는 사람에게 명분을 주기 위해 꾸민 경우도 많았다. 일반적으로 양민을 괴롭히고 재산을 약탈하는 중국의 비적들과는 다르다.

김일성의 지도력이 여타 사회주의 사상가들보다 뛰어났던 것은 계급주의적 관점으로 사람을 구분하지 않았다는 것이다. 김일성은 순수한 계급혁명이라면 노동자, 농민대중만이 혁명의 동력으로 되겠지만, 조선 혁명의 성격 자체가 봉건을 반대하고 제국주의를 반대하는 혁명이기에 노동자, 농민은 말할 것도 없고 청년 학생, 지식인, 애국적인 종교인, 민족자본가도 다 혁명의 동력이 될 수 있다고 주장하였다. 그리고 민족해방에 이해관계를 가지는 반일애국역량은 다 집결시켜 동원하고자 하였다. 그래서 계급 노선으로 사람을 가르고 노동계급이 아닌 사람을 배척한 사람들보다 더 많은 인간관계를 맺었으며 민족주의자들과도 유대를 가질 수 있었다. 이런 그의 사상은 남한 내에서 통일을 원하는 사람들을 계급을 우선시하여 배척하지 않는 노선으로 발전하게 된다.

북한은 1945년 이후 능력과 전문성을 갖춘 친일파, 민족반역자에 대해서는 관대한 규정을 내리고 그들을 계속 간부로 충원하였으며, 기술자들은 사무원 성분으로 전환해 간부로 충원하였다. 당시 김일성은 계급적 배경이나 출신 성분과 무관하게 누구든지 당원이 될 수 있도록 문호를 개방해야 한다고 주장하였다. 그 결과 북한의 조선노동당은 노동계급의 취약성을 보완하기 위해 빈농을 흡수하여 프롤레타리아로 삼고, 사무원 범주를 탄력적으로 적용하여 과거 지주, 자본가 계급을 당원으로 등록한 후 산업 부문에 배치하였다.(이에 대한 자세한 내용은 이태섭, 「김일성 리더십 연구」 제2장 참조)

해방 직후 상당수에 달했던 북한의 지주, 자본가 계급 출신들은 북한의 경제 발전에서 중요한 역할을 하였다. 김일성의 지적대로, 해방 이후 북한의 사회주의 건설에 적극적으로 참여한 "오랜 인텔리들은 거의 다 유산 계급의 출신이며 그전에는 제국주의자들과 착취 계급에 복무하였다."(김일성, 「조선민주주의인민공화국에서의 사회주의 건설과 남조선 혁명에 대하여」 1965. 4. 14. 『김일성 저작 선집 4』, p. 216) 즉 당에 대한 충성심과 아울러 개인적 능력도 매우 중요했다. 이것은 한국전쟁 이후에도 계속되었다. 1956년 8월 종파 사건 당시 연안파 윤공흠(상업상)이 인텔리 출신은 친일파인데 이들을 등용하는 것은 잘못된 것이라며 당의 간부 정책을 비판한 것도 이러한 배경 속에서였다.

해방 이후 북한에서 만주파의 핵심이 되는 최용건, 김책 등은 김일성이 소련으로 이동한 후 상봉한 사람들이다. 그곳에서 이미 김일성은 동료들에게 차기 조선의 지도자로 추대되었다. 김책, 안길, 최용건, 강건 등 해방 후 김일성의 정권 장악에 적극적으로 협력한 사람들은 이때 같이 생활한 사람들이었다. 김일성은 사람의 마음을 얻는 데 탁월한 능력을 발휘했다. 그는 특히 김책을 존중했는데, 해방 이후 북한에서 차를 타고 가다가도 길에서 김책을 보면 먼저 차에서 내려 인사를 할 정도로 혁명의 선배를 깍듯이 대접하였다. 김일성이 사망한 이후 그의 집무실인 금수산태양궁전의 금고에는 김책과 찍은 빛바랜 사진 한 장이 나왔다. 금고에 돈이나 중요한 문서가 아니라 동지와 찍은 사진을 넣어둘 정도로 김일성은 사람과의 관계를 중시했다.

김일성은 그의 회고록 「세기와 더불어」에서 그가 만난 사람을 중심으로 자신의 과거를 회고했다. 한명 한명 떠오르는 이름들을 거론하며 당시 있었던 사건을 떠올리고 있다. 특히 그에게 충성했던 빨치산 동료들에 대한 그리움이 곳곳에 묻어난다. 그중에서 최현에 대해서는 상대적으로 긴 지면을 할애하며 서술하고 있다. 항일무장투쟁부터 김일성에게 충성한 최현을 그리워한 김일성은 최현을 소재로 한 영화 '혁명가'를 만들 정도로 그를 소중히 여겼다. 그리고 특이하게 그의 아들 최룡해까지 언급한다. 김일성은 최룡해가 자기 어머니 김철호가 서거한 날에도 장례식에 잠깐 참가하고는 인민문화궁전에 나가 제13차 세계청년학생축전을 성사시키기 위한 국제준비위원회 회의에 참석하였다는 보고를 받고 "사과나무에서 사과가 열리고 배나무에서 배가 열리는 것은 움직일 수 없는 자연의 법칙이다. 사회의 법칙도 이와 다를 바가 없다."라고 칭찬하고 있다. 그의 말이 교시가 되고 그와 함께 찍은 사진 한 장이 성분을 보장하는 북한 사회에서 빨치산 동료의 아들까지 회고록에 기재하며 세세하게 동료들을 챙겼다.

김일성은 그의 회고록에서 주체사상을 설명하지 않았다. 이데올로기를 위한 투쟁의 삶을 적지 않고 조국을 해방하기 위한 투쟁의 과정에서 그가 만난 사람들에 대한 추억을 서술하였다. 그 사람들과의 관계 속에서 그는 자신의 사상을 실현하였다. 그리고 그가 만난 사람들이 자신의 정권을 유지하는 핵심 계층이 되었다. 특히, 김일성은 계급주의적 관점으로 사람을 판단하지 않고 뜻만 맞으면 자신의 동지이자 친구로 만들었다. 그래서 마르크스-레닌주의의 계급적 시각에 빠진 사람보다 다양한 사람들을 자신의 조력자로 삼을 수 있었다. 계급보다 사람을 중시한 그의 사상은 훗날 역사발전에 있어 사람이 주인이라는 주체사상으로 발전하게 된다.

그리고 일제의 탄압으로 인한 어려운 환경 속에서 필요한 물자와 인원을 인민 대중에게 의지하여 해결하였다. 항상 사람들의 마음을 얻어서 그들에게 필요한 물자를 공급받았고 자체적으로 만들 수 있는 물건은 자체적으로 조달하였다. 이런 경험들이 훗날 자력갱생으로 그리고 인민 대중 중심의 우리식 사회주의 국가로 발전하는 밑바탕이 된다.

지금의 시각으로 보면 사람 중심 사상이 당연한 이치로 다가올 수도 있으나, 1930년대에 사람이 주인이라는 관점은 혁명적인 사상이었다. 비록 사상적으로 당의정을 입힌 주체사상은 아닐지라도 역사발전에 있어 사람이 주인이라는 정신은 깔려있었으며 당시 사람들에게는 충격으로 다가왔다. 자기 자식의 이름을 지어도 돈을 주고 짓고, 배우자를 선택할 때도 궁합을 보고, 이사를 하려고 해도 길흉(吉凶)을 따져서 날짜를 받는 그 시절에 사람이 주인이라는 사상은 혁명적이었다. 인간이 모든 것을 결정할 수 있고 난관을 극복할 수 있다는 사상은 봉건시대에 살았던 그 당시 사람들에게는 천지가 개벽하는 말이었다. 그리고 사회주의 강대국인 소련에 전적으로 의지하고 사적 유물론과 계급주의적 시각으로 정세를 파악하던 사람들은 이론의 틀을 넘어 뜻만 같으면 동지로 묶어내는 철학에 쉽게 동의할 수 없었을 것이다.

02
___

해방과 분단

1945년 8월 8일 소련은 일본에 선전포고했다. 미 공군 B-29 폭격기가 히로시마에 원자 폭탄을 투하한 지 이틀 만의 일이다. 소련의 참전은 미군의 희생을 줄이고자 한 미국의 요청에 의한 것이었는데, 그동안 저울질하고 있던 소련이 원폭 투하 후 곧바로 참전을 결정했다. 그런데 일본의 관동군이 너무 쉽게 무너졌다. 소련은 이미 8월 9일부터 작전을 개시하여 중국의 서북부, 만주, 남사할린, 쿠릴 열도 등으로 일제히 공격을 시작했고, 일부 병력은 한반도 최북단 동북지역으로의 상륙작전을 준비하고 있었다. 1945년 4월 1일 실행한 오키나와 상륙작전 때 미군이 전사 12,500명과 부상 72,000여 명의 커다란 손해를 입은 것과 너무나 대조적이었다. 반면 미군 병력은 한반도로부터 1천 킬로미터 남쪽인 오키나와에 진주해 있었다.

　그리고 1945년 8월 15일에 일본은 무조건 항복함으로써 조선은 해방되었다. 그런데 너무나 갑작스러운 일이라 당시 조선 민중은 해방 이후를 준비하지 못했다. 만약 당시 연합군이 조선에 상륙하여 일본과 싸우면서 조선을 순차적으로 해방했다면, 그 과정에서 조선 민중들은 해방을 좀 더 준비된 가운데서 맞이했을 것이다. 하지만 썰물 빠져나가듯이 갑자기 일본군이 항복했다. 그리고 소련군과 미군이 한반도의 북쪽과 남쪽에 주둔하게 된다.

만주의 관동군이 그토록 허무하게 몰락하게 된 이유를 북한에서는 김일성의 공로로 선전하고 있다. 소련으로 피신한 동북항일연군 교도려는 인민들과 결합하여 관동군의 정보를 계속 수집하였기에 관동군의 취약점을 잘 알고 있었고 그런 정보를 토대로 소련군이 쉽게 일본을 제압할 수 있었다는 논리이다. 그리고 김일성이 소련으로 피신한 것도 일제의 탄압 때문이 아니라, 일본이 소련을 침입할 것을 예상한 소련이 일본의 침입에 대비하기 위해 동북항일연군을 소련에 초청한 것이고 김일성이 그 요구에 화답한 것이라고 한다. 일본이 1941년 4월에 일·소 중립조약을 체결했지만, 그것은 기만적인 행동이고 언젠가는 소련을 침입할 것이라고 예상했다고 한다. 물론 노약자나 부상병을 치료하기 위해 빨치산 대원들을 소련 영내로 보냈고 동북항일연군도 일제의 토벌에서 역량을 보존할 필요성을 인정했지만, 그것은 앞으로의 투쟁을 위한 조치였지 일반적인 패배주의적 시각과는 다르다고 주장한다. 또한, 동북항일연군이 건설한 밀영을 운영하면서 수시로 만주와 백두산 지역을 오고 갔다고 한다. 소련의 입장에서는 동북항일연군의 빨치산 활동이 일본의 소련침략을 위한 구실이 될 수 있었고 소련을 도와줄 동맹 세력을 찾았기 때문에 동북항일연군을 소련으로 불러들였다.

소련의 한반도 진주를 앞두고 미국은 8월 14일에 38도선 획정안을 소련에 전달했다. 바로 다음 날 소련은 미국의 제안을 수락했다. 결과적으로 한반도는 미·소 양국 군대가 한반도를 분단 점령하게 되었다. 정작 분단되어야 할 나라는 전범 국가인 일본이었건만 한반도가 분단되는 일이 발생하게 된 것이다.

1. 김일성 장군

남북에 들어온 미군과 소련군의 포고령은 그 내용이 엄청난 차이
를 보였다.

태평양 미 육군 총사령관 맥아더 포고령 제1호(1945)

조선 인민에게 고함.

태평양 방면 미국 육군부대 총사령관으로서 나는 이에 다음과 같이 포고함.

일본국 정부의 연합국에 대한 무조건 항복은 우리 편 여러 나라 군대의 오래 계속되
어 온 무력투쟁을 끝마쳤다. 일본 천황의 명령에 따라 그를 대표하여 일본국 정부와
일본 대본영이 조인한 항복문서 내용에 의하여 나의 지휘하에 있는 승리에 빛나는
군대는 금일 북위 38도 이남의 조선 영토를 점령한다.

조선 인민의 오랫동안의 노예 상태와 적당한 시기에 조선을 해방 독립시키라는 연합
국의 결심을 명심하고 조선 인민은 점령목적이 항복문서를 이행하고 자기들의 인간
적 종교적 권리를 보호함에 있다는 것을 새로이 확신하여야 한다.

태평양 방면 미국 육군부대 총사령관인 나에게 부여된 권한에 의하여 나는 이에 북
위 38도 이남의 조선과 조선 주민에 대하여 군사적 관리를 하고자 다음과 같은 점령
조건을 발표한다.

제1조. 북위 38도 이남의 조선 영토와 조선 인민에 대한 통치의 전권은 당분간 나의
　　　권한 하에서 시행한다.

제2조. 정부의 전 공공 및 명예 직원과 사용인 및 공공복지와 공공위생을 포함한 전
　　　공공사업 기관의 유급 혹은 무급 직원 및 사용인과 중요한 사업에 종사하는
　　　기타의 모든 사람은 새로운 명령이 있을 때까지 그의 정당한 기능과 의무를
　　　실행하고 모든 기록과 재산을 보존 보호해야 한다.

제3조. 모든 사람은 급속히 나의 모든 명령과 나의 권한 하에 발한 명령에 복종하여
　　　야 한다. 점령군에 대한 모든 반항행위 혹은 공공안녕을 문란케 하는 모든 행
　　　위에 대하여는 엄중한 처벌이 있을 것이다.

제4조. 주민의 재산권은 이를 존중한다. 주민은 본관의 별도 명령이 있을 때까지 일상적인 직무에 종사하라.

제5조. 군사적 관리를 하는 동안에는 모든 목적을 위하여서 영어가 공식 언어다. 영어 원문과 조선어 혹은 일본어 원문 간에 해석 혹은 정의에 관하여 어떤 애매한 점이 있거나 부동한 점이 있을 때는 영어 원문이 적용된다.

제6조. 새로운 포고, 포고 규정 공고, 지령 및 법령은 나 혹은 나의 권한 하에서 발출될 것으로 제군에 대하여 요구하는 바를 지정할 것이다.

1945년 9월 9일

태평양 방면 미국 육군부대 총사령관 더글러스 맥아더

북한에 진주한 소련군 대장 차스차코프의 포고문(1945. 8. 15.)

조선 인민들에게

조선 인민들이여! 붉은 군대와 연합국 군대들은 조선에서 일본 약탈자들을 몰아냈다. 조선은 자유국이 되었다. 그러나 이것은 오직 신조선 역사의 첫 페이지가 될 뿐이다. 화려한 과수원은 사람의 땀과 노력의 결과이다.

이처럼 조선의 행복도 조선 인민이 영웅적으로 투쟁하며 꾸준히 노력하여야만 달성할 수 있다. 일제의 통치하에 살던 고통의 시일을 추억하라! 담 위에 놓인 돌멩이까지도 괴로운 노력과 피땀에 대하여 말하지 않는가? 당신들은 누구를 위하여 일하였는가?

왜놈들이 고대광실에서 호의호식하며 조선사람들을 멸시하며 조선의 풍속과 문화를 모욕한 것을 당신들이 잘 안다. 이러한 노예적 과거는 다시 돌아오지 않을 것이다. 진저리나는 악몽과 같은 그 과거는 영원히 없어져 버렸다.

조선 인민들이여! 기억하라! 행복은 여러분들 수중에 있다. 여러분들은 자유와 독립을 찾았다. 이제는 모든 것이 여러분에게 달렸다. 붉은 군대는 조선 인민이 자유롭게 창조적 노력에 착수할 만한 모든 조건을 만들어놓았다. 조선 인민은 반드시 스스로 자기 행복을 창조하는 자가 되어야 할 것이다.

공장, 제조소 및 공작소 주인들과 상업가 또는 기업가들이여! 왜놈들이 파괴한 공장과 제조소를 회복시켜라! 새 생산 기업체를 개시하라! 붉은 군대 사령부는 모든 조선 기업소들의 재산을 보호하며 그 기업소들의 정상적 작업을 보장하기 위하여 백방으로 원조할 것이다.

조선 노동자들이여! 노력에서 영웅심과 창작적 노력을 발휘하라. 조선사람의 훌륭한 민족성 중 하나인 노력에 대한 애착심을 발휘하라. 진정한 사업으로써 조선의 경제적 및 문화적 발전에 대하여 고려하는 자라야만 모국 조선의 애국자가 되며 충실한 조선사람이 된다.

해방된 조선 인민 만세!
붉은 군대 사령부

누가 보더라도 포고문의 성격은 차이가 있다. 미군의 포고령은 점령군으로서 진주하고 있음을 드러낸다. 점령하러 왔으니 사령관의 말에 복종하라는 내용이다. 식민지 민족해방세력을 인정하지 않고 있다. 이에 반해 소련군은 조선 인민들에게 자신들의 운명이 달려있음을 선포하고 있다. 그리고 각 지역에서 일본인 행정관리를 쫓아내고 인민위원회에 행정 및 치안 유지를 맡겼으며, 조선인 지도자를 지지하였다. 비록 당시 소련군의 약탈행위가 있었지만, 46년 1월에 이르러 소련은 헌병을 들여와 군인들에 대한 엄격한 통제를 가하여 점차 사태를 안정시켰다.

하지만 소련이든 미국이든 자국의 정치 제도와 사상을 한반도에 이식하고자 하는 것은 당연한 일이다. 소련은 북한에서 동유럽에서 행했던 개혁을 실행하기 위해 이그나티에프(Alexandr M. Ignatiev) 대좌 등 여타 인사들을 북한에 파견하여 소련이 원하는 대로 북한의 사회구조를 바꾸기 시작했다. 이 과정에서 우익은 미군이 있는 남한으로 월남하여 상대적으로 북쪽에서는 사회주의 세력이 정권을 장악하게 된다.

1945년 8월 17일 평안남도 건국준비위원회를 비롯하여 각 도에 인민위원회가, 그리고 9월 8일 소련군 주재로 '북조선 5도 인민위원회'가 조직되었다. 북한은 1945년 9월 20일부로 스탈린의 지령에 따라 북한의 단독 공산정권 수립전략을 확정하고, 10월 8~10일에 '5도 인민위원회 연합회의'를 개최하였다. 그리고 11월 19일 '5도 행정국'이 북한에서 출범하였다. 책임자는 평남 인민정치위원회 위원장인 조만식이 겸임했다. 외형상으로는 북한 인민 대표들로 구성된 임시인민위원회가 행정총국을 관장하는 것처럼 보이지만, 평양주둔 제25군 사령부 내에 민정 담당 부사령관 직책을 만들어서 소련군이 임시인민위원회와 5도 행정국을 통제하고자 했다.

소련은 이미 동북항일연군교도려(일명 88여단) 시절부터 김일성을 지도자로 생각하고 있었다. 평양 주둔 제25군 북조선 정치 사령관 레베데프(Nikolai Lebedev, 1901~1992) 소장의 증언에 따르면 소련군대가 북한의 지도자로 특정 인물을 거론한 적이 없으며, 소련 공산당 중앙위원회의 지시에 따라 김일성이 지도자가 될 수 있도록 노력했다고 한다. 아마도 소련의 정보기관과 군이 김일성에 대한 정보자료를 올려서 스탈린에게 추천했고, 스탈린이 이 자료를 중심으로 김일성을 직접 면담해 북한 지도자로 낙점한 것으로 해석할 수 있다.(김국후, 「평양의 소련 군정」, 제3장 참조)

1945년 9월 중순 평양에 들어간 박 왈렌친(전 북한 외무성 제1부상)은 "치스차코프(Ivan Chistyakov) 대장, 레베데프(Nikolai Lebedev) 소장, 로마넨코(Andrel Alekseevich Romanenko) 소장, 이그나치프(Alexandre Matveyevich Ignatiev) 대좌 등 소련 군정 지도자들은 소련 각 지역의 고려인 2·3세 전문가 그룹이 몇 단계로 나뉘어 입북할 때마다, 가장 먼저 '김일성이 장차 북한의 지도자가 될 인물이니 소련에서 나온 사람들은 모두 그를 도와 협력하라'라고 지시했습니다. 대민 접촉할 때도 김일성을 부각하라고 강조했습니다."라고 증언했다.

소련이 모든 조선의 혁명가들과 독립투사들 가운데서 왜 김일성을 선택했는가에 대해서는 이론이 분분하다. 가장 중요한 이유는 소련이 잘 알고 있는 조선의 지도자가 달리 없었다는 데 있다. 1930년대부터 1940년대 초에 이르기까지 조선공산당과 소련공산당 사이에 관계가 단절되었고, 1930년대에 코민테른과 연계를 맺었던 조선사람들도 스탈린에게 숙청되었거나 소련으로 귀화했다. 하지만 무엇보다도 김일성이 당시 사회주의 계열의 독립운동가 중에서 지도력을 인정받은 것이 지도자로 옹립된 가장 큰 이유이다. 최용건과 김책 등이 김일성보다 상급자였지만 내부 비밀회의에서 김일성을 지도자로 결정했고 그것을 소련 측에 통보한 것을 볼 때 소련 측의 의도와는 별도로 88여단 내부에서도 김일성이 지도자로 옹립된 상태였다.

1945년 10월 14일 평양에서 7만여 명의 군중이 참여한 가운데 '조선해방축하집회'가 열렸다. 이 자리에서 처음으로 김일성이 소개되었다. 전설의 항일 명장 '김일성 장군'이 대중에게 공식적으로 모습을 드러낸 것이다. 소련군 2인자인 레베데프 정치 사령관, 조만식에 이어 세 번째 연사로 나선 김일성은 "모든 힘을 새 민주 조선 건설을 위하여"라는 제목으로 "인민 대중의 이익을 철저히 옹호하며 나라와 민족의 부강발전을 확고히 담보할 수 있는 참다운 인민 정권" 건설을 제창했다. 그 방법으로 "각계각층의 광범위한 인민 대중을 망라하는 민주주의 민족통일전선을 형성하고, 애국적 민주역량을 민족통일전선에 튼튼히 묶어 세워야 한다"라고 주장했다.

당시 평양에서는 1945년 8월 17일 조만식을 비롯해 22명의 지도자가 평양 건국준비위원회를 조직했고 함경북도를 제외한 북한 각 지역에서도 자치위원회, 인민위원회 등 자연 발생적인 정권기관이 우후죽순처럼 등장했다. 특히, 북한 지도자를 공식적으로 지목하지 못한 상황에서 조만식 등 민족진영이 주류를 이룬 가운데, 북한 지역의 토착 공산주의자들은 박헌영을 비롯한 조선공산당 핵심이 서울에 있는 데다가 당 역사가 짧아 많은 갈등을 겪고 있었다.

북한을 소비에트화한다는 내면적 목표를 설정한 소련이지만 북한에는 공산주의 조직이 뿌리 깊게 자리를 잡지 못했고 출옥한 공산주의자더라도 제대로 훈련받고 조직에서 활동한 자는 거의 없었기 때문에 소련으로서는 북한 사회의 질서를 유지하기 위해서 민족주의적 토착 세력을 등용하지 않을 수 없었다. 하지만 소비에트 국가를 건설하려는 소련으로서는 민족주의 세력은 일시적인 방편으로 중용한 것이기에 결국은 소멸하는 세력이 될 수밖에 없었다.

소련은 소련 전역에 사는 고려인 2·3세 가운데 대학 교육을 받은 정치·경제·정보·교육·기술·문화 등 분야별 전문가 56명을 모아 평양으로 보낸다. 이들은 초기에 제25군 사령부와 로마넨코 민정사령부, 시·도 위수사령부, 5도 행정국 등에 배치돼 지휘관 통역과 북한 정세 파악, 소비에트화 전략 수행, 마르크스-레닌주의 교육과 치안 등을 맡는다.

해방 후 북한에는 확실히 구분할 수 있는 네 개의 정치 그룹이 서로 권력의 주도권을 잡기 위해 경쟁하고 있었다. 첫째, 고향이 북한인 국내 공산주의자들로서 평양에 조선공산당 북조선 분국을 조직한 그룹이다. 이들은 서울에 재건된 조선공산당의 정통성을 인정하고 박헌영의 지도 전략을 추종했다.

둘째, 옌안(延安)의 중국공산당과 연계하고 타이향산(太行山)을 본거지로 해서 조선 독립운동을 펼쳤던 사람들이다. 흔히 연안파로 불리는 이 그룹은 중국에서 지도자 김두봉을 중심으로 화북 조선독립동맹을 만들고 순전히 조선사람들로 이루어진 조선의용군을 조직했다. 입북 직후부터 빨치산파, 국내파, 소련파 등과 함께 북조선 5도 행정국을 비롯하여 창군 과정에 관여하였으며, 소련 군정에 연립전인 형태로 적극적인 활동을 펼쳤다.

셋째, 소련 거주 조선인들로서 소련군이 북한을 점령한 후 북한에 들어온 소련파이다. 해방 이후 소련의 명령으로 1945년 8월부터 1948년까지 모두 다섯 차례에 걸쳐 소련에 거주하던 고려인 전문가 428명이 북한에 급파됐다. '소련파'로 분류됐던 이들은 1948년 북한 정권이 수립되기까지 당, 인민위원회, 군, 대학, 언론, 문화단체 등에서 핵심적인 역할을 담당한다. 그리고 북한에 소련의 공산주의를 이식하고, 김일성이 권력을 장악하는 과정에서 전위대 역할을 한다.

이들 소련파 대부분은 북한 정권 수립 후 평양에 잔류한다. 그리고 1950년대 말까지 북한 정권에서 부수상, 장관, 당 간부, 차관, 교수, 사회단체장 등 고위직을 맡아 일하다가 숙청된다. 소련은 초기부터 소련파를 정부와 당, 각 사회단체의 부책임자에 앉혀 외형상으로는 부책임자이지만 책임자를 감시하면서 조직의 실권을 장악하게끔 했다. 이들 중에는 허가이·남일·박창옥 등 정치 지도자급 인사 10여 명도 포함돼 있다. 허가이를 지도자로 한 이들은 북한에 아무런 연고도 없었다.

넷째, 김일성과 그의 빨치산들이다. 이 그룹은 동북항일연군 출신의 조선인들로서 비록 그 수는 적었으나 모두 무장투쟁 경력의 소유자들이다.

김일성은 소련의 절대적인 지지와 이그나티에프 대좌 같은 유능한 정치 전문가의 지도를 받으면서 타 그룹과의 경쟁에서 우위를 차지하고 그의 권력 기반을 착실하게 닦아나갔다. 특히 그는 200명 남짓한 빨치산들을 당 조직을 비롯한 정치 활동에 참여시키기보다는 사회 안전 분야, 즉 경찰과 북한 인민군의 전신인 경비대 등 군 계통에 지도자로 투입하여 무력을 장악했다.

김일성은 대중에게 감동을 주는 능력이 있었다. 김일성이 1946년 2월 8일에 발족한 북조선 임시인민위원회를 만들고 처음 내린 정령은 연필 생산에 관한 것이었다. 문맹 퇴치를 위한 북한 당국의 적극적인 노력으로 사람들이 자기 이름 석 자를 쓸 줄 알게 되었다. 그리고 많은 사람이 김일성의 이름으로 한 개혁을 통해 처음으로 자기 이름으로 된 땅을 갖게 되었고, 각종 조직의 감투를 쓰게 되었다. 그리고 김일성은 오랜 일제 식민지 시대의 아픔을 겪은 대중에게 '반제'라는 민족적 과제와 '반봉건'이라는 계급적 과제를 유기적으로 결합한 반제반봉건민주주의 혁명노선을 내세웠다.

왕과 천황이라는 절대적 권력자에게 순종하던 당시 사람들에게 김일성은 그들과 똑같은 모습으로 다가갔다. 인민들이 생활하는 곳에 스스럼없이 찾아가서 같이 담소도 나누고 모내기도 같이하는 등 대중과 친근한 이미지를 생산한다. 이런 행동들은 항일무장투쟁 시기의 유격구에서 인민들과 같이 생활한 경험에서 터득한 것이었다. 이제 전설의 항일 명장 김일성 장군이 인민의 지도자로 변하기 시작한다.

북한에서 반제반봉건민주주의 혁명의 구체적이고 핵심적인 내용은 친일파의 청산과 토지개혁이었다. 친일파 중에서도 일제 총독부 관리나 경찰 등 적극적 친일파들은 공직에서 추방되거나 남한으로 월남한 상태였으므로 남은 반혁명 세력은 지주계급이었다. 지주계급을 청산하기 위해서는 토지개혁이 수반되지 않으면 안 되었다. 당시 38선 이북에서는 농가의 4%에 불과한 지주들이 경지의 58%를 소유하고 있었다. 북조선 임시인민위원회는 직접 농사지을 수 있는 면적이 5정보(약 5만 제곱미터)라고 보고 그 이상을 소유한 지주에게서 땅을 몰수해 농민들에게 나눠 줬다. 하지만 이것은 자기의 토지를 전부 소작 주거나 고용 노력으로 경작하는 지주에 한정한 것이고 5정보 이상의 토지를 소유하더라도 토지 일부분을 자력으로 경작하며 일부분을 소작 주는 토지 소유자에 있어서는 소작을 준 토지만을 몰수하였다. 그리고 일제 강점기에 일본인이 소유했던 땅과 일본에 빌붙었던 '민족반역자'들의 토지는 면적에 상관없이 모두 몰수했다. '무상몰수 무상분배' 방식으로 단행된 토지개혁은 46년 3월에 한 달여라는 짧은 시간 안에 완료됐다. 그 결과 지주-소작제가 사라지고 사회주의를 건설할 수 있는 기반이 마련됐다. 농민들은 대부분 토지개혁을 환영했다. 소식을 들은 38선 이남의 농민들 사이에서도 토지개혁에 대한 기대감이 높아졌다.(김주환, 「해방 후 북한의 인민민주주의혁명과 사회주의혁명」 제5장 참조, 『해방 전후사의 인식 5』)

토지개혁의 시행에 이어 북조선 임시인민위원회는 중요 산업 국유화를 단행하였다. 중요 산업 국유화를 위한 법령은 1946년 8월 10일 공포와 동시에 발효되었는데 그 내용은 "일본 국가와 일본인의 사인(私人) 및 법인(法人) 등의 소유 또는 조선 인민 반역자의 소유로 되어있는 모든 기업소·광산·발전소·철도·운수·체신·은행·상업 및 문화기관 등은 전부 무상으로 몰수하여 이를 조선 인민의 소유로, 즉 국유화한다"라는 것이었다.

중요 산업 국유화의 법령에 뒤이어 1946년 10월 4일에는 '개인 소유권을 보호하며 산업 및 상업 활동에서의 개인의 창발성을 발휘시키기 위한 대책에 관한 결정서'가 채택되었다. 이것은 남한의 일각에서 북한이 공산혁명을 수행하여 사적 자본을 없앤다는 선전이 풍미했기에 이에 대한 대응으로서 시행되었고, 중·소 규모의 기업가들이 생활필수품을 생산하고 유통하여 인민 경제를 발전시키도록 하기 위함이었다.

사회개혁으로는 '노동법령'과 '남녀평등권법령'을 실시하였다. 노동법령의 주요 내용은 노동자에 대한 1일 8시간 노동제, 동일한 노동에 대한 같은 임금 지급, 남녀 동일임금제, 14세 미만의 소년 노동 금지, 유급휴가제, 임신부·유모에 대한 시간 외 노동 및 야간노동의 금지였다. 남녀평등에 관한 법령에는 축첩·매음·인신매매의 금지, 혼인과 이혼의 자유, 사회생활에서 남녀평등에 대한 보장을 규정함으로써 봉건적인 남녀관계를 청산하도록 하였다.

이러한 개혁의 결과로써 북한은 식민지 반봉건사회를 탈피하여 사회주의혁명 단계로 이행할 수 있는 물적 기반을 갖추게 되었다. 무엇보다도 전설의 김일성 장군이 대중의 지도자로 변신하는 것에 성공했다고 볼 수 있다. 단지 일본군과 싸우는 장군이 아니라 인민들의 생활까지 책임져주는 지도자로 받아들여지게 된다. 이런 일련의 흐름에 저항할 수 있는 우익 인사들은 월남하여 혼란은 비교적 가벼웠다. 대신에 월남한 우익 세력으로 인해서 남한은 좌우익의 갈등이 한층 강화되어서 통일 조국은커녕 남한 내의 혼란도 제대로 수

습할 수 없는 지경에 이르렀다. 북한에서 일어날 갈등을 남한이 고스란히 떠안은 셈이다.

김일성은 항일무장투쟁 시절부터 대중을 직접 만나서 소통하는 통치방식을 사용하였다. 인민 대중에게 의거하여야 한다는 논리로 항상 대중 속에서 생활하였다. 그리고 해방 이후에도 직접 북한 주민들에게 다가가서 그들의 삶을 직접 보고 정책을 결정하였다. 이러한 김일성의 통치방식이 '현지지도'이다. 현지지도는 자본주의 국가에서 최고지도자가 현장을 시찰하는 것과 많은 차이가 있다. 현지지도는 단순히 둘러보는 것이 아니라, 대중들을 직접 만나고 생산 현장에서 발생하는 문제를 해결하기 위한 해결책도 제시한다. 북한이 자랑하는 청산리 방법과 대안의 사업체계도 현지지도의 산물이다.

김일성은 사회주의가 관료주의로 변하면 자본주의의 관료주의보다 병폐가 더 심각하게 된다면서 항상 인민 속으로 들어갔다. 김일성은 1945년 소련으로부터 귀국한 지 얼마 지나지 않은 9월 24일 평양 곡산공장을 방문하였다. 이것이 해방 후 김일성의 첫 현지지도였다. 이런 현지지도에 대해 북은『근로자』제11호(1969)「김일성 동지의 위대한 현지지도방법을 따라 배우자」에서 "위대한 혁명사상과 고매한 공산주의적 덕성의 빛나는 구현이며 가장 철저한 혁명적 사업 방법과 인민적 사업작풍의 집중적 발현"이자 "혁명과 건설의 매개 부문, 단위, 전국의 매개 지방의 생동한 현실 속에서 혁명 발전의 현실적 및 전망적 요구와 인민 대중의 지향과 념원을 통찰하고 대중의 풍부한 투쟁 경험을 포착하며 그것을 일반화하여 현명한 로선과 정책으로 집대성하는 혁명의 위대한 수령의 탁월한 령도 개념과 방법"이라고 소개하고 있다.

좀 더 설명하자면, 북에서 말하고 있는 현지지도는 최고지도자가 현장 방문을 통해 현지의 인민 대중과 직접 접촉, 현지의 사정을 파악하고 이에 대한 올바른 사업 방향을 제시해 주는 지도 방법을 현지지도라고 한다는 것이고, 그 구현 양태도 일반적 지도(정치사업)와 개별적 지도(경제사업)를 결합해서 대중의 자발적 창발 의식을 최대한 고취하여 혁명적 열의를 끌어낸다는 것이다.(김광수, 「수령국가」 참조)

아래의 연설은 이를 명확히 설명해주고 있다. 김일성이 농촌경리 부문 지도일꾼협의회에서 한 연설(1980. 9. 21), 「올해 농사 경험과 다음 해 영농 사업 방향에 대하여」이다.

> "얼마 전에 우리나라를 방문하였던 어느 나라 사람이 나에게 왜 지방에 자주 현지지도 하러 다니는가 하고 물었습니다. 그래서 나는 사회주의사회에서 관료주의가 나타나면 자본주의사회의 관료주의보다 더 무섭다. 자본주의사회는 사적 소유에 기초한 사회인 것만큼 정부에서 아무리 관료주의를 부려도 개인 기업가들은 자기들에게 리득이 있으면 움직이고 없으면 움직이지 않기 때문에 관료주의가 통하지 않는다, 그렇지만 사회주의사회는 집단주의에 기초한 사회이기 때문에 위에서 한 사람이 지휘를 잘못하면 큰 편향을 범할 수 있다, 나는 군중의 목소리에 귀를 기울이고 그들의 요구에 맞게 사업하기 위해 늘 아래에 내려간다고 말하여 주었습니다."

여기서 김일성이 생각한 현지지도의 목적을 크게 세 가지 정도로 유추해 볼 수 있다.

그 첫째는 구체적인 현실, 인민들의 지향과 요구를 반영한 정책과 방침들을 내오기(=구성하고 작성하기) 위한 실태 파악이고, 둘째는 당의 노선과 정책을 대중들에게 이해시켜 그들을 발동하기 위한 것이고, 그 셋째는 한 단위에 대한 구체적 지도를 통해 모범을 일궈내고 이를 일반화해낸다.

즉, 해당 역점사업에 대한 문제해결의 중심 고리를 잘 찾아 그곳에 모든 역량을 집중하고, 그 결과 성과의 모범단위가 나온다면, 이를 일반화해 전국적인 인민 대중운동으로 들불처럼 확산시켜 나간다는 전략이 바로 현지지도 방식이라는 것이다. 그러므로 현지지도는 짧게는 며칠, 길게는 몇 달을 넘길 수도 있는 것이다. 지속적인 현지지도를 통해 생산적인 열의를 고취해내어야 하기 때문이다.

물론 최고지도자의 현지지도 방식은 '고전적 사회주의 체계'에서 볼 수 있는 일반적 현상이다. 최고지도자가 하부기관을 직접 방문하여 실정을 살피고 대책을 지시하는 것은 스탈린이나 모택동 시대에서도 볼 수 있는 현상이다. 하지만 북한에서의 현지지도는 단순한 최고지도자의 시찰이 아니라 최고지도자와 인민 대중을 한 몸으로 묶고 운명을 같이하는 공동체로 발전시키는 계기가 되었다.

김일성은 현지지도를 통하여 북한의 정치, 경제, 군사, 사회 및 문화예술 등 각 분야의 정책 집행과정을 직접 이해하고 제기되는 문제점들을 파악함으로써 새로운 정책 방향을 제시하거나 사업의 진척을 독려했다. 그리고 동시에 탁월한 능력을 지닌 지도자로 만들어졌다. 이러한 사업방식은 수령의 후계자에게 이어진다. 김일성이 생전에 다닌 현지지도를 거리로 환산해 보면 140만 리에 이른다고 월간 천리마호(2001. 1.)가 밝히기도 했다. 140만 리를 환산하면 약 56만 km, 남북한 삼천리를 23차례 정도 왕복한 셈이다.

현지지도라는 용어 자체는 최고지도자에 대해서만 사용할 수 있다. 단어 자체를 신성하게 만듦으로써 최고지도자와 그의 지시를 절대시한다. 현지지도의 특징으로는 적절한 물질적 유인책이 주어졌다는 것이다. 사업의 결과에 만족하면 일꾼들에게 많은 혜택이 돌아가도록 하였다. 이는 최고지도자에 대한 충성심을 고양하는 데 아주 효과적이었다. 문제점도 해결해주는 동시에 잘한 일에 대한 보상이 뒤따르는 현지지도를 주민들이 좋게 받아들이게 된 것이다.

무엇보다 김일성 시대에 현지지도는 형식적인 면은 별로 없었다. 주민들의 모습을 있는 그대로 보기를 원했던 김일성의 성향에 따라 보여주기식 연출은 자제하였다. 1983년 북한군 제13사단 민경수색 대대 참모장으로 근무하다가 귀순한 신중철 대위는 "한국 사단장들 은 헌병 같습니다…군화는 파리가 미끄러질 만큼 반짝거리고 옷은 칼날처럼 주름 잡아 입고 멋을 많이 내지 않습니까? 그런 옷을 입고 무슨 일을 합니까?"라며 뼈있는 말을 하였다. 북한의 사단장들은 옷 이 허름하다면서 "4주 중 1주는 병사들과 함께 매복 근무를 서지요. 2주는 병사들과 같이 내무반에서 자지요. 1주만 공관에서 잡니다.… 멋 부리는 사단장이 아니라 일하는 사단장이지요"라고 하였다

김일성이 현지지도 하는 홍보영상을 보더라도 김일성을 만나는 군인들의 군복이 남한처럼 다림질이 되어있지 않다. 김일성은 주민 들이 평소 생산 활동하는 모습을 그대로 보여주기를 원했으며, 민가 에 들어가서 부엌에 있는 솥을 직접 열어보고 군인들의 배낭을 열어 보면서 주민들의 삶을 최대한 직접 확인하려고 하였다. 최고지도자 의 이런 성향으로 북한에서는 누가 온다고 안 하던 청소를 하고 없 던 건물을 만드는 일은 적어도 김일성 시대까지는 없었다.

현지지도를 통해 성과를 본 사업은 전국적으로 홍보됨과 동시에 김일성의 업적으로 선전되었다. 이러한 작업은 북한의 모든 발전과 진보를 수령의 직접적인 지도와 연관시켰다. 따라서 당의 역할은 축 소되었고 정치적 경쟁자를 두지 않는 정치문화를 고착시켰다. 김일

성의 현지지도는 각종 기념물로 표시되었고 그 지역 사람들에게는 뿌듯한 자부심으로 자리 잡았다.

남한 사람들이 '남북의 창'이나 뉴스를 통해 김일성을 맞이하는 북한 주민들을 보면 한결같이 감격해서 환호하는 표정들이다. 이것을 남한 국민은 연출된 동작으로 해석한다. 하지만 김일성의 현지지도를 받는 사람들의 마음은 설렐 수밖에 없다. 그동안 노력한 작업이 인정을 받게 되면 전국적인 노력 영웅으로 인정받으며 물질적 보상도 받을 수 있기 때문이다. 자기 인생을 바꿀 수 있는 절호의 기회는 김일성을 만나면서 시작되는 것이다. 혹시라도 김일성의 눈에 띄는 날에는 속된 말로 팔자가 바뀌게 된다.

더욱이 김일성과 사진이라도 찍게 되면 더할 나위 없는 영광이 된다. 사진은 단체 사진보다 김일성과 개인적으로 찍은 사진이 값어치가 있다. 김일성과 찍은 사진만 있으면 식량 배급부터 시작하여 생활의 모든 분야에서 혜택을 입게 된다. 수령님과 개인적으로 사진을 찍은 사람의 성분을 누가 무시할 수 있겠는가? 김일성이 머물렀던 곳도 기념물을 세우고 초상화가 불에 타는 것을 몸으로 막은 사람이 영웅이 되는 북한에서 수령님과 찍은 사진 한 장이 얼마나 큰 위력을 발휘할지는 어렵지 않게 짐작할 수 있다. 원래는 인민 대중과의 소통을 위해 실시하던 현지지도의 역할이 수령의 절대화와 더불어 변질되는 면도 생기기 시작한 것이다.

김정일이 후계자로 공식적으로 등장한 1980년 10월 노동당 제6차 대회 이후 김일성의 현지지도는 빈도수가 크게 줄어든다. 대신에 김정일의 실무지도와 시찰은 늘어났다. 초기 김정일의 실무지도나 시찰은 주로 문화, 보건, 체육 등에 치중되었으나, 1983년부터는 경제·군사 부문 등에까지 공개 활동의 폭이 넓어지고 그 성격도 '보좌'에서 독자적인 '지도'의 측면이 더 강해졌다. 이러한 현상은 1980년대에 들어서면서 김일성이 권력 승계 작업의 하나로 경제사회 등 실무 분야에서 자신의 현지지도의 역할을 김정일에게 넘기기 시작했다는 것을 의미한다. 김정일의 실무지도나 시찰 가운데 특징적인 것은 경공업, 주택건설 사업 등과 같은 인민 생활과 밀접히 연관된 부분의 비중이 높다는 것이다. 이러한 현상은 특히 사회주의개혁이 휘몰아치는 1980년대 말부터 더욱 두드러지게 나타났다. 김정일의 공개적인 현지지도와 시찰이 사회의 모든 분야로 확산하는 가운데 북한 언론들의 그에 대한 개인숭배 캠페인도 가속화되었다.

김정은은 아버지인 김정일보다 훨씬 과감하게 현지지도에 임하고 있다. 군인·주민과 스스럼없이 만나고 접촉하는 과정에서 과감한 스킨십을 시도하는 모습을 연출한다. 군부대를 방문하여 장병과 귀엣말로 대화하는가 하면 부대 세면장에서는 수도꼭지에서 물을 받아 온도를 확인하는 듯 손에 물을 적시는 모습도 연출한다. 주민들을 만날 때는 할아버지 김일성이 주로 즐겨 입던 복장을 그대로 재현하면서 대중연설 때는 목소리까지 흉내를 냈다. 이 모든 것은 김일성 장군의 후광을 그대로 이어받고 본인 스스로 김일성 장군으로 등극하고자 하는 통치전략이다.

2. 분단

1) 조선민주주의인민공화국 건국

1945년 10월 8~10일 북한에서 '5도 인민위원회 연합회의'가 개최되었고, 11월 19일에는 '5도 행정국'이 출범하였다. 이로써 북한에서의 중앙정부 수립을 향한 첫걸음을 내디뎠다. 이 무렵 소련은 10월 10일 북한 지역의 민주기지화를 추진할 지도핵심체로써 '조선공산당 북조선분국'(1946년 4월 북조선공산당으로 개칭)을 발족시켰다. 김일성은 분국 결성을 주도했으나 직접 분국 제1비서의 자리를 맡지 않고 김용범이 이를 맡았다. 그러다가 1945년 12월에 접어들면서 김일성은 분국 사업의 오류를 집중적으로 비판하면서 책임 비서에 취임하였다.

1945년 12월 말에 불어닥친 신탁통치 정국은 북한에서 김일성을 유일 지도자로서 부상하게 했다. 본래 소련은 공산당과 민족주의 세력인 조만식의 조선민주당과의 통일전선 형성을 통해서 북한에 연합정부를 수립할 계획을 세우고 있었다. 당시 소련은 탈식민지 국가 정책의 방향을 민족주의자와 공산주의자와의 연합정권 건설로 잡고 있었으며, 한반도에서도 적어도 북한 지역에서는 조만식과 김일성의 합작을 기대하였다. 그러나 1945년 12월에 있었던 모스크바 3상회의의 조선 문제 결정 사항을 둘러싸고 좌우익이 대립하면서 좌절되었다. 조만식은 신탁통치를 거부했고 김일성은 지지를 표명했기 때문이다. 결국 소련 군정은 조만식을 연금하였으며 조선민주당 일부 인사들이 월남하는 사태가 발생하였다. 김일성은 최용건을 민주당으로 이적시켜 조선민주당을 접수하였다.

1946년 2월 8일에는 김일성을 책임자로 하는 '북조선 임시인민위원회'가 발족하여 민주개혁이라는 명목으로 토지개혁, 중요산업의 국유화 등 일련의 체제개혁 작업을 서둘렀는데, 이는 봉건 및 일제 식민지 잔재의 청산과도 관련이 있었다. 이때가 김일성이 북한 주민의 최고지도자로 취임한 최초의 사건이었으며 그 이후로 한 번도 권력을 빼앗기지 않았다. 또한 8월 30일에는 북조선공산당과 조선신민당이 합동하여 대중정당을 표방하는 '북조선로동당'을 창립하였다. (남한에서는 그해 11월에 조선노동당, 신민당, 인민당을 합해서 '남조선로동당'이 창당된다.) 북한에서 노동당이라는 대중정당의 창립은 중요한 정치적 의미가 있다. 그것은 오랜 전통을 지닌 좌익 운동의 주도권이 조선공산당에서 조선노동당으로 넘어가게 되었다는 것이다. 1946년 말에는 도·시·군 인민회의 대의원선거를 시행하여 각급 인민회의와 북조선인민회의를 구성함으로써 종전의 북조선 임시인민위원회에서 '임시'라는 용어를 없앤 '북조선인민위원회'를 1947년 2월에 발족시켰다.

김일성이 북조선공산당의 책임 비서뿐만 아니라 북조선임시위원장에 취임하게 되자 공산당 내에서는 김일성 중심의 지도체계 확립을 위한 움직임이 가시화되었다. 당 이데올로그들은 1946년부터 그를 '위대한 영도자'로 호칭하기 시작했다. 1949년 6월 비공개리에 남북노동당이 조선노동당으로 합당하자 김일성은 당중앙위원회 위원장에 취임하였고, 박헌영과 허가이가 부위원장에 각각 선출됐다. 1948년 9월 북한 정권(조선민주주의인민공화국)이 들어서자 김일성은 곧 내각 수상에 취임하였다. 이때 남로당 지도자인 박헌영은 내각 부수상 겸 외상으로 입각하였다.

2) 대한민국 건국

1945년 9월 8일에 인천에 상륙한 미국은(선발대는 9월 6일 입국) 한반도 이남에 군정청을 설치해 직접 통치하였으며, 맥아더 포고령

1호를 통해 여운형을 중심으로 발족한 조선건국준비위원회가 설립한 조선인민공화국과 임시정부를 모두 부정하고 관련 인물들을 개인 자격으로 귀국시켰다. 또한, 총독부의 체제를 그대로 유지해 친일 관료, 경찰 등을 그대로 고용하였고 조선인민공화국을 부정한 김성수, 송진우의 한국 민주당을 지원하였다.

1945년 12월의 '모스크바 3국 외상회의'에서 미·영·중·소 4개국에 의한 최고 5년의 신탁통치안이 결정되었다. 이 안이 국내에 전해지자, 임정을 중심으로 국민총동원위원회가 결성되어 반탁운동이 전개되었다. 이 신탁 운동을 둘러싸고 임시정부 측은 결사적으로 반탁을 주장하지만, 박헌영의 조선공산당 등 좌익 측은 찬탁을 주장하여 의견이 엇갈리게 되었고, 이리하여 좌우의 제휴에 의한 민족통일 공작은 절망적인 것이 되었다. 이러한 와중에서 1946년 1월, 미·소 공동위원회 예비회담이 열렸고, 이어 3월에는 정식 위원회가 개최되었다. 그러나 회의가 거듭되는 동안 차츰 결렬 상태에 빠진다. 1946년 5월에는 미·소 공동위원회가 무기한 휴회에 들어간다.

이승만은 좌우합작에 대한 미련을 버리고 1946년 6월 3일, 각지를 순회하는 도중 정읍에서 "이제 우리는 무기 휴회 된 공위가 재개될 기색도 보이지 않으며, 통일 정부를 고대하나 여의케 되지 않으니, 우리는 남방만이라도 임시정부, 혹은 위원회 같은 것을 조직하여 38 이북에서 소련을 철퇴하도록 세계 공론에 호소하여야 될 것이다."라는 정치적 발언을 했다. 이 발언 이후, 이승만은 남한 단독정부 수립에 본격적으로 나섰고, 그해 12월부터 1947년 4월까지 미국에 건너가 남한만의 단독정부 수립을 촉구하는 외교 활동을 벌이고 돌아왔다.

한편 김구를 중심으로 한 임시정부 계통의 한독당은 국민의회를 구성하여 반탁운동을 근본으로 하되 좌우합작과 남북통일을 실현할 것을 주장하였다. 그런가 하면 김규식·여운형 등 중간 우파와 중간 좌파가 주도하여 좌우 합작운동을 적극적으로 추진하였다. 이들 좌우 합작운동 주도 세력들인 중도파 인사들은 선임정 후반탁(先臨政後反託)을 주장하여 찬탁의 입장에서 미·소 공동위원회의 재개를 통해 통일 임시정부 수립을 주장하였다.

좌익은 남한의 정치·경제·사회를 교란하는 여러 수단을 썼다. 1946년 5월 정판사 위폐사건을 계기로 공산당은 지하로 숨어들었고, 부산의 철도 파업을 계기로 일으킨 대구 폭동은 좌익 지하운동의 대표적인 예였다. 이 사건 이후 미 군정은 12월 남조선과도입법의원을 창설하였고, 1947년 6월에는 미군정청을 남조선 과도정부라고 칭하였다.

1947년 9월 17일 미국은 한반도의 문제를 유엔에 제출하여 이관하였다. 미국은 한국에서 유엔 감시하에 총선거를 시행하고, 그 결과 정부가 수립되면 미·소 양군은 철수할 것이며, 이러한 절차를 잠시 협의하기 위해 유엔 한국 부흥위원단을 설치할 것을 제안한 것이다. 47년 11월 유엔총회 남북한 선거실시 결의안의 통과로 유엔 한국위원단은 1948년 1월에 활동을 개시하였다. 그러나 소련의 반대로 북한에서의 활동은 좌절되었다. 1948년 2월의 유엔 소총회에서는 가능한 지역 내에서만이라도 선거에 의한 독립 정부를 수립할 것을 가결하였다. 이처럼 1948년 5월 10일에 남한에서만의 총선거가 시행되어 5월 31일에는 최초의 국회가 열렸다. 이 제헌국회는 7월 17일에 헌법을 공포하였는데, 초대 대통령에는 이승만이 당선되었다. 이어 8월 15일에는 대한민국 정부의 수립이 국내외에 선포되었으며, 그해 12월 유엔총회의 승인을 받는다.

북한에서는 1948년 9월 9일에 조선민주주의인민공화국이라는 사회주의 정부를 공식 출범함으로써 한반도에는 두 정부가 들어서게된다. 그리고 남북한 양측은 모두 자기 쪽의 정부를 정당화하고 상대방을 비난하는 주장을 내놓기 시작한다. 남한 정부는 북한 정부를 소련 공산주의의 위성 국가로 몰아붙였고, 북한은 남한 정부를 미제국주의의 괴뢰정부라고 비하했다.

남북의 분단을 막고자 많은 사람이 노력하였다. 하지만 신탁통치를 두고 완전히 갈라진 상황에서 좌와 우가 하나로 합쳐질 가능성은 완전히 상실하였다. 특히 이승만의 친일파 등용은 좌익의 극심한 반발을 가져왔다.

남한에서 보면 북한은 개인의 사유재산을 강탈하고 공산당이 모든 것을 결정하는 독재국가이며, 북한에서 보면 남한은 친일파들이 독립운동가를 핍박하고 근로 인민 대중들의 생존권이 보장되지 않는 집단이다. 이러한 극단적인 상황에서 그나마 대화를 할 수 있는 인물들이 암살당하는 상황이 진행되어 무력 충돌은 누구나 예상할수 있게 된다.

3. 한국전쟁

1950년 6월 25일 일요일 새벽 4시경 북한이 암호명 '폭풍 224'라는 사전 계획에 따라 북위 38도선 전역에 걸쳐 남한을 선전포고 없이 기습 남침한다. 일제 36년간 일제에 맞서 함께 독립투쟁을 했던 독립군들이 남북으로 갈라져 서로 총질하고 죽이는 비극의 역사가 시작된 것이다. 남침과 북침을 두고 많은 이설이 있었지만, 북한에 의한 전면적인 남침은 역사적 사실이다. 이 전쟁은 유엔군과 중국 인민지원군 등이 참전한 국제전으로 비화하여 1953년 7월 27일 정전협정이 체결되기까지 3년 1개월간 교전이 이어졌다.

조선 시대에 병자호란과 임진왜란을 거치면서 우리 민족은 엄청난 인적 물적 손해를 입게 되고 이민족에 대해서 적개심을 가지게 되었다. 그런 상황에서 외국과의 교역은 거부반응을 일으키게 된다. 이성적 판단보다는 적개심이 먼저 앞서기 때문이다. 한국전쟁도 남과 북에 씻을 수 없는 상처를 주게 되었고 결과적으로 대화를 통한 분단 해결을 원천적으로 불가능하게 만들었다.

남한에서는 그동안 한국전쟁을 사실주의적 관점에서 서술했다. 전쟁이 일어난 시점부터 중요한 사건을 시간적 순서로 배웠다. 북한의 침략, 미군의 참전, 인천상륙작전, 중공군의 참전, 다시 후퇴, 휴전협정 등 한국전쟁이 왜 일어났는지보다 어떻게 진행되었는지에 초점을 맞추었다. 하지만 같은 성격의 전쟁인 미국의 남북전쟁은 구조주의적 관점에서 배운다. 미국의 남북전쟁이 언제 일어났으며 어떻게 진행되었는지 배우기 이전에 노예제도로 인해서 남북이 충돌하여 전쟁이 일어났다고 배운다. 전쟁이 일어나게 된 사회적 구조를 먼저 기술한다. 그리고 전쟁이 일어나는 과정보다 전쟁의 결과로서 노예가 해방된 것을 강조한다.

한국전쟁은 분단으로 발생했다. 분단이 되지 않았다면 전쟁도 없었다. 그런데 분단은 미국과 소련에 의한 합작품으로 우리 민족이 동의한 것이 결코 아니다. 그렇다면 38선을 그은 미국과 소련의 책임도 분명 있다. 그동안 남한에서는 이 문제에 대해서 진지한 논의가 없었다. 일부 진보 인사들의 주장에서 간간이 나왔지만, 공식적인 장소에서 이런 주장을 하는 것은 매우 어려운 일이었다. 한국전쟁은 북한의 일방적인 공격으로 시작되었고 미국과 애국 군인들이 목숨을 바쳐서 나라를 지킨 전쟁이다. 전쟁이 왜 일어났고, 어떻게 발생했는지는 중요하지 않다. 그리고 친일의 경력도 중요하지 않다. 좌우의 갈등에서 우익에 섰다면 우익에서는 애국자로 탈바꿈할 수 있었다.

1) 원인

무엇보다 북한으로서는 당시 남한에서 일어난 좌익의 투쟁을 외면할 수만은 없었다. 미 군정은 남로당을 불법으로 규정하면서 좌익 인사들을 검거하였다. 1946년 10월 1일에 미 군정 하의 대구에서 발발한 대구 10·1 사건, 1947년 3월 1일부터 1954년 9월 21일까지 제주도에서 발생한 4·3사건, 1948년 10월 19일에 여수 주둔 국방경비대 제14연대가 남한만의 단독정부 수립에 반대하는 제주 4·3사건 진압 출동을 거부하면서 시작된 여순사건 등 남한은 극도의 혼란 상태에 있었다. 싫든 좋든 북한은 이 과정에서 쫓겨서 산으로 들어간 남한 내의 빨치산들을 외면할 수 없었다.

하지만 해방 정국에서 김구, 여운형 등 남북한 간의 대화를 주도할 수 있는 사람들이 암살되었다. 김구는 많은 반대를 무릅쓰고 1948년 4월 평양에서 개최된 남북연석회의에 참석하였다. 김일성은 그의 회고록에서 김구가 반공에서 연공으로 변신했다고 평가할 만큼 김구는 북측과 대화가 통하는 인물이었다. 그리고 건국준비위원회를 조직한 여운형은 중도좌파를 대표해 김규식으로 대표되는 중도우파와 좌우합작위원회를 구성하여 조국분단과 민족분열을 저지하고 통일정부 실현에 앞장섰다. 이 운동이 좌절되자 북한 지도자들과 네 차례에 걸쳐 좌우합작과 통일정부 실현을 위해 회담을 했다. 이런 인물들이 사망하고 약산 김원봉과 같은 독립운동가들이 북으로 가면서 남과 북은 서로 대화가 불가능한 상황으로 치닫게 된다. 오직 남한에서는 북진통일과 북한에서는 남조선해방만이 현실적인 대안이 되고 있었다.

사실 한국전쟁이 일어나기 전부터 이미 38선 주변에는 크고 작은 무력 충돌이 발생하고 있었다. 1948년까지의 충돌은 38선 월경 및 총격전 수준에 그쳤다. 즉 38선을 월경해 주요 시설에 대한 습격, 물자에 대한 약탈, 상대 주민의 납치·살해 등의 사건이 발생하거나 이에 대한 보복으로 역월경이 이루어졌다. 총격전 역시 무수히 발생했지만, 대부분은 사상자가 없거나 극소수의 부상자·사망자가 발생했을 뿐이다. 동원된 병력은 대부분 경찰에 해당하는 북한 경비대, 한국 경찰이나 청년단 등이었으며 소규모에 불과했다. 하지만 1949년 5월부터 8월까지 진행된 38선 무장 충돌은 실질적으로 '작은 전쟁' 수준까지 고조되었다.(정병준, 「한국전쟁」 III부 제2장 참조)

그러므로 남북한은 서로에 대해서 강한 적개심을 가진 상태였다. 당시 남북한은 언제 터질지 모르는 시한폭탄을 서로 가지고 있는 상태였다. 특히 군사 지도자들이 일제 강점기의 악연으로 서로를 오해하고 증오했다. 남한의 전선 지휘관들은 전형적인 반공 군인이었다. 가장 전투가 치열했던 개성의 1사단은 김석원-백선엽이, 옹진의 17연대는 김백일-백인엽이 지휘관이었고, 그 맞은편에 있는 북한의 38선 경비 제3여단장은 최현이었다.

그런데 최현을 비롯한 북한군 최고 수뇌부는 오해와 착각으로 김석원에 대해 원한과 적개심을 가지고 있었다. 간삼봉 전투는 김일성이 보천보 전투 직후 이를 토벌하러 추격해온 일본군 제19사단 함흥 제74연대 150여 명과 국민당 보안대 300여 명을 상대로 장백현 13도구 서강에 위치한 간삼봉에서 벌인 전투였다. 당시 함흥연대는 조선인이던 김모 소좌가 지휘했는데, 북한 지도부는 김소좌를 김석원으로 믿고 있었다.

김일성 역시 김석원이 간삼봉 전투 때 자신을 토벌하러 출동했던 함흥연대장이라고 믿고서, 일제의 앞잡이가 이제는 미국의 앞잡이가 되었다고 무척 격앙되어 있었다. 하지만 간삼봉 전투에 출전했던 사람은 김석원이 아니라 김석원과 일본육사 27기 동기생인 김인욱(金仁旭)이었다.

북한군 지도부는 친일파 김석원이 이제는 친미파로 변신해 일제 강점기의 항일유격대 토벌에 이어 대북공격을 시도한다고 생각했다. 항일 빨치산들의 일본군에 대한 두려움과 증오심은 상상을 초월하는 것이었다. 일제 강점기의 원한과 잔인한 기억, 증오는 해방 후 남북한에 만연한 소문의 진원이 되었다. 심지어 일부 인사들은 김일성이 한국전쟁 당일인 6월 25일. "김석원, 내가 너를 잡으러 간다. 이제 너는 내 손아귀를 벗어날 수 없을 것이다."라고 라디오 방송을 하는 것을 들었다고 증언할 정도였다. (브루스 커밍스에게 이 얘기를 해준 사람은 서대숙이었다.)

북한의 대중선전 매체들은 김석원을 제외하고도 한국군 주요 지휘관들의 일본군 경력을 거론하면서 적개심을 고취했다. 북한 매체는 채병덕을 오시마(大島) 중좌, 이응준을 가야마(香山) 대좌라고 조롱했다. 실제로 여순사건과 빨치산 토벌로 이름을 높인 김백일은 당시 8로군과 동북항일연군을 토벌하기 위해 설립된 만주국 간도특설대 중위 출신이었으며, 백선엽·신현준·김석범·송선하 등이 간도특설대 출신이었다.

일제 강점기 때 자신의 부대를 토벌하러 다닌 부대의 지휘관들이 남한 군대의 지휘관으로 있는 상황에서 북한군 지휘관들이 지닌 호전성은 상상을 초월했다. 최현은 1949년 봄 옹진지구 국사봉에 설치된 100m짜리 전기 철조망에 남한군 시체 3구를 매달아 놓거나, 그해 여름에는 백골부대(38 유격대) 1개 소대를 습격해 총알이 아깝다며 32명을 삽으로 찍어 죽였다.

상황은 남측에서도 마찬가지였다. 주로 서북청년단원들로 구성된 옹진의 38선 유격대 중 1개 소대 특공대가 38선 이북 850m 지점에 있는 은파산을 야간 습격해 북한군 1개 소대를 섬멸시켰다. 그러나 양측은 자신들의 38선 월경과 공격을 당연하게 여기고 미화했다.

또 다른 결정적인 이유는 중국 공산혁명의 성공이었다. 1949년 10월 중국에서는 국민당 정부가 무너지고 모택동의 공산정권이 들어섰다. 이와 더불어 국공내전에 참전했던 만주 거주 조선족 병사 5만여 명이 1949년 7월부터 1950년 5월 사이에 방호산, 김창덕 등의 지휘 아래 북한으로 들어왔다. 이들의 입북으로 북한의 군 전력은 급격히 배가되었다. 소련으로부터 전후 잉여 군사 물자의 대량 유입도 있었다. 국제적 조건, 사기, 군사력 어느 면에서도 50년 6월의 시점에서 북한은 남한을 압도하고 있었다. 더욱이 당시 박헌영은 자신의 정치적 기반인 남한의 공산화를 염원하여 김일성에게 인민군이 남진하면 20만 명이 봉기할 것이라고 주장하며 그를 부추겼다.

한국전쟁 발발 직전인 1950년 1월 10일 애치슨(Dean Gooderham Acheson, 1893. 4. 11. - 1971. 10. 12.)은 상원 외교위원회에서 미국의 태평양지역 방위선을 알류샨 열도-일본-오키나와-필리핀으로 연결되는 선이라고 보고했으며, 12일 워싱턴의 내셔널프레스센터에서 열린 미국 기자협회에 참석하여 이를 대외적으로 발표했다. 애치슨은 이 발표에서 소련 스탈린과 중국 마오쩌둥(毛澤東)의 영토적 야심을 저지하기 위하여 미국의 극동방위선을 알류샨 열도-일본-오키나와-필리핀을 잇는 선으로 정하며, 타이완, 한국, 인도차이나반도와 인도네시아 등은 이 방위선에 포함되지 않고 그 지역들은 국제연합(UN)의 보호에 의존해야 한다고 설명했다. 이는 당시 미국의 관점에서 볼 때, 타이완이나 한반도에 대한 전략적 인식의 부재와 함께, 동아시아에서 국제적 분쟁이 일어날 때 불필요한 관여를 피하려는 인식이 바탕이 된 것으로 알려졌다.

애치슨 선언으로 북한 지도부가 한반도에서 전쟁이 발발할 때 미군이 참전하지 않을 것으로 판단할 수 있었다. 전쟁이 개시된 이후 미군이 신속하게 참전한다고 판단했다면 북한 당국이 전쟁을 쉽게 결정할 수 없었을 것이다. 그래서 애치슨 라인의 적절성에 대한 비판이 대두되었다.

2) 권력투쟁

1950년 6월 25일 '민족해방전쟁'이라는 명분 아래 남한에 대한 전면적인 공격을 개시한 이후 단숨에 낙동강까지 밀고 내려갔으나 1950년 9월 유엔군의 인천상륙작전으로 반전되었다. 연합군의 반격 속도가 너무 빨라 많은 인민군 부대가 조직적인 철수조차 제대로 하지 못할 정도였다. 이에 김일성은 군대 내 당 조직을 만들기로 하고 이를 총괄하는 인민군 총정치국을 신설하였다. 그리고 총정치국장에 박헌영을 앉혔다. 김일성과 박헌영은 최고사령관과 인민군 총정치국 장의 명의로 현지 사수를 명령하였으나 인민군의 패주는 계속되었다.

1950년 10월 19일 중국 인민지원군이 압록강을 건너 25일부터 전투를 개시한다. 이에 전세는 다시 반전되어 전쟁은 장기전이 된다. 이 과정에서 엄청난 희생이 발생하고, 실질적인 패전책임을 둘러싸고 생존의 문제가 걸린 사활적 투쟁이 시작된다. 이러한 조치는 1950년 12월에 개최된 당 중앙위 제3차 전원회의에서 연안파의 무정을 평양 사수 실패의 책임을 물어 제거하면서 시작된다. 김일성은 그의 빨치산 동료인 김일, 최광, 임춘추 등에 대해서도 준엄하게 비판하였지만, 비판의 표적은 무정이었다. 그는 무정이 군대 내의 명령을 집행하지 않고 전투를 옳게 조직하지 못했으며 철칙 당한 후에도 퇴각 과정에서 아무런 법적 수속(手續)도 없이 사람을 마음대로 총살하는 봉건시대의 제왕과도 같은 무법천지의 군벌주의적 만행을 저질렀다고 격렬하게 비판하였다.

무정은 김일성의 경쟁자가 될 정도로 화려한 투쟁경력을 지닌 인물이었다. 본명이 김무정인 무정은 14세 때 3·1운동에 참가했으며, 그 후 중앙고등보통학교에 입학했으나 18세 때 퇴학당했다. 중국으로 건너가 1924년 북방군관학교에 입학하고 포병과를 졸업했으며, 1925년 중국공산당에 입당했다. 1934년 중국공산당의 대장정(大長征)에 참가한 조선인 20여 명 가운데 해방될 때까지 유일하게 살아남은 인물이다. 1937년 팔로군 총사령부 작전 과장이 되고, 그해 말에는 중국 최초의 포병부대인 팔로군 포병단 단장이 되었다.

1941년 한인들로 구성된 '화북조선청년연합회' 결성에 주도적으로 참여했으며, 1942년 이 연합회의 성격을 분명히 해 이름을 '화북조선독립동맹'으로 바꾸고 산하의 군대조직인 조선의용군을 결성해 사령관을 지냈다. 8·15해방 후 귀국해 조선공산당 북조선분국 제2비서를 지내기도 했다. 하지만 그는 연안파 내에서 반목을 많이 한 경력으로 귀국 후에 동료들로부터 큰 인정을 받지 못했다. 귀국 직후 북조선공산당 간부부장을 지냈으나 북조선공산당과 조선신민당의 합당으로 1946년 8월 말에 열린 북조선노동당 창당대회에서는 13명의 당 상무위원회 위원명단에도 들지 못할 정도로 위상이 추락하였다.

하지만 군사적인 면에서 그의 능력은 인정받아서 1946년 2월 조선인민군의 전신인 보안 간부 훈련대대가 만들어지면서 포병 담당 부사령관이 되었고, 1948년 조선인민군 창설 이후에는 제2 지휘소 사령관에 임명되었으며, 6·25전쟁 초기에는 조선인민군 제2군단장을 역임했다. 후퇴 때에는 평양 방위사령관에 임명되었다. 1950년 12월 조선노동당 중앙위원회 제3차 전원회의에서 명령 불이행, 부하에 대한 불법 총살형 등의 이유로 격렬한 비판을 받고 직위를 박탈당했다. 1952년 10월 위장병으로 사망한 것으로 알려졌다.

김일성은 무정이 입국하였을 때 자기 집 가까이에 집을 잡아주고 그의 항일투쟁경력 또한 인정해주었다. 하지만 그의 표현대로라면 군벌 관료기가 심한 사람이어서 한국전쟁 시기에 모든 군직을 다 내려놓았다고 한다. 김일성은 무정을 군사적 자질은 뛰어났지만, 인민 대중과 사업하는 방법은 서투른 사람으로 평가했다. 남한에 알려진 것과는 다르게 김일성은 그가 중병에 걸렸을 때 중국으로 보내서 치료를 받게 해주었다. 그리고 무정이 조국에서 눈을 감고 싶다고 하자 북한으로 데려와서 보살펴주었고, 그의 장례식도 잘 치렀다고 한다. 그가 비록 정치적인 과오를 저질렀지만, 항일무장투쟁을 한 그의 경력을 인정해서 동료로서 끝까지 잘 대해준 셈이다.

이어 1951년 11월에 개최된 당 중앙위 제4차 전원회의에서 소련파의 허가이가 숙청된다. 김일성은 허가이가 당 사업방식을 책벌을 위주로 하는 책벌주의와 노동자의 비율에만 매달려 당의 문을 닫는 관문주의적 오류를 범하고 있다고 비판하였다. 허가이는 당원 전체에 대해 충성심을 검토하여 1951년 일 년 동안 60만 당원 중에서 45만 명을 출당시켰다. 그리고 대다수의 입당 지원서를 부결하고 신입 당원을 받지 않았다. 김일성은 조선노동당을 대중정당으로 만들고자 했으나, 허가이는 이를 무시하고 엘리트 정당으로 재조직하고자 하였다. 결국 허가이는 제1비서 자리에서 해임되고 농업담당 부수상으로 좌천되었다. 이후 그는 미군 폭격을 받아 무너진 순안 저수지 복구사업을 현장 지휘하라는 김일성의 명령에 불복하여 1953년 7월에 자살하였다.

김일성은 그의 회고록에서 허가이를 김책과의 인연을 서술하면서 딱 한 번 언급한다. 김책과 대화를 하는 도중에 자신에게 당 사업 보고를 한 사람으로 기록하고 있다. 허가이와 대화하느라고 김책과 식사도 하지 못한 채 헤어지고, 그날 밤 김책이 자신의 집무실에서 과로로 인한 심장마비로 사망한 것을 가슴 아파하고 있다. 허가이에 대한 동지애나 추억은 전혀 없고 그와 대화하느라고 김책과 식사도 못 한 안타까움만 남겼다. 소련공산당 지방당 간부로 활동한 그를 김일성은 혁명을 같이한 동지로 생각하지 않았던 것이다.

1952년 12월에 열린 당 중앙위 제5차 전원회의에서는 남로당계를 겨냥한 반 종파 투쟁의 과제가 제시되어 미제 고용 간첩, 남한 민주역량 파괴, 북한 정권 전복기도 혐의로 1953년 초에 이승엽, 임화 등 남로당 계열의 핵심 인물 12명이 반국가, 반혁명 간첩죄로 체포되었다. 이어서 박헌영도 같은 혐의로 체포되었다. 이승엽 등 12명에 대한 재판은 휴전협정이 조인된 직후인 1953년 8월 3일부터 6일까지 최고재판소 특별 군사 법정에서 4일간 열렸다. 결과는 이승엽 등 10명에게 사형이, 윤순달에게는 15년형이, 이원조에게는 12년형이 선고되었다. 박헌영은 그의 정치적 비중으로 1955년 12월에 가서야 사형을 선고받았다.

실제로 남로당계의 김일성 제거 음모는 탁상공론은 아니었다. 한국전쟁이 한창이던 1951년 8월, 남한의 지하공작을 위해서 황해도 소흥군에 남한 출신들을 교육하는 '금강 정치학원'을 설립했다. 이 학원의 지도자들도 남한 계열로 구성되어 있었고, 그들은 전부 박헌영의 지지자들이었다.

김일성의 제거를 계획한 주모자는 김일성 내각의 사법상 이승엽이었다. 그는 1952년 11월까지 약 4,000명의 지하 공작원을 확보하고 이들을 평양에 밀파하여 김일성과 그 일당을 축출할 생각이었다. 이러한 군사 공작을 실천하기에 앞서, 이승엽은 박헌영에게 알리지도 않고 그를 국가주석으로 하는 신정부의 각료 명단까지 미리 작성했던 것으로 알려졌다. 부주석에는 장시우, 내무상에 박승원, 외무상에 이강국, 국방상에 김응빈, 선전상에는 조일명, 교육상에 임화, 노동상에 배철, 그리고 상업상에 윤순달을 내정하였다고 한다. 1953년 초 군대를 동원하여 평양으로 쳐들어갔으나 김일성의 빨치산들에게 전부 체포되었다.

북한에서는 이 사건 이후로 남한 출신들에 대해 극도의 거부감을 가지게 된다. 이 사건 외에도 북한에서는 박헌영이나 이승엽이 한국전쟁 때 최고사령부의 동선을 미국에 무전으로 보고하여 미군의 폭격을 유도하였다고 주장한다. 대표적인 예로 1952년 여름에 북한군 최고사령부가 있던 자리에 미군 비행기가 수십 대나 날아와서 시한폭탄을 투하하여 이을설이 목숨을 걸고 폭탄을 골짜기에 버렸다고 한다. 이런 연유(緣由)인지 북한에서는 남한 출신들이 1970년대까지는 대학진학은 물론 인민군 입대도 제한되었다. 1980년대에 들어와서야 소위 '남조선 출신'들에게 기술 계통의 대학진학이 허용되었고, 병력의 감소로 모든 남자가 군대에 입대할 때(전민 군사복무제)까지 인민군 전투부대에 입대할 수 없었다.

결과적으로 한국전쟁의 과정에서 김일성에 반대하는 세력들은 몰락하게 되어 김일성의 권력이 더욱 공고해지게 된다. 김일성은 전쟁의 목적을 달성하지는 못했으나 권력투쟁에는 성공한 셈이다.

3) 반미의식

한국전쟁은 그 피해 규모에서 볼 때 북한 주민들의 사고에 지대한 영향을 미쳤다. 북한의 당시 인구가 남한보다 적었음에도 사망자 수가 250만에 이르고 특히 민간인 사망자 수가 많았다. 또한, 물적 피해에도 그 결과는 엄중한 것이었다. 미 공군의 대대적 폭격 결과는 "북한에는 이제는 목표물이 없다. 이제 북한은 100년 이내에는 다시 일어설 수 없다"라고 미군 장성이 장담했을 정도로 북한 사회의 경제적 토대를 원시 상태로 돌려놓았다. 이와 같은 인적·물적 피해는 통계 숫자 의미 이상으로 북한 주민들에게 강한 반미감정을 갖게 했다.

전쟁 승리 직전에 미국의 개입으로 좌절된 조국 통일과 미군의 점령 시기에 행해진 미국의 각종 행패 및 미군의 대량폭격이 초래한 모든 사회시설의 파괴는 북한 주민들 사이에 강력한 반미의식으로 자리를 잡았다. 미국은 한국전쟁 초기에는 제2차 세계대전 이후의 평화운동과 인도주의 영향, 국내외 여론 때문에 '정밀타격'을 시행했다. 따라서 미군의 폭격은 남하하는 북한군이나 산업시설, 군수창고, 유류저장소, 도로, 철도, 항만 등에 집중되었다. 하지만 B-29 폭격기가 쏟아부은 폭탄이 목표물에 정확히 맞을 리가 없었다. 주택가에도 폭탄이 떨어져 무고한 인명이 살상됐다. 그래도 이때는 민간인에 대한 폭격을 의도적으로 하지는 않았다.

북진하던 유엔군이 중국군에게 참패하자 폭격의 양상이 달라지기 시작한다. 1950년 11월 5일을 시점으로 민간인을 목표로 하는 대량폭격 작전이 부활했고 북한의 모든 도시와 마을들이 목표가 되어 초토화된다. 이때 등장한 폭탄이 2차대전 때 독일과 일본을 불바다로 만든 소이탄과 네이팜탄이었다. 이때부터 유엔군 진지 북쪽에서부터 압록강과 두만강 사이의 모든 지역이 불길에 휩싸이게 된다. 미 공군 조종사들은 '전쟁 기계'가 되어갔다. 폭격에 몸이 터져나가는 걸 즐긴 조종사의 말을 적은 미 공군 기록도 남아 있다. 북한 쪽에 있던 영국 '데일리 워커' 기자는 미 공군의 공중 폭격을 '테러 포격'으로 규정했다.(김태우, 「폭격 : 미 공군의 공중 폭격 기록으로 읽는 한국전쟁」 참조)

정전협정이 진행 중이던 1952년 7월 이후부터는 미 공군은 전선으로 보내는 보급을 끊기 위해 북한 전역을 연결하는 철도망을 파괴했다. 마지막 단계에서는 포로 송환 문제로 휴전 협상이 중단되자 북한에 압력을 가하기 위해 모든 민간인에게 무차별 폭격을 가했다. 동시에 폭격 대상에서 제외했던 수력발전소와 논농사에 필수적인 저수지를 대거 파괴하기 시작했다. 북한 주민들은 토굴이나 산기슭 동굴에서 생활하면서 밤에는 파괴된 교량과 철도 복구사업에 동원됐다.

하지만 미 공군 조종사들도 분명 인간이었다. 기계로 육성되었어도 인간이기에 측은지심과 시비지심이 있었고 그렇기에 괴로워했다. 대부분 조종사가 매일 술을 마시지 않고서는 한반도 상공에서 마주하는 정신적 괴로움을 이겨내지 못했다. 심지어 한국전쟁 초기 미 공군 소속의 군의관들은 조종사들의 심리적 고통을 덜려고 일부러 '임무 위스키'(mission whisky)라는 술을 모든 조종사에게 권하기도 했다

세계에서 반미감정이 가장 강한 북한 주민들의 집단적 멘털리티는 한국전쟁 시기 미 공군의 폭격에서 기인했다. 무고한 북한 주민의 관점에서 아무런 군사적, 산업적 가치도 없는 촌락에 미 공군 전폭기가 소이탄을 투하해 전 재산을 잃고 사랑하는 가족이 불에 타죽는 광경을 봤다면 죽을 때까지 결코 미국을 용서하기 어려울 것이다

이후부터 북한 주민들은 미국과 남한으로부터의 무력시위가 그들의 생존 문제와 직결된다는 위기의식을 갖게 되었다. 북한 정권은 한국전쟁의 과정에서 행해진 미군의 무차별적인 폭격과 학살로 인해 발생한 주민들의 반미의식을 이용하여 선동사업을 조직적으로 전개해, 사회주의 건설에 있어 주민들을 효율적으로 이용할 수 있었다. 미국에 대한 적개심을 사회주의 건설에 자발적으로 참여하는 원동력으로 삼고, 주민들을 수령과 당의 영도 아래 두는 혁명적 군중

노선을 체계적으로 전개한다. 남한에서 전쟁을 시작하고 우익 인사들을 학살한 북한에 대한 적개심이 철저한 반공 정권을 탄생시켰다면, 북한은 미국에 대한 강한 적개심을 수령에 대한 절대적인 충성으로 바꾸는 데 성공했다.

03

주체의 한길로

1. 8월 종파 사건

김일성이 본인 스스로 평생 시달린 것이 종파라고 할 정도로 북한에서 종파는 오랜 세월 동안 척결의 대상이었다. 김일성은 그의 회고록에서 "아버지는 리조 시기부터 내려오는 당파싸움에 대해 말씀하면서 당쟁 때문에 나라가 망했는데 독립운동을 한다는 사람들이 아직도 정신을 차리지 못하고 사분오열되어 파쟁을 일삼고 있으니 야단이라고 개탄하였다. 파쟁을 근절하기 전에는 나라의 독립도 이룩할 수 없고 문명개화도 이룩할 수 없다, 파쟁은 국력을 쇠진케 하는 근원이고 외세를 끌어들이는 매개자이다. 외세가 들어오면 나라가 망하는 법이다. 너희들 대에는 반드시 파쟁을 뿌리째 뽑아버리고 단결을 이룩해야 하고 민중을 불러일으켜야 한다고 하였다."라고 회고하면서 종파에 대한 강한 반감을 드러내고 있다.

김일성은 자신의 정적을 공격할 때 '종파 분자'라는 딱지를 붙여 공격했고 한국전쟁 이후 자신에게 도전하던 세력을 제거할 때도 '종파'를 사용하여 공격하였다. 북한에서 종파는 인민 대중을 생각하지 않고 자파의 이익만을 생각하는 집단으로 가장 사악한 집단으로 매도하고 있다.

1) 경제적 상황

북한의 중공업 우선의 급속한 공업화 정책은 전후 복구 발전 3개년 계획 기간(1954-1956) 동안 공업 생산액 성장률이 연평균 41.7%에 이르는 등 비교적 성공적으로 추진되었다. 그러나 중공업 중심의 급속한 공업화 정책은 1957년부터 시작되는 제1차 5개년(1957-1961)에서 심각한 위기에 직면하게 된다. 그것은 무엇보다도 자본 축적의 위기였다. 제1차 5개년 계획의 기본방향을 논의한 1956년 4월 조선노동당 제3차 대회에서 김일성은 기본 건설에 투자를 집중하여 공업을 더욱더 빠르게 성장시킬 것을 역설하였다.

높은 속도는 자본 축적 증대를 요구하며 이것은 국가 예산 수입 증대를 요구하는 것이었다. 그러나 1956년 3월에 발표된 북한의 1956년도 국가 예산 수입 계획은 1955년 예산 수입보다 무려 17.2% 감소 편성되었다. 1956년 초, 이미 축적 증대에 한계가 있음이 드러난 것이다. 이런 상황에서 제1차 5개년 계획의 성공적인 추진을 위해서는 외국의 원조가 절실히 필요했다.

김일성은 제1차 5개년 계획 수행에 필요한 외국의 원조를 얻기 위해 1956년 6월 1일부터 7월 19일까지 소련 및 동유럽 국가들을 순방하였다. 소련은 4억 7천만 루블(이 중 3억 루블은 무상원조)의 원조를 약속했다. 이것은 3개년 계획 기간 동안 소련이 북한에 제공한 10억 루블의 무상원조에 비해 매우 감소한 것이었다. 당시 북한의 중공업 우선 노선에 대한 소련의 압력과 간섭이 계속되고 있는 상황에서 원조 감소는 거의 불가피한 것이었다. 게다가 1956년 국가 예산 수입의 감소에서 보듯이 당시 북한 자체의 내부 축적 역시 한계에 봉착해 있었다.

김일성은 노동자·농민의 불만과 당내 정책 갈등이 계속되는 상황에서 정책 승리와 대중적 지지 확보를 위해 일정한 소비 기금 증대를 통한 인민 생활 향상에 관심을 기울이지 않을 수 없었으며, 이것이 결국 거래수입금 증가율 둔화와 국가기업 이익금의 절대액 감소를 통해 축적 위기로 연결되었다. 1957년 3월 최고인민회의 제1기 제13차 회의에서 북한의 재정상 이주연 역시 임금 인상과 물가 인하로 인해 1956년도 국가 예산 수입에 적지 않은 재정적 부담이 있었다고 보고하였다.

자원이 전반적으로 부족한 상황에서 중공업 우선 노선과 농업 협동화 운동에 따라 사회분열과 갈등, 당내 분열과 갈등이 소비 기금 증가를 통한 1950년대 중반 북한의 자본 축적에 직접 악영향을 미치고 있었다. 당시 김일성이 당과 대중의 통일단결을 강조한 것도 이러한 배경 속에서였다.

1956년 8월 북한 최대의 역사적 사건이라 할 수 있는 이른바 '8월 종파 사건'은 이와 같은 축적 위기 속에서 발생한 것이다. 중공업의 우선 노선에 따라 그동안 축적 자금은 중공업에 집중적으로 투자되었다. 그러나 1956년 축적 위기가 발생하였다. 이것은 그간의 중공업 우선 노선이 축적 증대에 기여한 바가 그리 크지 않음을 보여준다. 중공업 우선 노선에 의문이 제기될 만한 상황이었다. 자본 축적과 관련하여 경제적 합리성의 측면에서 보면 소련파와 연안파의 경공업 우선 노선은 설득력이 있었다. 그리고 소련파와 연안파는 이윤 및 수익성과 같은 실용주의적 합리성의 관점에서, 기계 제작 공업을 중심으로 한 김일성의 자립경제 노선에 반대하였다. 수익성의 측면에서 볼 때, 자립경제 노선은 실용성이 없는 것이었다.(이에 대한 자세한 사항은 이태섭, 「김일성 리더십 연구」 제2장 참조)

김일성이 중공업 우선 정책을 취한 것은 북한 경제의 자립을 꾀한 것으로 보인다. 당시 경제적 측면으로 볼 때 국제적인 환경은 좋지 않았다. 소련은 북한에 원조해준 대신 북한의 내정에 간섭했으며, 1954~1956년의 기간에 북한 총수입의 77.6%는 사회주의 국가로부터의 무상원조로 이루어졌지만 이미 1956년 말에 소련을 방문했던 북한 대표들은 인민 경제 5개년 계획을 위해 예상되는 원조를 사회주의권으로부터 약속받는 데 실패하였다. 국가 예산의 수입 부문에서 원조 수입이 차지하는 비율은 1954년의 34%에서 1955년 21.7%, 1956년의 16.5%로 계속 하락했다. 이러한 상황에서 김일성은 소련과 중국에 대한 의존도를 줄이고 자신의 권력 강화를 위한 경제적 기반을 닦기 위해 중공업 우선 정책을 취한다.

1950년대 중반까지 북한에서 경제 발전의 주도 세력은 국가 행정 관료직과 기술 관료였으며, 그 핵심 기제는 유일 관리제였다. 상(相)-관리국장-기업소 지배인으로 이어지는 유일 관리제는 각 기관의 유일 관리자에게 해당 기관의 관리 운영에 대한 전권을 부여하고, 해당 기관의 모든 성원들을 유일 관리자의 유일 의지에 복종시키는 것이었다. 즉 유일 관리제는 상(相)-국장-지배인으로 이어지는 단일 명령의 위계적인 행정관료 조직을 통해 중앙에서부터 기업소에 이르기까지 국가의 중앙집권적 지도를 보장하기 위한 것이었으며, 기업소 역시 위계적 행정관료 조직에 편입된 국가 기관의 일부로서 기능했다. 이러한 유일 관리제는 경제관리에서 무책임성과 비조직성과 무규율성을 제거하고 책임성과 조직성과 규율성을 확립하기 위한 것이었다.

유일 관리제는 행정 경제사업에 있어 행정 경제 관료와 관리 기술자들의 권한과 역할 증대를 가져왔다. 기술 전문성의 추구였다. 그러나 한국전쟁을 거치면서, 생산 규율과 질서를 확립해야 할 국가 행정 관료 조직 자체가 무질서와 무규율과 무정부 상태에 빠져 있었다. 유일 관리제의 혼란이었다. 관료적 위계질서가 제대로 확립되어 있지 않았다.

1945년 이후 새로 육성된 경제전문가와 기술자들은 한국전쟁에 참전하여 일부는 희생되고 일부는 정전 후에도 계속 군대에 복무하였다. 게다가 한국전쟁 이후 급속한 공업화 정책은 경제전문가와 기술자에 대한 수요를 더욱 증대시켰다. 하지만 경제전문가와 기술자들이 전반적으로 부족했다. 이러한 상태에서 그나마 존재하는 경제전문가와 기술자들은 대부분 성, 관리국 등 중앙기관에 배치되었다. 1954년 당시 북한에 존재하는 경제 기술 전문가 중 기업소 등 현장에 배치되어 있던 사람은 28%에 불과하고, 나머지 72%는 모두 성, 관리국, 기타 기관에 배치되어 있었다. 그래서 많은 지배인이 경제 기술적 전문성은 고사하고, 지배인으로서 알아야 할 초보적인 문제조차 제대로 파악하지 못하고 있었다.

1950년대 초중반 당시 북한의 경제관리 체계는 유일 관리제, 즉 국가의 행정·경제 기술적 지도를 우위에 두고 여기에 당의 정치적 지도가 보완적으로 결합해 있었다. 행정 경제사업에 대한 당적 지도와 통제는 유일 관리제를 더욱 엄격히 확립하기 위한 보완적 역할을 수행하였다.

2) 정치적 갈등

한국전쟁의 과정에서 김일성의 잠재적인 경쟁자들은 대부분 몰락하여 김일성 단일지배체제가 어느 정도 기틀을 마련하였다. 하지만 중국과 소련으로부터 결정적인 원조를 받았기 때문에 중국과 소련이 북한에 영향을 끼칠 수 있는 토대도 형성되었다. 결국 1950년대 중반에 들어서면서 김일성의 헤게모니가 위협받기 시작한다. 그것은 1953년의 스탈린 사망 후 점차 가속화되고 있었던 소련의 정치적 변화와 중국군의 북한 주둔으로 인한 중국 정권의 북한에 대한 정치적 영향력의 증가였다.

소련에서 벌어지고 있었던 '스탈린 격하 운동'은 전쟁의 책임을 덮어쓴 후 억눌린 소련파가 김일성에 대한 반격을 취할 좋은 기회를 제공하였다. 그리고 중공군의 주둔이 전쟁 후에도 계속된 시점에서 힘을 얻고 있던 연안파 또한 김일성을 위협할 수 있는 시기를 맞이하였다. 만약 연안파와 소련파가 힘을 합쳐 김일성을 공격하고 소련과 중국이 이에 동조한다면 김일성의 정치적 앞날이 불투명할 수밖에 없었다.

이러한 상황에서 김일성은 1955년 12월 28일 당 선전 선동 일꾼들 앞에서 한 연설인 "사상사업에서 교조주의와 형식주의를 퇴치하고 주체를 확립할 데 대하여"에서 소련파에 대한 공격을 시도한다. 김일성은 일부 당 선전부 일꾼들이 조선의 것은 연구하지 않고 모든 사업에서 기계적으로 소련을 본뜨려고 한다며 "마르크스 · 레닌주의를 소화하여 자기 것으로 만드는 것이 아니라 그것을 통째로 삼키고 있다"라고 비판하였다. 물론 이 연설에 연안파의 박일우에 대한 잠깐 언급을 하나 전체적인 내용은 조선의 것을 무시하면서 소련에 대한 추종을 일삼는 소련파에 대한 비난이다. 아마 김일성에게는 소련파의 존재가 더 위협적으로 느꼈을 것이고 연안파를 공동으로 공격하는 것은 그에게 버거웠을 수도 있었을 것이다.

김일성은 이 연설에서 북한혁명은 북한에 대해 잘 알아야 하고, 그러자면 북한 역사, 지리, 문화, 풍속을 공부해야 하며, 북한의 근로자들에게 북한 역사를 올바르게 가르쳐야 한다고 했다. 김일성은 소련파 박창옥의 예를 들면서, 그는 조선 프롤레타리아 예술동맹의 작품을 소홀히 여기고 소련의 것만 높이 평가했다고 비난했다. 또한, 조선 역사는 공부하지 않고 외국의 역사를 더 좋아한다고 지적했다. 김일성은 자신이 북한 주민 휴양소를 방문한 적이 있었는데 거기에 시베리아 설경을 그린 풍경화가 걸려 있었다면서, 이것은 북한의 금강산이나 묘향산의 아름다움에 비할 수 없다고 말했다. 북한군은 그들의 향토와 조국을 사랑해야 한다고 강조했다.(서대숙, 「현대 북한의 지도자 (김일성과 김정일)」 제5장 참조)

경제 분야에서도 어떤 지방에 소련의 5개년 계획 도표는 붙어 있어도 북한은 3개년 계획 도표는 없었다고 말했다. 인민학교에 가 보면 소련 사람 마야콥스키(Mayakovsky), 푸시킨(Pushkin)의 초상화는 걸려 있어도 북한 사람의 초상화는 하나도 볼 수 없었다면서 아이들에게 어떻게 민족적 자긍심을 일깨워 줄 수 있겠냐고 질타했다. 또한, 책을 하나 출판하는 데도 소련식을 따라 그 목차를 마지막에 붙이고 있으며, 교과서를 만들 때도 소련의 문학 작품을 인용하고 북한 작가의 작품은 쓰지 않는데, 이러한 것은 형식만 찾고 내용은 하나도 없는 일이라고 비난했다.

김일성은 북한 역사에서 혁명가들을 논할 때 외국의 것보다 북한의 것을 공부해야 한다고 강조하고, '우리의 당'이 창건된 지 벌써 10년이 넘었는데 여기에 관해서 공부하지 않는다고 비판했다. 이런 일들은 선전 활동에서 주체성이 없어서 발생한 것이므로 조선의 빨치산 전통을 배워야 한다고 말했다. 김일성은 조선의 혁명가와 공산주의자가 누구보다도 도덕성이 뛰어나고 선배를 존경할 줄 아는 사람들이며, 이들이 북한군의 핵심적 간부가 되었기에 북한군이 강건한 군대가 될 수 있었다고 자랑했다.

김일성의 이 연설은 곧 전당에 영향을 미쳤다. 조선노동당 지도부는 먼저 교조주의 비판의 표적이 된 박창옥이 관장하던 문학예술 분야에 대해서 대대적인 비판작업을 전개하였다. 이 분야에서 박창옥과 그 추종자들에 대한 비판은 그들이 이른바 '미제 고용 간첩'으로 몰았던 박헌영, 이승엽 등의 졸도인 임화, 이태준, 김남천 등의 작품을 감쌌다는 구실을 내세워 교조주의 비판을 넘어서 반동 부르주아 사상 잔재의 척결로까지 나아갔다. 조선노동당은 1956년 1월 당중앙위원회 상무위원회를 열어 박창옥과 그 추종들의 행위를 규탄하고 이를 청산하기 위한 투쟁을 조직적으로 전개해나갔다. 그리고 박창옥의 추종 분자로 지목된 소련계 한인들인 기석복과 정률 등의 자아 비판서를 「로동신문」에 발표케 하였다. 이 자아 비판서에서 그들은 자신들의 '사상적 비당적 오류'와 박창옥, 박연빈 등에게 맹종하면서 범한 가족주의적 과오를 시인하였다.

한편 김일성의 연설에서 제시된 교조주의와 형식주의 배격과 주체 확립 문제는 1956년 4월에 있을 조선노동당 제3차 대회 준비를 위한 각급 당 대표회의 토론에서 사상사업 부문의 핵심 테제로 논의되었다. 토론자들은 조선의 실정에 맞게 마르크스·레닌주의의 보편적 진리를 적용할 것을 강조하면서 교조주의, 형식주의의 배격과 주체 확립을 주장하였다. 결국 교조주의의 배격과 주체 확립의 문제는 1955년 12월 김일성에 의해서 제기되어 1956년 초에는 전당적인 토론을 거쳐서 북한 정권의 기본 노선이 되었다.

하지만 김일성과 반대파와의 갈등 관계는 완전히 해소되지 않고 있었다. 그리고 본격적인 권력투쟁은 전후 복구건설 문제, 농업 협동화 문제 등 사회주의적 개조 문제를 둘러싼 논쟁이 계속되면서 시작된다. 이 논쟁은 '중공업 우선의 경공업, 농업의 동시발전'과 '농업 협동화'를 제시하고 이를 밀고 나가던 김일성 중심의 핵심지도부에 연안파와 소련파가 반기를 들면서 시작된다.

3) 8월 종파 사건

반김일성파는 조직적으로 움직이기 시작한다. 당시 반대파의 대표주자는 조선공산당 시절의 'ML파'였다는 종파 경력이 천형처럼 따라다니던 연안파의 실력자 최창익이었다. 당중앙위원회 상무위원이자 내각 부수상이었던 그에게 교조주의자로 당내에서 낙인찍힌 소련파 박창옥 부수상 등이 가세하였다. 이들의 반김일성연합에는 당시 북한주재 소련대사 이바노프의 개입도 한몫했다. 당시 이바노프는 김일성이 북한을 비운 사이 최창익에게 접근하여 당 중앙위의 합법적인 결의로 김일성을 당에서 축출하자고 제의했고 이어 박창옥에게도 이러한 뜻을 전했다. 때마침 폴란드와 헝가리에서는 탈 스탈린의 영향으로 스탈린주의자들이 곤란에 처하는 등 자유화, 민주화 바람이 거세게 일었고 이는 이들 반대파를 더욱 고무시켰다. 이들은 '집체 영도의 강조와 개인숭배 반대'라는 대의를 내세우며 은밀하게 반대 운동을 전개하였으며, 김일성이 정부대표단을 이끌고 소련을 비롯한 동구 사회주의 국가들을 방문한 1956년 6월 1일부터 7월 19일 사이에 이를 본격화하였다.(이에 대한 자세한 사항은 이종석, 「새로 쓴 현대북한의 이해」, 제3장 참조)

당시 반대 세력의 면면을 보면 최창익을 비롯하여 서휘(직업총동맹 위원장), 윤공흠(상업상), 고봉기(황해남도당 위원장) 등의 '연안파'와 박창옥 등 일부 '소련파', 그리고 이필규(함경도 출신, 건재공업국장), 류축운(남로당 출신, 석탄공업상) 등의 국내 공산주의운동 출신 인사 등이었다. 이들의 목표는 다음 전원회의에서 김일성을 합법적 방법으로 당위원장에서 해임하는 것이었다.

반대파의 김일성에 대한 공개적인 도전은 1956년 8월 30일에 평양예술극장에서 열린 중앙위원회 전원회의에서 이루어졌다. 원래 이 회의의 주요 의제는 사회주의 국가들을 방문하고 돌아온 정부대표단의 보고를 청취하고 인민 보건사업의 개선방안을 토론하는 것이었다. 그러나 회의 첫날 김일성의 사회주의 국가 방문 보고가 끝난 뒤 진행된 토론에서 상업상 윤공흠이 첫 토론자로 나서 의제와는 관계없이 김일성 지도부를 공격하였다. 그렇지만 반대파가 승리하기에는 역부족이었다. 대부분 중앙위원이 김일성을 옹호하였으며 반대파의 행위를 반당적 행위로 규정하고 나섰다. 윤공흠은 곧장 단상에서 끌어 내려졌다.

결국, 8월 전원회의는 그동안 반대파의 움직임을 '반당 종파 행위'로 규정하고 "최창익, 윤공흠, 서휘, 리필규, 박창옥 등 동무들의 종파적 음모에 대하여"라는 결정을 채택하고 그들 중 윤공흠과 서휘, 이필규를 출당시키고 최창익과 박창옥의 당직을 박탈하는 조처를 내렸다. 이 조치와 함께 최창익과 박창옥의 내각 부수상직을 비롯하여 관련자들의 정부 직위도 박탈되었다. 이렇게 해서 반대파의 움직임은 좌절되었다. 사실 반대파가 거사를 꾸밀 시점은 이미 대중이 김일성을 북한 사회주의혁명 건설의 유일한 지도자로 폭넓게 받아들이고 있을 때였다. 또한, 당·정·군 등의 핵심 부서에는 김일성의 측근들이 대거 포진하고 있었다.

하지만 사태는 이것으로 끝나지 않았다. 북한의 전원회의 소식을 들은 소련과 중국은 소련 부수상 미코얀(Anastas Ivanovich Mikoyan)과 중국 국방부장 펑더화이(彭德懷팽덕회)를 북한에 급파하였다. 그 당시 김일성에 강한 불만을 품고 있던 중국 측에 의하여 김일성 제거 제안이 제시되었고 소련 측에 의해 승인되었다. 그들은 8월 전원회의의 결정을 취소하기 위한 또 하나의 전원회의를 소집한다는 사명이 있었으며 김일성이 이에 저항할 시 그를 제거할 계획을 하고 있었다. 평양에서 펑더화이(彭德懷)와 미코얀의 감독하에서 전원회의 준비가 이루어졌고 당시 미코얀이 만든 결의한 초안에는 8월 전원회의 후의 일부 간부들 탄압에 대한 비난과 함께 김일성의 '파면'이 규정되어 있었다. 그러나 이들은 내정간섭의 증거를 남기지 않기 위해서 보다 신중한 행동을 취하기 시작했고 또한 김일성의 지지기반이 의외로 강한 것을 알고 김일성 축출계획을 포기하였다.

김일성은 8월 전원회의에서의 강경했던 자신의 모습과는 달리 중·소 대표들 앞에서 당의 결정이 성급했음을 시인했다. 그리고 곧바로 9월 23일에 전원회의를 열어 당이 이 문제를 푸는 데 '응당한 신중성이 부족하였음'을 인정하고 8월 전원회의 결정 내용을 번복해 최창익, 박창옥의 중앙위원직을 회복시키고 출당자들을 복당시켰다. 이러한 일련의 신속한 대응을 통해 김일성은 수모와 좌절 속에서도 권좌를 지켜냈다. 북한 지도부는 이 9월 전원회의를 공식 역사에서 삭제할 만큼 이 사건을 수치스러운 역사로 보고 있다. 뒤에 김일성은 일본 공산당 대표에게 이 일을 회고하며 중·소는 10명의 대표를 평양에 보내 중앙위원회를 직접 열어 반대파 배제조치를 취소하도록 협박했다고 술회한 바 있다.

그러나 치욕의 9월 전원회의 직후인 10월에 헝가리 사태가 발생하면서 국제 공산 진영의 분위기가 긴급하게 반전되기 시작했다. 즉 헝가리 사태로 인해 사회주의 진영 내에서 '반사회주의적 책동'에 대한 경각심이 높아지고, 이는 자연스럽게 기존 권력자들의 기반을 강화해 준 것이다. 1957년에 들어서면서 중국에서도 정풍운동이 일어나고 중·소 갈등이 표면화하기 시작했다. 중·소 갈등은 양국이 북한을 자기편으로 끌어들이기 위해서 갖은 노력을 하도록 만들었기 때문에, 북한정치의 자율성이 그만큼 증대할 기회를 제공했다. 바로 이러한 국제정세는 김일성 지도부가 '민주주의 발양'을 외치며 반기를 들었던 반대 세력을 '반당 종파', '반혁명분자'로 몰아쳤을 때 나타날 수 있는 외세간섭의 소지를 없애 주었다.

이러한 시대적 흐름 속에서, 김일성은 자신의 강화된 권력 기반을 바탕으로 반대파에 대한 대대적인 숙청 작업을 시작한다. 56년 10월에서 60년에 이르는 기간에 '반당 종파 분자'에 대한 대대적인 비판 캠페인 하에 연안계, 소련계, 그리고 기타 비김일성계에 대한 숙청을 단행하였다. 1956년 말부터 전국적으로 당증 교환사업이 전개되었고 57년 5월 30일의 당 상무위원회의는 「반혁명분자들과의 투쟁을 강화할 데 대하여」를 채택하여 김두봉, 오기섭을 공직에서 쫓아버렸다. 1956년에서 1957년에는 연안계들이 주로 공격의 대상이 되었다. 최창익의 지지자들은 대부분 1956년 가을에 파면되었다. 지방 당에서는 많은 당 간부들이 연안계와 연계되었다는 이유로 비판되거나 출당되었다. 연안계 주도의 모의에 직접 가담하지 않았던 김두봉조차 해임되어 시골 벽지의 협동농장으로 좌천되었다. 58년 3월에 연안계 출신인 장평산이 쿠데타 모의 혐의로 숙청되었다는 설도 있다. 또한, 한국전쟁 때 혁혁한 공훈을 세운 방호산도 군의 요직에서 해임되었다.

연안파와 소련파가 몰락하게 되는 이유 중에는 북한 주민들의 지지를 받지 못한 것도 있다. 8월 종파 사건이 일어나기 전 북한에서는 소련파와 연안파가 북한 주민들 속에서 물의를 많이 일으켰다. 우월한 지위를 이용해서 주민들에게 피해도 주었으며, 북한 지도부의 항일무장투쟁을 경시하면서 소련과 중국공산당의 업적에 대해서는 선전을 많이 하는 등 소련과 중국에 많이 기대었다. 특히, 소련파는 인민학교에 내건 사진도 소련 사람들이었고 인민들에게 내건 도표도 소련의 것이었다. 그래서 김일성은 이에 대해 혹독한 비판도 하였다. 결정적으로 북한 주민들이 연안파와 소련파를 지지하지 않았다. 만약 북한 주민들의 전폭적인 지지가 있었다면 그토록 허무하게 사라지지 않았을 것이다. 소련과 중국도 김일성에 대한 북한 주민들의 지지가 강한 것을 알고 소련파와 연안파가 숙청당하는 것을 보면서도 그들을 구하기 위한 변변한 대책도 세우지 않았다. 사실상 방관한 것이다.

4) 군부 숙청

반종파 투쟁은 이어 군대 내 숙청으로도 확산하는바, 1958년 1월 소련계였던 최종학 인민군 총정치국장이 해임되었고 이어 연안계의 김을규(총정치국 부국장)도 숙청되었다. 후일 김일성은 군대 내 숙청을 대외적으로 가시화한 1968년 2월의 연설에서 이들을 '반당 종파 분자'로 규정하였다. 이러한 군대 내 반대파 숙청은 급기야 같은 해 3월 8일에 열린 당 중앙위 전원회의에서 인민군대 내 당정치사업을 집중적으로 논의하게 했고 여기에서 김일성은 군대 내 반당 분자와 교조주의자들과의 사상투쟁을 강조하고 군 내에 당위원회제도를 설치할 것을 주장했다. 이러한 군부 숙청은 1959년부터 전 부대로 확대되었고 각급 지휘관에 대한 사상검토와 집중검열이 행해졌다. 이로써 김일성은 반종파 투쟁 과정에서 군을 완전히 독자적으로 통제할 수 있는 기반까지 마련하게 되었다.

1969년에는 북한에서 민족보위상(지금의 인민무력상) 김창봉과 대남총국장 허봉학이 숙청되는 사건이 발생한다. 김창봉과 허봉학은 김일성과 함께 항일운동을 했던 빨치산이었다. 김창봉과 대립각을 세우고 있던 김영주(김일성 동생) 당 조직지도부장이 김일성에게 이들을 방탕한 생활을 하면서 인민들에게 피해를 주는 반당 행위를 한다고 비판하기 시작한다. 김창봉은 당시 김일성이 창시했다는 유격전법을 거부하는 등 군사적으로도 당의 지침을 무시하고 있었다. 결정적으로 김창봉이 울진·삼척지구 무장 공비 침투사건을 일으키자, 1969년 1월 조선인민군 제4기 제4차 전원회의에서 숙청됐다. 김일성은 이 회의에서 "1956년 8월 종파 사건 때보다 김창봉의 죄가 더 크다. 8월 종파 사건은 주동자들이 뒤에서 쑥덕거리며 당의 유일사상을 헐뜯었지만, 당의 군사 노선을 건드리지는 않았다. 하지만 김창봉은 당의 군사 노선을 전부 엎어놓았다"라고 비판했다.

대남 정책을 책임지고 있던 허봉학을 군인이 아닌 김중린으로 교체하고 당과 정부에 포진해 있는 빨치산 장군들 10여 명을 해임했다. 여기에는 김광협, 김창봉, 최광, 이영호, 석산 등 쟁쟁한 빨치산 출신들이 포함되어 있다. 이들 외에도 최민철, 정병갑, 김자린, 김창덕 등 많은 빨치산이 제거되었다. 이때 오진우가 빨치산 숙청에 앞장섰다. 연안파와 소련파 그리고 남로당 계열이 몰락한 이후 이제는 빨치산 그룹마저 숙청되어서 북한에는 김일성 혼자 남게 된 상황이 되었다.

김창봉 숙청 이후 군대에 유일사상체계 확립을 위한 정치위원제가 실시되었다. 연대급 이상의 부대에는 정치위원, 대대, 중대 단위에는 정치지도원이라는 정치장교가 파견됐다. 군대 내 모든 명령서에는 군사 간부 혼자서 서명하지 못하고 정치위원도 서명해야 효력이 발생했다. 더불어 당 중앙위원회 직속인 조선인민군 총정치국의 위상이 높아졌다. 이를 계기로 당 조직지도부는 군대에 대한 당 사업을 완전히 장악했고 조직지도부에서 군대 내 정치일꾼들을 담당하는 부부장과 담당과를 신설했다.

1969년 1월 19일 김정일은 당중앙위원회 조직지도부 및 인민군 총정치국 간부들과 한 담화에서 "지난 기간 민족보위성의 책임적 위치에 들어앉아 있던 군벌 관료주의자들이 저지른 죄행과 그 엄중성이 심각하게 폭로 비판되었다"라고 지적하면서 김창봉을 '군벌 관료주의자'로 묘사했다. 그리고 "지난 기간 군벌 관료주의자들이 저지른 죄행 가운데서 가장 엄중한 것은 인민군대 안에서 당 조직과 정치기관들의 기능을 마비시키고 인민군대에 대한 당의 령도를 약화한 것"이라고 지적함으로써 당의 영도 거부를 군벌 관료주의자들의 가장 큰 '죄행'으로 간주했다. 이제 북한군은 인민의 군대에서 당의 군대로 결국 수령의 군대로 변모하게 된다.

가끔 남한의 언론에서 북한의 쿠데타를 거론한다. 하지만 북한군이 쿠데타를 일으키기 위해서는 군사 지휘관뿐만 아니라 정치장교의 승인이 있어야 부대를 이동시킬 수 있다. 하지만 인민군 보위사령부가 이중삼중으로 감시하는 상황이며, 연대급 이상의 정치위원은 당에서 직접 파견한 사람이기 때문에 공식적인 훈련 이외의 상황에서 쿠데타를 위해 부대를 이동시키는 것은 사실상 불가능하다고 볼수 있다. 그리고 군사 지휘관과 정치장교가 뜻을 같이하고 보위사령부에서 이를 묵인하는 일이 일어난다고 하더라도 호위사령부의 막강한 화력이 호락호락하지 않을 것이다. 그렇다면 수령의 경호를 책임지는 호위사령부 내에서 쿠데타를 일으키는 경우가 가장 현실적인 방법이 될 것인데, 소위 '성분불량자'는 호위사령부 특히 근접 경호를 책임지는 부대에 배치받을 수 없다. 그리고 호위사령부 내도 감시가 상상을 초월한다. 따라서 북한 내에서의 쿠데타는 정권이 붕괴하지 않는 한 사실상 불가능하다.

5) 경제 활동에서 당적 지도 확립

반(反)종파 투쟁은 정치인들만의 갈등이 아니었다. 행정관료나 관리 기술자들의 소극적 보수성에 대한 강력한 비판이기도 하였다. 북한의 권력 상층부에서 생사를 건 권력투쟁이 있었다면, 1957년부터 북한의 생산 현장에서는 반관료주의 투쟁이 일어났다. 여기서 북한

반종파 투쟁과 반보수 투쟁은 당 정책의 집행력 강화를 위해, 당 정책을 중심으로 당내 갈등과 당-정 갈등을 해소하고 당의 통일단결을 강화하는 방향으로 전개되었다. 반종파, 그것은 곧 통일단결과 당 정책의 절대화를 의미했다.

북한의 설명에 따르면, "종파 잔재와의 투쟁에 있어서 가장 중요한 것은 당 정책을 지지 옹호하며 그를 관철하기 위한 투쟁"이며, "당의 통일은 우선 무엇보다도 정당한 당 정책에 대한 전당의 일치한 지지 및 그의 철저한 관철에서 표현된다."(김정환, 「당의 통일단결의 가일층 강화를 위한 투쟁은 당원들의 선차적 과업」, 『근로자』 1957년 제1호, p.13)

그런데 북한의 반관료주의 투쟁은 행정관료 조직과 행정관료 및 관리 기술자들을 타파하는 반엘리트적이고 반지식인적이며 반전문적인 방향으로 전개되지 않고, 대중 지도에서 간부의 관료주의적 사고방식과 지도 방법을 퇴치하고 지도 수준을 민주주의적 방향으로 개선 향상하는 형태로 전개되었다. 이것은 대약진운동 당시에 조직의 중간층을 제거하고 상층과 하층의 직접적인 결합을 추구하는 중국과는 방향이 달랐다. 중국의 경우 중간 행정관료와 관리 기술자들을 생산 현장으로 하방하거나 숙청했다.

그리고 '8월 종파 사건' 연루자를 예외로 하면 행정관료들을 숙청하지도 않았다. 이것은 소련과도 달랐다. 1930년대 중반 스탈린은 유일 관리제를 존속시키면서, 중간 관료층을 숙청하고 그동안 육성해 놓은 젊은 기술 엘리트들로 그 자리를 대체하였다. 북한의 목표는 지도 간부들의 관료주의적 의식과 행태를 변화시켜 지도와 대중을 더욱 밀접히 결합하는 것이었으며, 그 핵심 수단은 이데올로기와 군중 노선, 그리고 당적 통제였다.

1957년 이후 대중운동과 반관료주의 투쟁이 전개되는 과정에서 노동자 대중, 특히 열성 노동자의 위상과 역할은 전례 없이 제고(提高)되었으며, 행정관료 및 관리 기술자들의 위상과 역할은 상대적으로 약화하였다. 이것은 유일 관리제의 강화 방침에 따라 행정관료 및 관리 기술자들의 권한과 책임을 강조하던 1956년까지의 상황과는 매우 대조적이었다. 1957년 이후 사회 분위기가 완전히 변화되었다. 그동안 기업은 유일 관리자로서 전권을 행사하는 지배인을 비롯하여 관리 기술 전문가들에 의해 관리 운영됐으며, 노동자 대중은 행정 관료적 통제와 지도의 대상으로서 수동적인 존재에 불과했다. 기업의 관리 운영에 대한 노동자 대중의 참여는 미약하였으며, 기업 내 기층 당 조직 역시 이와 마찬가지였다.

하지만 1957년 이후 기업 내 관리 기술자와 노동자의 관계는 근본적으로 재편성되었다. 소극적 보수성과 같은 행정 관료적 지도의 한계 속에서, 중앙당의 군중 노선과 결합하여 노동자 대중이 기업 관리의 능동적인 주체로 부상한 것이었다. 이때 기업 내에서 노동자를 적극적으로 지지하고 나선 것이 바로 기업 내 기층 당 조직, 즉 공장 당위원회였다. 열성 노동자들의 창조적 적극성을 제고시키며 새 발기들을 조장 발전시킴에 있어 당 조직이 무엇보다 중요한 임무를 수행하였다.

1957년 이후 당 정책이 절대화됨에 따라 사상 교양 사업에서도 특히 당 정책 교양이 강화되었다. 당 정책은 북한의 구체적, 역사적 현실에 창조적으로 적용된 마르크스-레닌주의로 평가되었다. 마르크스-레닌주의가 세계관으로서 순수 이데올로기였다면, 당 정책은 행동의 지침으로서 실천 이데올로기로 규정되었다. 따라서 김일성은 사상에서 주체를 세우는 데서 가장 중요한 것은 당의 노선과 정책으로 튼튼히 무장하는 것이라고 역설하였다.(김일성, 「조선민주주의인민공화국에서의 사회주의 건설과 남조선 혁명에 대하여」(1965.4.14.), 『김일성 저작 선집 4』, p. 222)

　1957년부터 북한은 경제개발 5개년을 시작했는데, 종파 투쟁에서의 승리를 발판으로 생산 현장에서 당적 지도를 결합하여 인민의 자발적 역량을 총동원하기 시작했다. 이를 위한 집단적 증산 운동이 바로 천리마운동으로 나타났다. 1956년 12월 전원회의 직후 김일성은 강선제강소를 방문하여 인민에게 직접 자력갱생 의지를 호소하는 한편, '천리마를 탄 기세로 달리자'라는 구호를 광범하게 제창, 대중의 증산 의욕을 촉구했다. 소극성과 보수주의를 퇴치하고 혁명적 대고조를 일으킨다는 명분으로 전개된 천리마운동은 이후 전국의 전 부문으로 확산하여 강제적 집단주의에 기초한 대중운동으로 굳어졌다. 이는 1959년 '하나는 전체를 위하여 전체는 하나를 위하여', '공산주의적으로 일하고 배우며 생활하자'라는 구호 아래 사회주의적 경쟁 운동의 성격을 띤 '천리마작업반 운동'으로 발전했다.

　소련의 스타하노프 운동이나 중국의 대약진운동과 비교할 때 천리마운동은 노동생산성 향상을 통한 경제 부문의 성과만을 목표로 하지 않고 대중에 대한 사상 고양을 통해 그들의 혁명적 열성을 높이는 정치사업을 전제로 했다는 점에서 다르다. 대중들은 당 정책을 사상적으로 접수하고 당 정책의 집행을 위해 자각적 열성을 갖고 적극적으로 동원됨으로써 정책집행에서 높은 성과를 가져왔다. 이는 종파 분자들의 주장과는 정반대로 당의 경제 정책을 비롯한 모든 정책이 옳았음을 보여주는 것으로 평가되었다. 이러한 대중운동은 김일성에 대한 대중적 지지를 재확인해 주고, 특히 김일성이 제시한 당의 노선과 정책의 정당성을 재확인해 주었다. 바로 이 지점에서 당 정책의 집행력을 약화하는 당내 갈등과 당·정 갈등을 근본적으로 해소하고, 당 정책의 집행력을 강화하기 위해 마침내 당 정책은 사상적 통일단결의 중심으로 절대화되기에 이른다.

6) 당적 지도를 통한 단일지배체제 확립

결국 8월 종파 사건에서 김일성의 승리는 김일성과 의견을 달리하는 정치 세력이 사라졌음을 의미한다. 하지만 반대파들의 도전을 제압하고 자신의 단일지배체제를 확립시켰지만, 훗날 '8월 종파 사건'으로 일컬어지는 이 사건은 김일성에게 상당한 위기를 가져다주었다. 따라서 김일성의 정적들은 단순한 권력투쟁의 희생자들이 아니라 가장 추악한 반혁명분자로 낙인찍혔다.

당내 투쟁에서 승리한 이후 북한은 사회 내 모든 조직에 대한 통제권을 노동당이 장악하도록 하였다. 원래 최고인민회의 상임위원회 위원장 김두봉은 상임위원회가 당보다 높다며 당의 지도를 거부했고, 인민군 총정치국 부국장 김을규는 인민군대가 당의 군대가 아니라 통일전선의 군대라며 당의 지도를 거부하였다. 당과 대중의 관계에서 직업총동맹 중앙위원장 서휘는 직맹의 정치적 독립성을 주장하고 당의 지도를 거부하였다. 또 인민군 총정치국장 최종학은 당의 지도를 접수하지 않았으며, 최고재판소 소장 황세연도 당의 지도를 거부하였다. 기계공업상 박창옥은 인민위원회와 직업총동맹이 당과는 별도로 중요한 역할을 수행해야 한다고 주장하며 당의 지도를 사실상 거부하였다. 1958년 3월 당시까지도 일부 성들과 인민위원회들에서는 행정 사업에 대한 당의 지도를 거부하는 경향이 있었다.

요컨대 한국전쟁을 거치면서 사회 내 모든 조직에 대한 당적 지도와 통제가 강화됨에 따라 소련파와 연안파의 권력 기반이 약화하자, 소련파와 연안파는 자신들의 권력 재강화를 위해 사회 내 각 조직에 대한 통제권 분할을 주장하며 국가(입법, 사법), 군대, 대중 단체에 대한 당의 지도와 통제를 거부하였으며, 심지어 내각(행정)에서도 당의 지도와 통제가 제대로 관철되지 않았다. 연안파와 소련파는 정권기관 일꾼들에게 "당신들은 정책을 집행하는 사람이 아니라 정책을 수립하는 사람"이라는 사상을 주입해 당 정책과 당적 지도에 대한 반당적 태도를 고취했다고 한다.

　그러나 김일성의 입장은 명확했다. 프롤레타리아 독재 체계 하에서 조직에 대한 통제권 분할이란 있을 수 없으며, 사회 내 모든 조직에 대한 당 중앙위원회의 통일적인 지도가 있을 뿐이었다. 특히 김일성은 1958년 4월 전국 사법 검찰 부문 일꾼 회의에서 "당은 인민의 정치적 수령"이라고 강조하고, "당은 노동계급의 모든 조직 가운데서 최고의 조직 형태이기 때문에 모든 조직이 다 당의 영도를 받아야 한다는 것은 움직일 수 없는 원칙"이라고 역설하였다.(이태섭, 「김일성 리더십 연구」, 제3장 참조)

　당에서의 승리를 발판으로 북한 지도부는 1972년 12월 최고인민회의 제5기 1차 회의에서 기존 헌법을 폐지하고 새로운 헌법인 '조선민주주의인민공화국 사회주의 헌법'을 제정하면서 국가 권력 구조를 주석 중심으로 재편하였다. 국가 활동의 양대 중심기관으로 내각과 최고인민회의 상임위원회를 두고 있었던 구헌법과는 달리 새로운 헌법은 절대적인 지위와 권한을 갖는 주석을 정점으로 국가기구들을 재편하였다. 이로써 김일성은 현실 정치과정에서 조선노동당

중앙위원회 총비서와 조선민주주의인민공화국주석이라는 양대 직책을 가지게 되었다.

그런데 이러한 권력투쟁이 당시의 북한 공식 문헌에는 상세하게 드러나지 않는다. 「로동신문」은 윤동흠, 서휘, 이필규 등에 대한 출당과 최창익, 박창옥의 당 중앙위원직 박탈 조치가 있었음을 단순히 알리고 있을 뿐이다. 내부적으로는 당원들에게 당시 '8월 종파 사건'의 내막이 상세히 전달되었지만, 공식 문헌에서는 연안파나 소련파에 관해 설명을 거론하며 사건을 상세하게 설명하지 않고 '자유주의적 경향'에 대한 비판과 계속적인 투쟁을 강조하는 등 은유적 표현이 있을 뿐이다. 8월 종파 사건에 대한 자세한 설명은 사건이 정리되고 난 이후 한참이 지나서야 대중들에게 자세하게 알려진다.

대체로 북한은 대규모 숙청 사건처럼 중요한 일들이 벌어지는 당시에는 외부로 사건의 경위를 자세하게 알리지 않는 경향이 있었다. 내부적으로는 상세한 설명과 함께 당원들에게 철저한 학습을 시키지만, 대외적으로는 세월이 흐른 후에 한참 지난 후 공개하고 있다. 김정일도 1970년대부터 후계자로서 기반을 닦고 있었지만, 공식적으로 모습을 드러내고 후계자로 알려진 것은 1980년 10월 조선노동당 6차 대회 때였다. 1997년 망명한 황장엽이 김정일과 갈등 관계에 있을 때 「로동신문」은 화자(話者)가 누구인지 밝히지 않은 채 "주체사상은 김일성 사상이 아니라고 떠들고 다니는 자가 있다"라고 비난하고 사설에서 시대적 조류에 따라 기회주의적 처신을 하는 자들을 두리뭉실하게 비난하는 등 황장엽을 직접 거론하지 않고 권력 핵심부에서 갈등이 있음을 은유적으로 암시했다. 이에 비해 2013년 12월에 장성택이 대중들에게 끌려가는 사진이 바로 공개되고 즉시 처형당한 것은 매우 예외적인 경우이고 그만큼 북한 당국이 사건을 심각하게 인식하고 있었음을 의미하고 있다.

8월 종파 사건 이후 북한에서는 당 정책에 반대할 수 있는 토론문화가 사라졌다. 그리고 노동당 내에서도 김일성의 권위에 반대할 수 있는 세력은 몰락하였다. 실질적으로 당이 북한 사회의 모든 조직을 장악하게 되어 수령의 유일적 영도체계를 확립할 수 있는 토대가 확립되었다.

2. 주체사상의 등장

한국전쟁 후 생사를 건 권력투쟁에서 승리하고 자신의 권력 기반을 강화한 김일성은 1960년대 들어서면서 주체사상을 정치이념으로 전개한다. 물론 마르크스-레닌주의의 테두리 안에서 조심스럽게 전개된 것이지만 북한식 사회주의 이념을 내세웠다는 점에서 그리고 김일성의 우상화를 진행할 토대가 마련되었다는 50년대와는 큰 차이가 있다.

1960년대는 북한 역사에서 대외적 상황이 커다란 영향을 끼친 시기였다. 이 시기에 국제공산주의 운동진영에서는 북한과는 끊을 수 없는 관계를 맺고 있던 사회주의 진영의 두 강대국 소련과 중국이 격렬하게 대립하였다. 그리고 쿠바와 베트남이 미국과 치열하게 대결했던 시기였으며, 남한에서는 군사정부가 들어선 이후 남북 간에도 긴장이 고조되던 시기였다. 북한은 이 시기 주체 노선을 천명하면서 사회주의 건설에서 독창적인 방법을 고안했으며, 정치적으로는 자주노선을 추구하면서 군사력을 한층 강화했고, 김일성 중심의 단일지배체제를 완성해나간다.

주체사상의 창시에 관해 북한이 공식적으로 밝힌 문헌에 의하면 김일성의 항일무장투쟁 시기부터 주체사상이 창시되었다고 주장하고 있다. 1982년 김정일의 논문 「주체사상에 대하여」에서는 김일성이 "고루한 민족주의자들과 행세식 마르크스주의자들, 사대주의자들과 교조주의자들을 반대하고 혁명의 새로운 길을 개척하는 투쟁 과정에 주체사상의 진리를 발견하셨으며 마침내 1930년 6월 카륜에서 진행된 공청 및 반제청년동맹 지도간부회의에서 주체사상의 원리를 천명하시고 조선 혁명의 주체적인 노선을 밝히셨던 것입니다."라고 밝히고 있으며, 1985년 발표된 「위대한 주체사상 총서」 제1권인 「주체사상의 철학적 원리」에는 "1926년에 타도제국주의 동맹을 무으시고 혁명의 새로운 길을 개척하는 과정에 주체사상의 출발점으로 되는 두 가지 진리를 발견하고 그에 의거하여 조선 혁명의 성격과 과업 및 수행방도를 독창적으로 밝혔으며 ……1930년 6월 카륜회의에서 한 역사적인 보고 ≪조선 혁명의 진로≫에서 주체사상의 원리를 천명하고 조선 혁명의 주체적인 노선을 밝혔다."라고 기록되어 있다. 1992년 출판된 김일성의 회고록 「세기와 더불어」 제2권에 의하면 주체사상은 카륜회의 때 '조선 혁명의 진로'라는 이름으로 천명되었고, 1955년 당 선전선동일꾼들 앞에서 한 연설에서 문헌으로 세상에 공개되었으며, 이후 김정일의 논문 '주체사상에 대하여'에서 전면적으로 체계화되었다고 기술하고 있다.

1930년 이후 해방 전까지 김일성이 주체사상에 관하여 행한 연설로서 15개의 연설이 제시되고 있다. 이 중에는 1931년 12월의 "일제를 반대하는 무장투쟁을 조직 전개할 데 대하여", 1937년 11월의 "조선 공산주의자들의 임무", 1943년 9월의 "조선 혁명가들은 조선을 잘 알아야 한다." 등이 포함된다.

하지만 1930년대에 주체사상이 이론적 체계를 갖춘 사상으로 탄생하였다고 보기에는 무리가 따른다. 카륜회의에서 행한 연설이라고 하는 '조선 혁명의 진로'라는 것과 기타 해방 전의 연설로 제시하고 있는 것들은 1970년대 이후에 비로소 모습을 드러낸 것들이다. 예를 들어 '조선 혁명의 진로'는 1978년에 단행본으로 발간되기 이전에 전혀 나타나지 않았으며, 1977년에 나온 주체사상 관련 선집인「주체사상에 대하여」에도 들어 있지 않다. 이때의 주체는 단지 항일무장투쟁의 한 방향을 제시하는 노선으로 제시되었다고 보는 것이 타당하다. 물론, 혁명의 주인이 인민 대중이고 혁명투쟁에서 자주적 입장과 창조적 입장을 견지해야 한다는 원리가 1930년대에 제시되었다고 볼 수도 있다. 하지만 그것이 사상의 체계를 지니고 대중 앞에서 소개된 것은 아니었다.

'주체'가 공식적으로 언급된 것은 김일성의 회고록에도 기록되었듯이 1955년 12월 28일 노동당 선전선동일꾼들 앞에서 한 연설에서였다. 하지만 이때 언급된 '주체'는 사상의 형태를 띠었다기보다는 하나의 구호에 가까웠다. 혁명에 있어서 조선의 현실을 고려함을 내세워 소련파에 대한 공격이 주된 내용이었다. 따라서 1955년 12월에 '주체'가 공식적으로 등장했다고 하더라도 주체사상이 창시된 것은 아니다.

1955년 12월이면 한국전쟁의 책임을 놓고 사활을 건 권력투쟁에서 국내 공산주의 계열, 연안파, 소련파 등의 거물들이 제거당한 시기였고, 이후 김일성의 정치 생활에서 가장 힘든 시절이었던 종파투쟁을 앞둔 시점이었다. 시기를 고려해본다면 김일성은 자신의 정적을 제거하고 단일지배체제 확립을 위한 도구로써 '주체'를 천명했다고 볼 수 있다. 실제로 「사상사업에서 교조주의와 형식주의를 퇴치하고 주체를 확립할 데 대하여」에는 소련파의 박창옥, 박영빈, 허가이, 기석복 등 소련파 인물들을 거론하면서 소련의 혁명, 역사, 사업 방법 등을 추종하는 태도를 신랄하게 비판하고 있다. 또한, 박헌영과 이승엽을 제거하면서 그들을 '미제의 간첩'으로 재판했던 것을 이 연설에서는 김일성이 만주의 동북항일연군에서 중국인들과 함께 투쟁할 때 민생단 사건으로 겪었던 괴로움에 비교해서 말했다. 그리고 혁명투쟁에 있어서나 건설사업에 있어서 마르크스-레닌주의 원칙을 철저히 고수하면서 그것을 우리나라의 구체적 조건, 우리의 민족적 특성에 맞게 창조적으로 적용할 것을 강조하였다.

결국 1950년대 등장한 '주체'는 김일성이 그의 반대 세력과의 권력투쟁 과정에서 발생한 산물이었다. 김일성이 그의 연설 「사상사업에서 교조주의와 형식주의를 퇴치하고 주체를 확립할 데 대하여」에서 이론적 측면에서 마르크스-레닌주의를 교조가 아니라 행동의 지침이며 창조적 학설로 받아들여 매개 나라의 구체적 조건에 맞게 창조적으로 적용해야 함을 강조했지만, 구체적인 실명을 들먹이며 소련파에 대한 비난을 계속 서술한 것에서 '주체'의 등장이 권력투쟁의 산물이었음을 확인할 수 있다.

하지만 김일성이 강조한 '주체'는 공개적으로 알려지지는 않았다. 1955년 말은 중국 인민지원군이 북한에 주둔하고 있었고 전후의 경제 복구를 도와주고 있었다. 이때 소련은 이미 수정주의 노선을 드러내고 있었다. 김일성이 용기를 내서 조선노동당의 선전 선동 간부들 앞에서 반소적 태도를 밝혔으나, 북한은 경제적 혜택뿐만 아니라 군사적 원조와 기술 도입을 위해 소련이 필요했다. 그런 이유 때문인지 북한은 김일성의 연설 이후 오랫동안 그 연설문을 공개하지 않았고, 김일성은 중·소 분쟁이 복잡하게 진행되고 있을 때는 주체에 관해 침묵하고 이에 대한 논문도 발표하지 않았다. 주체사상의 발전 과정은 중·소 분쟁에 대한 북한의 태도와 상당한 관련이 있는데, 김일성은 1960년대 초반까지 주체사상에 대해 말이 없었다. 1961년 9월의 조선로동당 제4차 당대회에서 소련과 중국의 대표들이 참석했지만, 이때에도 김일성은 주체를 거론하지 않았다. 그가 주체사상을 다시 언급한 것은 중·소 분쟁의 본질을 파악하고 북한의 입장이 친중국으로 기울어진 다음이었다.

주체사상은 애초에 북한 정권의 통치이념으로 등장한 것이 아니라 오랜 기간을 거치면서 그 사상적 완성을 기하였고 김일성의 권력독점과 더불어 북한 사회에 영향을 끼치기 시작한 것이다. 이에 대해 김일성은 그의 회고록에서 "주체사상의 본질과 그것이 창시되게 된 경위, 그 사상을 어떻게 구현해왔는가 하는 데 대해서는 외국인들과의 담화를 통하여 여러 차례 설명하였다. 그러면서도 나는 그것을 체계화하여 하나의 책으로 묶어볼 생각은 하지 않았다. 그저 우리 인민이 그 사상을 정당한 것으로 받아들이고 혁명실천에 구현하면 그것으로 만족하였다. 그 후 김정일 동지가 그 사상을 전면적으로 체계화하여 ≪주체사상에 대하여≫라는 론문으로 세상에 발표하였다."라고 기술하고 있다.

북한에서 실제 주체사상이란 용어가 처음 쓰인 것은 1962년 12월 19일 「로동신문」의 무기명 논설에서이다. 이 논설은 "주체에 대한 사상은 우리 당이 자기 행동에서 확고하게 견지하고 있는 근본원칙"

이라며 "주체를 확립할 데 대한 김일성 동지의 사상과 그의 관철을 위한 투쟁"이 북한 사회주의 건설에서 "혁명적 대고조, 위대한 천리마운동의 사상적 준비로 되었다"라고 주장하였다. 또 이 논설은 "조선 혁명 수행에서 주체를 확립한다는 것은 조선 혁명의 주인은 조선노동당과 조선 인민이라는 주견을 가지는 것이며 마르크스·레닌주의의 일반적 원칙을 우리나라의 구체적 현실에 창조적으로 적용하며 모든 것을 조선 혁명의 성과적 수행에 복무케 한다는 것을 의미한다"라고 규정하였다. 하지만 이때의 주체사상은 마르크스-레닌주의를 대체할 만한 이론적 체계와 구속력을 전혀 가지고 있지 못하였다.

비록 교조주의에 대한 비판과 혁명에 있어 마르크스-레닌주의의 창조적 적용에 강조가 있기는 하나 1956년 조선노동당 제3차 당대회, 1961년 9월 개최한 제4차 당대회에서 조선노동당이 자기활동의 지침으로 삼은 이념은 마르크스-레닌주의였다. 1955년 12월 28일 처음으로 '주체'가 언급되었고 1962년 12월 19일 「로동신문」에서 '주체사상'이란 용어가 사용된 주체사상은 처음부터 통치이념으로 등장한 것이 아니라 외교 또는 정치전략으로 등장했다. 그리고 이론적인 체계를 갖추는 데는 10년 이상의 오랜 세월이 걸렸다.

1955년 '사상에서의 주체'로 등장한 주체사상은 1956년 12월 당중앙위원회 12월 전원회의에서 경제에서의 자립, 1957년 12월 정치에서의 자주, 1962년 12월 10일 당중앙위원회 제4기 5차 전원회의에서 국방에서의 자위, 1966년 10월 5일 제2차 당대표자회의에서 외교에서의 자주로 그 개념을 확대하고, 1967년 10월 26일 최고인민회의에서 '공화국 정부의 10대 정강'을 통해 북한 정권의 정책 지도이념으로 선포됨으로써 공고화되고 체계화되었다. 우리가 흔히

'사상에서 주체' '정치에서 자주' '경제에서 자립' '국방에서 자위'라는 4대 원칙으로 기억하고 있는 이때의 주체사상은(김일성이 1965년 인도네시아 반둥에서 열린 비동맹회의 관련 회의에서 주체사상의 4대 원칙으로 천명) 마르크스-레닌주의가 조선의 현실에 적용되는 과정에서 파생된 것으로 상당한 합리성을 띠고 있었다.

그러나 1967년을 계기로 굴절되기 시작하여 오늘에 이른 현재의 주체사상은 그전의 것과는 전혀 판이한 모습을 띠고 있다. 1967년 이후의 주체사상은 유일 체제 구축을 위한 지배 권력의 통치담론적 성격을 강하게 내재하면서 변질되어 왔다. 그 결과 현재의 주체사상은 마르크스-레닌주의를 대체한 '보편적 사상이론'으로 자신을 주장하고 있다.

북한 당국이 1967년에는 10월 26일 '공화국 정부의 10대 정강'을 통해 북한 정권의 정책 지도이념으로 주체사상을 선포한 이후 「로동신문」에는 주체사상이 지도이념으로 서서히 등장하기 시작하는데, 이는 마르크스-레닌주의에 대한 교조적 태도를 극복하고 김일성 사상의 절대화가 서서히 시작됨을 의미한다.

1960년대 후반에 이르러 주체사상은 "마르크스·레닌주의의 조선 현실에의 창조적 적용"이라는 기존의 사고를 넘어서 당시 수정주의 혐의를 받고 있던 소련공산당의 이론이나 좌경으로 인식되던 마오쩌둥(毛澤東) 사상과 '가장 정확한 마르크스·레닌주의'를 두고 경쟁하기 시작하였다. 주체사상이 보편적 이론화로 나아가는 과도기적 형태로 볼 수 있는 이러한 현상은 김일성 개인숭배와 상승작용을 일으키면서 1968년경부터 본격화되었다. 이 시기부터 주체사상은 '우리 당의 혁명 사상'에서 '김일성 동지의 혁명사상'으로 사유화되어

갔다. 1968년 8월 북한 정권수립 20주년을 맞이하여 열린 사회과학 부문 토론회에서 주체사상은 '가장 정확한 마르크스·레닌주의적 지도 사상'으로 규정되었으며 김일성이 전면적으로 밝혔다는 프롤레타리아 독재체제에서의 수령, 당, 계급, 대중의 상호관계 문제도 거론되었다.

그러나 기존의 마르크스-레닌주의를 완전히 무시할 수는 없었다. 김일성의 혁명사상은 마르크스-레닌주의의 창조적 적용으로 그 정통성을 확보할 수 있었기 때문에 「로동신문」에는 레닌주의가 간간이 보이며, 북한 헌법이나 노동당 규약에 공식적인 통치이념으로 주체사상이 등장하지 못하였다.

3. 중·소의 틈바구니에서

주체사상이 등장하게 된 요인으로는 국내적 요인과 국제적 요인으로 나누어볼 수 있다. 국내 요인은 앞에서 서술한 김일성과 반대파 간의 권력투쟁의 과정에서 파생된 것이고 국제적 요인은 중·소 분쟁의 발생과 이에 대응하는 북한의 외교 관계를 들 수 있다.

1) 중·소 분쟁

북한의 주체 노선과 수령체계는 내적 논리 못지않게 스탈린 사망 이후 변화된 국제공산주의운동진영의 상황과 긴밀하게 연결되면서 진행되었다. 1956년 2월 개최된 소련공산당 제20차 대회는 국제공산주의운동의 혁명적 전환을 예고하는 새로운 테제들이 천명되었는데, 그것은 다름 아니라 스탈린 시대의 핵심 이슈였던 전쟁 불가피성 테제에 대한 수정, 소비에트 외교 노선의 일반노선이자 근본원칙으로서의 평화공존, 각 나라의 독자적인 사회주의 이행의 정당한 권리, 그리고 사회주의혁명이 평화적인 성격을 띨 가능성 등이 그러한 것들이었다. 이러한 소련의 태도에 대해서 중국은 매우 불쾌하게 생각하고 있었다. 따라서 이후 양국 간의 갈등이 서서히 나타나기 시작하였다.

1956년 4월 마오쩌둥(毛澤東)은 소련공산당 제20차 회의에서의 새로운 테제(전쟁불가피론 수정, 평화공존, 사회주의로의 평화적 이행 가능성, 그리고 스탈린 비판)에 대해서 본격적인 이데올로기 논쟁을 개시한다. 1961년부터 1964년까지의 중·소간의 이데올로기 논쟁은 그 범위가 확대되어 '전 인민의 국가', '전 인민의 당', '세계적인 사회주의 체제' 그리고 '국제적인 사회주의적 분업'에 대한 소련의 원칙에 대해서도 공격을 가하였다. 그 후 1957년 11월 볼셰비키 혁명 40주년을 기념하고 12개 국가 공산당들의 모스크바선언 채택을 위해서 모스크바를 방문했던 마오쩌둥(毛澤東)과 소련공산당 지도부 사이에 평화공존과 전쟁불가피론을 둘러싸고 이견이 발생한다.

이처럼 1950년대 말부터 중·소간에는 국제 문제나 양국관계 속에서 크고 작은 갈등이 서서히 드러났다. 특히 1959년 8월과 10월 두 차례에 걸쳐 발생한 중국과 인도의 국경 무력 충돌 사태에 대해서 소련 정부가 엄격 중립을 표방하면서도 내용상으로는 인도 측을 두둔하자 갈등은 노골화되었다.

이러한 중·소간의 갈등이 표면에 드러나기 시작한 것은 1960년에 들어서부터였다. 1960년 4월 중국공산당 기관지 『홍기』는 「레닌주의 만세!」라는 제목의 논설을 통해서 소련의 평화공존론을 수용하면서도 한편으로 자본주의가 존재하는 한 전쟁의 위험성은 남아 있다며 소련의 '수정주의' 입장을 비판하였다. 이때 소련에 대한 비판은 유고슬라비아 '수정주의자'들을 비판하는 간접비판의 방식을 취했다. 이 논설에 대해서 소련공산당은 즉각 "교조적으로 제국주의를 침략적이라고만 보고 또 다른 전쟁으로부터 인류를 구하기 위해서 새로운 요인들을 이용할 필요가 있다는 것을 깨닫지 못하고 있는 사람들"이라고 비판하였다. 이렇게 시작된 논쟁은 곧 평화공존 문제뿐만 아니라 점차 스탈린 개인숭배 비판, 프롤레타리아 독재의 문제 등 거의 모든 이론·실천 영역으로 확산하였다. 중국공산당의 소련공산당에 대한 비판의 초점은 '수정주의'였으며, 역으로 소련공산당은 중국공산당을 '교조주의'로 비판하였다. 논쟁 초기에는 양국이 상대방에 대한 직접 공격을 삼가고 각각 유고슬라비아(수정주의)와 알바니아(교조주의)를 공격하는 대리전의 양상을 보였으나 점차 상대방을 직접 거론한 논쟁으로 발전되어갔다.

김일성은 북한이 중·소 분쟁에서 공식적으로는 중립을 지킨다고 여러 번 표명했다. 그러나 중·소 간에 이론적 갈등을 빚고 있는 사회주의 진영과 자본주의 진영의 평화공존은 내심 용납할 수 없었다. 소련의 평화공존론적 입장은 틀림없는 수정주의 노선이었고, 북한과 같이 남북이 분단된 나라로서는 노동자, 농민의 사회주의 국가가 무산자를 착취하는 자본주의 체제와 평화적으로 공존한다는 것은 이해할 수 없는 일이었다. 특히, 미국을 위시한 자본주의 국가들과 전쟁을 치르고, 그 자본주의 국가들의 방해 때문에 한반도의 통일이 좌절된 북한으로서는 남한의 자본주의 정권과 평화적으로 공존한다는 것은 이론적으로나 현실적으로 수용하기 어려운 일이었다.

조선노동당은 1961년 2월 소련과의 관계가 악화한 알바니아 노동당 제4차 대회에 대표단을 파견하는 한편 그해 4월에는 알바니아 정부대표단을 초청함으로써 서서히 반소련의 태도를 보이기 시작하였다. 1962년 10월에 열린 소련공산당 22차 대회에서 흐루쇼프(Khrushchyov, Nikita Sergeevich)가 알바니아 지도자들을 사이비 마르크스주의자이자 무자비한 폭군으로 비난하고, 소련에서 개인숭배 시대에 존재했던 부정적 현상들이 보다 악화한 형태로 알바니아 노동당에 형성되어 있다고 비판하면서 소련공산당이 이러한 비판에 동참하기를 요구했을 때 조선노동당은 중국·일본 공산당 등과 함께 이를 거부하였다. 그러나 북한은 이때까지만 해도 최소한 공개적으로 소련을 반대하고 중국을 지지하는 발언을 하지 않았다. 김일성은 1961년 6, 7월에 소련과 중국을 방문하여 각각 군사동맹의 내용을 포함하고 있는 '우호 협조 및 상호원조에 관한 조약'을 체결하는 등 이 시기에 북한은 실리외교 중심의 중립적인 태도를 보이었다.

2) 조·소 분쟁

김일성은 북한과 직접적 이해관계가 없는 중·소 분쟁 문제와 관련해서 얼마 동안 상당히 조심스럽게 처신했다. 이를테면, 소련이 쿠바에 미사일 배치를 철회하게 되었을 때 북한은 미국을 비난하고 쿠바를 지지했다. 중국과 인도가 국경 문제로 싸울 때도 북한은 중국을 지지했으나, 소련이 인도를 지지한다고 비난하지는 않았다. 그러나, 이렇게 불분명한 태도를 계속 유지할 수는 없는 노릇이었다. 북한은 중·소 분쟁이 절정에 달했던 1962년부터 1964년까지 친중반소의 입장을 국제적으로 표시했고, 북한과 소련 간의 분쟁이 시작되었다.

사실 이미 한국전쟁 때부터 김일성은 소련에 대해 섭섭한 마음을 지니게 된다. 전쟁 개시 전에는 소련으로부터 무기도 얻었지만, 유엔군의 반격으로 압록강까지 후퇴할 때 스탈린은 김일성이 간청하는 소련군의 파병을 끝내 들어주지 않았다. 미국이 유엔의 깃발 아래 우방국을 동원하여 남한을 돕는 데 반해, 소련은 동유럽의 위성 국가들을 불러 모으기는커녕 소련군 참전 요청도 들어주지 않았다. 북한으로서는 사회주의 진영의 단결력에 회의를 느끼지 않을 수 없었다. 결론적으로 소련보다 파병한 중국에 더 친밀감을 가질 수밖에 없었다.

전쟁에서 폐허가 된 북한을 재건하려면 김일성이 반소 감정을 표면화할 수 없었으나, 전후의 경제 복구에서도 소련과 중국의 지원에는 확실한 차이가 있었다. 김일성이 1953년 9월에 모스크바를 방문하고 경제 원조를 요청했을 때 소련의 새 지도자들은 10억 루블을 빌려주면서 1954년과 55년에 걸쳐 갚으라고 말했다. 그러나 중국은 그해 11월 김일성이 베이징에 갔을 때 8억 원의 차관을 주었을 뿐 아니라, 1950년부터 53년까지 북한이 중국에 진 모든 채무를 면제해 주었다. 중국이 그 차관까지도 후에 무상으로 전환해 주었던 반면에, 소련은 이자만 면제해 주고 원금 전액을 회수해 갔다.

1962년 들어서면서부터 북한은 분명하게 중국의 입장을 지지하며 소련을 비판하였다. 「로동신문」은 1962년 봄에 「수정주의를 철저히 반대하자」, 「반제투쟁의 기치를 높이 들자」 등 레닌의 논문들을 게재함으로써 소련을 간접적으로 비판하였다. 그리고 그해 여름 사회주의 국제분업을 위해서 1949년에 창설된 상호경제원조회의(CMEA: comecon)

을 전체 사회주의 정치경제의 중심체로 재편시키려는 소련의 시도에 대해서 자립적 민족경제를 내세우며 중국, 베트남 등과 함께 이를 거부하였다. 나아가 1962년 말에는 사설을 통해서 공산당 및 노동당들의 관계에서 "한 나라가 다른 나라의 내정에 간섭하며 그 나라에 자기의 의사를 강요하는 일은 있을 수 없다"라고 강조함으로써 그동안 꾸준히 북한 내부에 간섭하려 했던 소련의 태도를 비난하였다.

이러한 북한과 소련의 분쟁은 북한이 소련에 도전하거나, 소련이 북한을 직접 억압해서 발생한 것이 아니다. 중국과 소련의 관계가 악화하고 북한의 태도가 중국으로 기울어지자 동유럽의 소련 위성국가들이 북한에 압력을 가하면서 조·소간의 갈등이 표면화되었다.

이후 조·소 갈등은 소련의 대한반도 역사에 대한 북한의 비판, 1964년 6월 평양에서 개최된 제2차 국제아시아경제회의의 장소 변경에 대한 소련의 비판, 소련이 북한에서 얻은 경제적 실리에 대한 북한의 비판, 소련의 아시아 민족에 대한 차별에 대한 북한의 공격 등 조·소 관계는 악화일로(惡化一路)를 걸었다.

그런데 북한의 대소 공격은 김일성이 맡지 않았다. 조·소 분쟁의 제1선에서 소련을 단호히 비판한 사람은 김창만이었다. 그는 본래 연안파에 속하는 인물로서 소련을 잘 알지 못했다. 또한, 김창만은 연안파의 동지들을 김일성에게 고발하고 숙청에서 살아남은 기회주의자였다. 이런 김창만의 공격에 소련은 아무 반응도 보이지 않았다. 이러한 면에서 조·소 분쟁은 중·소 분쟁과 그 성격이 다르다고 하겠다. 어떤 이론적 투쟁이나 정책적 차이가 있었던 것도 아니고, 서로 논쟁을 벌이면서 왈가왈부하지도 않았다. 그리고 조·소 분쟁은 근본적인 차이점에 기인한 것이 아니라 형식적인 언쟁에 지나지 않았기 때문에 화해도 그렇게 어렵지 않았다.

흐루쇼프가 실각한 후, 1964년 10월 북한은 소련과 관계 개선을 꾀했다. 그해 11월에 열린 제47차 소련 10월 혁명 경축대회에 북한은 김일을 대표로 참가시켰다. 소련에서도 신임 수상으로 선출된 코시긴(K. Kosygin)이 1965년 1월에 평양을 방문했다. 그 밖에도 소련에서 쉐레핀(A. N. Shelepin), 노비코프(V. Novikov) 등이 북한을 방문했고, 1965년에 최광이, 1966년에는 최용건이 소련을 방문했다. 북한은 남한과의 군사 대결에서 소련의 선진 무기 도입이 필요했으므로 분쟁을 오래 끌기 어려웠다. 특히, 이 무렵에는 남한 정부가 미국의 요구를 받아들여 베트남에 한국군을 파병하고 있어서 소련과의 관계를 회복할 필요가 있었다.

그런데 이때 복원된 조·소 관계는 과거 1950년대의 양국관계와는 질적으로 다른 것이었다. 소련은 중·소 대결 과정에서 북한과의 관계를 정상화하는 데는 성공했지만, 그 대가로 북한의 자주성을 인정하고 "마르크스·레닌주의를 조선 혁명에 창조적으로 적용해오면서 성립되었다"라고 주장하는 주체 노선을 인정해야 했다. 대등한 파트너로서의 조·소 관계가 성립된 것이다.

1968년에 미 해군 소속 정찰함 USS 푸에블로(AGER-2)가 동해 공해상(동경 127° 54.3', 북위 39° 25')에서 북한 해군에 의해 나포되어 82명의 미 해군 승무원들이 11개월이나 붙잡혀 있다가 풀려난 사건이 발생한다. 이른바 푸에블로호 피랍사건이다. 북한 영해를 침범한 푸에블로호에 몇 번 경고해도 북한 해역에서 나가지 않으니 북한이 나포한 것이다.

미국은 북한이 공해상에 있던 미국 군함을 불법으로 나포해갔다며 석방압력을 가한다. 당시 미국 대통령 존슨은 엔터프라이즈호 등 핵 항공모함 두 척을 포함해서 합계 25척의 군함으로 구성된 제77 기동함대를 원산만 앞바다에 배치한다. 북한이 미국의 군사적 압력에 굴하지 않자 당시 미국과 밀월관계에 있던 소련이 북한에 압력을 가해서 푸에블로호를 석방할 것을 요구한다. 그러나 북한은 말을 듣지 않았다. 소련 외무장관이 모스크바주재 북한 대사를 호출해도 응답이 없자, 소련 외무차관이 자기 승용차를 몰고 모스크바주재 북한 대사관에 직접 방문까지 한다. 이때 북한의 3등 서기관이 현관에서 외무부 차관을 맞이한다.

결국, 10개월 동안 온갖 전쟁 위협과 외교 수단을 통해서도 뜻을 이루지 못한 미국은 소련을 통하여 북한 영해를 침범한 사실을 시인하는 문서에 서명하고 나서야 82명이 석방되어 판문점을 넘어 남한으로 왔다. 이때의 북한은 결코 소련의 괴뢰 국가가 아님을 여실히 보여주는 사건이라 하겠다.

3) 조·중 분쟁

1960년대 초반 북한과 중국은 혈맹과 순망치한을 내세운 밀월관계를 유지했다. 동북항일연군이 일제와 투쟁할 때 조선인 병사가 상당수 전사하여서, 중국으로서는 북한에 신세를 진 셈이다. 그런 이유로 한국전쟁 시기에 중국은 중국 인민지원군을 파병했다. 그리고 저우언라이(周恩來주은래)와 김일성은 1962년 10월 12일 평양에서 '조중변계조약'을 체결했다. 백두산 일대 '북-중 국경조약'이라고 할 수 있다. 그런데 저우언라이(周恩來주은래)는 북한에 대단히 유리한 조건으로 조약을 체결해 주었다. 예컨대 북한은 백두산 천지의 54.5%, 압록강과 두만강의 섬과 모래톱 중 264개를 차지하고, 중국은 천지의 45.5%, 187개의 섬과 모래톱만을 차지했다.

그러나 60년대 중반 중국에서 문화혁명이 일어나고 소련에서 흐루쇼프(Khrushchyov, Nikita Sergeevich)의 실각과 함께 신지도부가 등장하면서 틈새가 벌어지기 시작했다. 여기에 월남전 확대도 양국 관계를 변화시키는 중요한 요인으로 작용했다.

북한은 새로운 소련지도부의 정책을 흐루쇼프의 정책과는 구별하는 데 반해 중국공산당은 이를 '흐루쇼프 없는 흐루쇼프주의'로 간주하였다. 따라서 중·소 관계는 흐루쇼프 실각 후 잠시 대화 국면에 접어들었으나 곧 대립 국면으로 복귀하였다. 한편, 소련은 1965년 미국에 의해서 확전된 베트남전에 대처하기 위해서 소련, 중국, 북베트남 지도자들이 회합하고 사회주의 진영의 공동대응을 모색하고자 제의하였다. 그러나 중국지도부는 이러한 제의를 소련의 수정주의적 자세를 구실로 거부하였다. 이를 계기로 공산 베트남 지원에 깊은 관심을 기울이고 있던 북한과 중국의 사이가 벌어지게 되었다. 북한은 베트남전쟁에 관한 한 전 세계 진보 세력이 단결하여 대응책을 모색해야 한다는 것을 분명히 하고 있었다. 북한 지도부는 중국이 소련의 수정주의를 문제로 삼는 것에 대하여 그 문제는 오직 "미제의 월남침략과 그것을 반대하는 월남인만의 투쟁에 대하여 어떤 태도를 취하는가"가 기준이 되어야 한다며 중국의 태도를 편협한 교조주의적 행태라고 간접적인 화법을 사용하여 비판하였다.

그러나 중국은 이러한 북한의 입장을 기회주의, 중간주의, 절충주의 등으로 규정하고 북한이 무원칙한 타협의 길을 택하고 있으며,

두 걸상 사이에 앉아 있다고 비판하였다. 때마침 불어닥친 문화혁명은 중국지도부를 더욱 교조화시켜서 북한에 대해서도 중국 노선의 수용을 강요하게 되었다. 하지만 북한 지도부는 중국의 요구를 단호히 거부하였다. 이렇게 되자 중국공산당은 먼저 북한과 월남전 문제에 대해서 공동보조를 취하면서 결속과 유대를 다지고 있던 일본 공산당을 공격하였다.

조·중 관계의 갈등은 1967년부터 절정에 이른다. 1967년부터 1969년까지는 중국과 북한 간에 갈등이 전개된 위기의 시기였다. 당시 논쟁의 촉발은 문화대혁명 과정에서 중국의 홍위병들이 김일성에 대해서 '수정주의자'라 비판하였고, 다른 한편 양국 국경선 부근의 일부 지역에 대한 중국의 소유권 주장에서 출발하였다.

문화대혁명기에 제기된 김일성에 대한 비판은 '수정주의자 흐루쇼프의 추종자'(한국전쟁에 참여한 중국 원로 장군의 대자보), '반혁명적 수정주의자, 백만장자, 귀족, 자본가'(홍위병)라는 형태의 인신공격적 비난이 제기되었다. 우호적인 형제국가였던 중국으로부터 제기된 사실을 확인할 수 없는 비난은 북한에 적지 않은 충격을 주었다. 홍위병들의 터무니없는 비난에 북한은 주베이징 대사를 소환했고, 평양에 주재하고 있던 중국 대사도 추방해버렸다. 소련과의 분쟁에서는 양국이 모두 국가 원수를 모독하는 일이 없었으나, 중국과의 분쟁에서는 김일성이 비방의 주 대상이 되었다.

하지만 양국관계는 1969년 10월 최고인민회의 상임위원장인 최용건이 이끄는 정부대표단이 중화인민공화국 창립 20주년 기념행사에 참여함으로써 다시 물꼬가 트였다. 중국 측에서도 1970년 4월 저우언라이가 북한을 방문함으로써 그동안의 유감스러웠던 양국관계를 완전히 청산하였다. 그런데 조·중 관계의 복원도 조·소 관계에서와 마찬가지로 단순한 과거로의 복귀가 아니라 북한의 대외적 자주성과 주체 확립을 확인한 가운데 이루어진 관계의 재정립이었다.

북한과 중국의 관계에 대해 잘 보여주는 사건이 북한의 미사일 발사 사건이다. 시진핑(習近平)이 2012년 11월 18차 당대회에서 총서기로 선출된 후 북한이 그해 12월 북·중 국경에 가까운 평안북도 철산군 동창리에서 장거리 탄도미사일을 발사한다는 얘기를 듣게 됐다. 북한은 김정일 사망(2011년 12월 17일) 1주기가 되는 12월에 위성을 발사할 계획을 세워두고 있었다. 시진핑(習近平)은 자신의 심복인 리젠궈(李建國) 전인대 상무위원회 부위원장을 급히 평양으로 보내 그의 친서를 전달한다. 그 친서에는 "북한이 핵·미사일 실험을 자제한다면 지금까지와 같이 우호국으로서의 원조를 아끼지 않겠다"라는 내용이 담겨 있었다. 원조는 원유 50만t·식량 10만t·비료 2,000만 달러어치를 말한다. 하지만 김정은은 "위성 발사와 핵실험은 주권국가인 조선(북한)이 자주적으로 결정할 일이다. 필요하다면 할 것이다. 중국과는 관계없는 일"이라고 잘라 말했다. 이에 리젠궈(李建國)는 "그러면 우리 역시 우리의 국익을 고려해 행동하게 될 것"이라고 대답했다. 결국 북한은 그해 12월 12일 미사일을 발사했다.

04
___

수령론의 정립

북한 경제는 1970년대 들어서 호황기에 접어든다. 1960년대 닦아 놓은 경공업 기반을 바탕으로 어느 정도 여유롭게 생활을 할 수 있었고 식량 수급도 문제가 없었다. 1974년 4월 1일에는 완전한 세금 제도의 폐지까지 선언하였다. 이러한 경제 성장을 수령의 공로로 선전하면서 본격적으로 김일성의 유일 지배체제로 전환하기 시작한다. 사회 전 분야에서 수령의 교시가 절대적인 권위를 지니게 되었으며, 수령의 지배체제를 뒷받침하기 위한 이론이 정립되기 시작한다. 이는 주체사상이 사람 중심의 철학적 원리를 도입하면서 동시에 수령의 지위와 역할을 절대화시키는 작업을 병행했음을 보여준다. 주체사상의 완성은 수령의 절대화와 그 맥을 같이하는데, 70년대부터 수령의 지위와 역할은 사회정치적 생명체론의 본격적인 전개와 더불어 이론적 정립화가 전개되고 이는 주체사상의 완성으로 이어진다.

그리고 수령의 절대화와 더불어 김일성의 부모인 김형직과 강반석을 비롯하여 증조부 김응우 등 수령의 조상과 가족들을 숭배의 대상으로 올려놓았다. 이러한 사회 분위기 속에서 자유로운 비판과 토론의 문화는 북한 사회에서 사라졌으며, 사회를 발전시키는 각 조직

의 내적 역동성은 교시와 무조건 복종이라는 메커니즘 속에 묻히고
만다.

수령론의 전개는 주체사상이 수령론과 결합하는 결과를 가져온다.
이것은 주체사상이 이론적 합리성보다는 한 개인의 통치를 정당화시
키는 도구로 전락함을 의미한다. 인민 대중의 자주성을 향한 투쟁도
수령의 영도와 결합할 때 성공할 수 있어서 오히려 인민 대중의 지위
를 수령에 종속화시키는 결과를 낳았다. 그리고 혁명투쟁을 이끄는
수령은 그 어떤 오류도 없는 절대적인 존재로 격상되었고 그 후계자
까지 신격화시켰다. 주체사상이 대중의 창발성과 주체성을 누누이 강
조하고 있으나 이는 수령의 지도 속에서나 가능한 이야기이다.

1. 수령론의 전개

1) 1970년대 이전의 수령

현재 북한의 공식 간행물에는 김일성에게는 '위대한 수령' 혹은 '경
애하는 수령'이라는 존칭어가 붙는다. 수령의 후계자 김정일에게는
일반적으로 '장군님' 또는 '위대한 령도자'라는 호칭이 사용된다. 수령
은 김일성에게만 해당하는 특별 용어가 된 셈이다. 하지만 북한에서
의 수령이 처음부터 김일성에게만 사용되지는 않았다. 1946년 8월
10일 중요산업 국유화 법령을 공포하면서 한 연설에서 김일성은 스
탈린을 '소련 인민의 위대한 수령'으로 불렀다. 또한 한국전쟁 중에도
김일성은 레닌을 세계 모든 노동자가 친애하고 존경하는 수령이라고
불렀으며 중국에서 북한에 대해 원조를 해주었을 때도 김일성은 마
오쩌둥(毛澤東)을 중국 인민의 수령이라고 불렀다. 이처럼 초기에는

예외적인 경우를 제외하고는 김일성 자신보다 레닌과 스탈린 등 사회주의 종주국의 최고지도자를 호칭할 때 일반적으로 사용되었다.

혁명 초기에 김일성은 김일성 수상, 수상 동지, 김일성 원수에 지나지 않았다. 문헌상으로 김일성이 공식 석상에서 수령으로 본격적으로 거론된 것은 1952년 12월 15일에 개최된 조선로동당 중앙위원회 제5차 전원회의 때였다. 이 당시는 박헌영 등 남로당계가 숙청되던 시기였다. 당시 회의에서는 김일성의 연설이 끝난 직후 회의장 내에 "우리의 경애하는 수령 김일성 동지에게 영광 드린다"라는 환호성이 울렸다고 한다. 그러나 이 당시 수령에 대한 호칭은 최고지도자에 대한 단순한 존경 어구에 불과하고 특별한 의미를 갖지는 않았다. 또한, 당을 수령의 영도를 실현하는 '정치적 무기'로 보는 지금의 의미는 보이지 않았고 당적 지도를 수령의 지도와 동일시하는 경향이 나타나는 등 수령이라는 개념은 특정 개인에 대한 절대적 복종과 충성이라는 수령체제 아래의 개념보다 당적 지도를 상징화시켜내는 독특한 북한적 용어로서 출발하였다. 그러나 내면적으로 초월적 지도자에 대한 개인 숭배적 경향성이 이미 수령 개념 속에 있음은 부인할 수 없다.(최성, 「북한 정치사:김정일과 북한의 권력 엘리트」 서론 참조)

마르크시즘에 있어 수령은 엥겔스가 처음 사용함으로써 등장한 용어인데, 그의 자서 「마르크스와 신 라인신문」에서 마르크스를 '탁월한 수령'이라 언급하였다. 하지만 수령이라는 개념을 별도로 설명하거나 이론적으로 정립하지는 않았다. 나중에 레닌은 수령을 한 개인이 아니라, 권위·영향력·경험이 가장 풍부하고 가장 책임 있는 지위에 선출된 복수의 최고지도자들로 구성되는 하나의 집단으로 규정하였다.(레닌, 「공산주의운동과 좌익 소아병」, pp. 168-169) 레닌은 지도와 대중의 관계에서 대중의 자발성을 불신하며, 대중을 의식화·조직화하여 사회주의혁명으로 지도하는 노동계급의 전위 조직으로서 당을 중시하였다. 노동계급의 사회주의 의식과 사회주의운동은 외부로부터 도입되고 지도되어야 한다는 것이다. 레닌에게 있어 당은 대중의 스승이자 지도자이며, 당은 노동계급 의식의 담지자(擔持者)이다. 레닌의 당 이론에 따르면, 당은 민주집중제의 원리에 따라 당 중앙위원회에 의해 대표되며, 당 중앙위원회는 당 정치국과 같은 최고 지도 집단을 통해 전당을 지도한다. 최고지도자의 유일 지도가 아니라 최고지도자들의 집단 지도이다.

북한 역시 1966년까지 제한적이나마 이와 같은 집단지도체제를 유지해왔다. 이 체계에서 김일성은 당 총비서로서 비록 사실상의 유일 최고지도자라 하더라도, 그 역시 당 조직에 따라야 하는 개별적 존재에 불과했다. 김일성의 노선과 리더십에 대한 갑산파의 도전과 반발이 가능했던 것도 이러한 조직 구조 속에서였다. 그러나 수령체계의 확립은 김일성 개인적 권력과 제도적 권력 사이에 존재하는 모순을 해결했다. 즉 북한의 수령체계는 레닌이 당 조직과 최고지도자 집단에 부여했던 인민의 정치적 수령의 지위와 역할을 최고지도자 한 개인에게 부여하여, 당과 국가와 사회의 유일 최고지도자로서 수령의 지위와 역할을 절대화하였다.

수령을 수식하는 형용사가 공식 문헌에 붙기 시작한 것은 1964년 경부터이다. 1964년의 신년 인사로 한덕수 조총련 의장은 당시 김일성 수상에게 보낸 연하장에서 '경애하는 수령'이라는 형용사를 붙였다. 그 뒤 그것은 매년 관례화되었다. 그리고 현재 일반적으로 사용되고 있는 '위대한 수령 김일성 동지'라는 표현이 사용된 것은 1967

년부터였다. 이 시기는 김일성의 혁명 전통이 강화될 뿐 아니라 김일성 가계까지 예찬 되기 시작했으며, 스탈린주의적 당·국가체제에 봉건적 측면이 가미되고 있었다. 이러한 상황 속에서 최현은 1967년 7월에 오늘날의 수령론을 연상시키는 논문을 발표하였다. 그리고 같은 시기 당의 이론잡지 「근로자」의 한 논문은 "혁명의 승리, 사회주의, 공산주의 건설의 추진성과의 여하는 당의 영도적 역할에 의존하고 당의 영도는 수령의 역할에 의해 좌우된다. 수령은 노동자계급 앞에 정확한 투쟁노선과 방침을 제시하고 혁명역량을 확고히 결속시켜 그들을 조직·동원하고 혁명의 승리를 보장하는 데서 결정적 역할을 맡는다"라고 하여 수령의 강력한 위상을 규정하고 있다.

이후 1969년 4월 김일성의 57회 생일에 즈음하여 열린 전국 사회과학자 토론회에서는 '혁명적 수령관'에 대한 이론화 작업의 맹아가 싹트기 시작한다. 당시 「로동신문」에 의하면 수령은 "전체 당원들과 근로자들을 통일 단결시키는 유일한 중심이며 혁명과 건설의 향도적 력량인 당과 정권기관, 근로 단체들을 유일적으로 지도하는 최고 뇌수"라고 정의하고 있다.

수령론의 이론적 정립은 김일성의 권한 강화를 의미하며, 이는 당적 지도가 수령의 유일 영도로 전환함을 의미한다. 김일성은 당 조직 중 최고지도자의 지위에 존재하고 있었으나, 이제는 당이 김일성의 혁명 사상을 실현하는 도구로 전락하기 시작하였다. 즉 당의 영도에서 수령의 영도로 지배체제가 바뀐 것을 의미한다. 그러나 1960년대 말까지만 해도 수령론이 내부적으로는 형성되면서도 대외적으로는 주체사상을 마르크스·레닌주의적 전통 속에서 조심스럽게 제기하였던 시기이다. 이러한 배경에는 소련과 중국이라는 무시할 수 없는 '사회주의 종주국가'가 존재하고 있으며 내부적으로는 이러한 외적 압력을 극복할 수 있는 충분한 내적 결속력이 채 완비되지 않음을 의미하는 것이기도 하다. 그 결과 내부적으로는 '수령 중심의 유일 지배체제'를 구축해나가면서도 대외적으로는 '마르크스·레닌주의의 발전적 계승'을 여전히 주장하였다. 다시 말해서 창조성보다는 계승성을 역설하고 있었다.

2) 이론적 정립기의 수령

북한에서 수령에 대한 개념 정의는 1970년대에 접어들면서부터는 현재와 같은 개념적 정식화를 확립하게 되는데, 이 시기는 북한에서 주체사상을 이론적이며 체계화된 사상으로 제시하기 위한 작업이 전개된 시기이다. 주체사상에서의 수령은 탁월한 개인이 아니라 하나의 제도로 자리를 잡고 있다. 비록 김일성이 탁월한 능력을 지닌 개인이지만, 수령으로서의 김일성은 개별적 인간이 아니다. 따라서 수령을 절대시하는 것은 한 개인을 우상화하는 것과 전혀 다른 문제라고 주장한다.

북한의 이론가들은 60년대 후반부터 시작된 혁명적 수령관의 이론적 정립을 주체사상과의 결합을 통해서 시도하는데, 이는 주체사상이 김일성 개인의 통치를 합리화시켜주는 이데올로기로 변질하고 있음을 의미한다. 그리고 절대권력을 소유한 무오류의 지도자를 만들어내기 위한 작업의 하나로 김일성의 어린 시절까지 혁명 전통 속에 포함했으며, 성스러운 항일무장투쟁과 북한의 사회주의 건설의 모든 업적을 김일성 개인의 치적으로 미화시킨다.

이 시기 북한의 「로동신문」은 김일성을 절대적인 존재로 인식시키는 작업을 진행했으며, 북한 사회주의 건설을 김일성의 혁명사상을 지침으로 이루어나가야 함을 주장하기 시작했으며, 김일성의 항일무장투쟁을 미화하는 예술사업도 적극적으로 진행된다.

그리고 혁명적 수령관과 함께 수령론의 가장 핵심적인 이론인 '사회정치적 생명체론'을 본격적으로 전개하기 시작하는데, '사회정치적 생명체론'은 김일성이 1972년 9월 17일 일본 「마이니치 신문」 기자에게 주체사상을 설명하면서 "사람에게 있어서 자주성은 생명입니다. 사람이 사회적으로 자주성을 잃어버리면 사람이라고 말할 수 없으며 동물과 다름없습니다. 사회적 존재인 사람에게 있어서는 육체적 생명보다도 사회정치적 생명이 더 귀중하다고 말할 수 있습니다"라고 말하면서 본격적으로 등장한다. 물론, 항일무장투쟁 시기에 주체사상이 태동했다고 주장하는 북한은 항일무장투쟁 시기에 변절한 사람들을 정치적 생명을 잃어버린 것으로 표현하고 있다. 하지만 수령론의 이론적 정립이 시작되는 시기에는 좀 더 세련된 의미로 사회정치적 생명으로 표현되고 있다. 여하튼 '사회정치적 생명체론'의 전개는 북한 사회를 수령을 어버이로 하는 대가정으로 변모시키면서 수령에 대한 무조건적인 복종을 당연시하는 결과를 가져왔다.

이러한 수령론의 이론적 정립은 주석의 절대권에 대한 법적·제도적 보장을 가져왔으며 수령의 역할 강화는 당의 역할을 수령의 교시에 복종하는 범위로 한정시키게 된다. 자연히 수령과 대중의 관계는 '교시와 복종', '은혜와 감사'라는 봉건적 지배구조를 지니면서 정치문화도 이와 유사하게 형성된다. 그리고 뒤이어 당의 유일사상체계는 1973년 9월 당 제5기 제7차 전원회의에서 김정일이 조직 및 사상담당 비서로 선출됨으로써 보다 확고해지는 계기를 마련하였다.

특히 김정일은 1974년 2월 군당 선전선동부장급 이상이 참가한 '사상부문 일꾼 강습회'를 개최하고 '당의 유일사상체계 확립의 10대 원칙'을 발표, 유일사상체계의 확립에 있어서 강력한 지침 역할을 하였다. 이는 후계자론까지를 포괄하는 '수령론의 실질적인 정식화'라고 볼 수 있다. 그 주요 내용을 살펴보면 다음과 같다.

① 수령의 혁명사상으로 온 사회를 일색화, ② 수령의 권위를 절대화, ③ 수령을 충성으로 존경, 추대, ④ 수령의 혁명사상을 신념으로 수령의 교시를 신조화, ⑤ 수령의 교시 집행은 무조건적 원칙 고수, ⑥수령을 중심으로 전당의 사상적 통일과 혁명적 단결강화, ⑦ 수령의 공산주의적 풍모와 혁명적 사업 방법, 인민적 사업작풍을 소유, ⑧ 수령이 부여한 정치적 생명을 충성으로 보답, ⑨ 수령의 유일적 영도 밑에 전당, 전국, 전군이 하나같이 움직이는 조직규율의 확립, ⑩ 수령이 개척한 혁명 위업을 대를 이어 계승 완성한다.

김정일에 의해 수령론이 정립되는 것은 곧바로 김정일의 위상을 강화하는 결과를 낳았다. 1970년대는 혁명 1세대의 혁명과업을 혁명 2세대에게 이양해야 하는 시기이므로 후계체제가 조심스럽게 제기되었으며 김정일은 3대 혁명소조를 중심으로 자연의 권력 기반을 착실히 닦으면서 수령의 후계자로 등장하는 토대를 마련하게 된다.

수령론이 본격적으로 진행되면서 북한 사회가 수령을 정점으로 사회 모든 분야가 재편되었음을 극명하게 보여주는 내용이다. 이제 북한은 수령을 떠나서 그 어떤 토론도 불가능한 사회가 되었다. 그리고 문예에서도 수령의 혁명사상을 중심으로 작품을 만들었고 수령을 형상화하는 작품은 항상 근엄하게 표현해야 했다.

3) 수령론의 등장 배경

북한에서 수령론이 등장할 수 있었던 가장 큰 밑바탕은 김일성의 항일무장투쟁이다. 그의 항일무장투쟁 경력은 수령의 권위를 세우는 데 유용하게 사용되었으며, 그 시절 만난 동료들은 그의 권력 장악에 큰 도움을 준다. 북한의 모든 이론은 항일무장투쟁 경험에서 시작되었다고 해도 과언이 아니다. 후계자 김정일도 항일 빨치산의 혁명 전통에서 태어났다는 것을 강조하고 있으며, 김정은도 항일무장투쟁 정신의 계승을 강조하고 있다. 북한이 주장하는 항일무장투쟁의 역사적 경험이란 단순한 일본 제국주의에 대한 무력투쟁만을 의미하는 것은 아니다. 그것은 유격구에서 이루어진 개혁들, 반일민족통일 전선에서 얻은 경험을 총체적으로 표현하고 있다.

둘째, 권위주의적 정치문화이다. 조선왕조는 자주적인 근대화의 길을 걷지 못하고 일본에 의해 개항의 압력을 받다가 결국 일본의 식민지 체제에 들어가게 되었다. 동학과 같은 민중들의 봉기가 있기는 하였으나 봉건적인 유교 질서가 청산되지 못한 상태에서 일본의 강압적 통치로 지배되었다. 일제는 천황에 대한 맹목적인 복종을 강요하면서 무단통치 형태로 다스렸기 때문에 식민통치과정에서 국민의 정치참여는 없이 봉건성이 계속 확대·심화하였다.

식민지로 전락하기 이전의 대한제국 시기는 아직 군주제를 정면으로 부정하는 정치 운동은 일어나지 않았으나, 신민회와 같이 공화제를 표방한 정치단체도 생겨 국민주권주의 운동이 일부 나타날 조짐이 있었다. 그러나 식민지 시기로 들어서면서 어떤 형태의 정치활동도 허용되지 않았고 따라서 정당도 존재할 수 없었다. 이 때문에 전체 식민지 시기를 통해 국내에서는 민주주의적 정치훈련을 쌓을 기회는 전혀 가질 수 없었고 민주주의적 자질을 갖춘 정치 지도 자도 제대로 양성될 수 없었다. 식민지 기간 35년간은 한반도 지역의 역사가 바야흐로 전제군주체제를 청산하고 민주주의 정치체제를 이루어가야 할 시기였다. 그러나 식민지배로 민주주의적 정치훈련을 쌓을 기회가 완전히 박탈된 채 군국주의 지배체제가 그대로 지속하였다.

봉건시대의 절대적인 복종의 대상인 왕이 천황으로 대체되는 무단통치 속에서 대중들은 수동적이고 복종적인 정치문화에 익숙하게 되었다. 특정한 인물에 대해 이성적으로 평가하고 선출하는 정치문화를 접하지 못했기 때문에 절대적인 권위에 자신을 몰입시키는 문화가 계속 이어졌다. 특히 해방이 조선 민중의 독립운동으로 쟁취한 것보다 연합군의 승리라는 외부적인 요인이 강했기 때문에 봉건적 잔재가 척결되기는 사실상 불가능하였다.

결국, 왕과 천황에 대한 맹목적인 복종에 길든 상태에서 자본주의와 시민혁명을 정상적으로 걷지 못하고 관료주의적인 당·국가체제를 접하게 된 북한 주민들은 수령이라는 절대적인 권위를 지닌 대상에 쉽게 동화되었다.

셋째, 분단상황 속에서의 대결 구조이다. 분단은 남과 북을 대결구조로 정착시켰는데 이러한 남북관계를 설명할 수 있는 대표적인 틀이 이종석의 적대적 의존관계와 거울 영상 효과이다. 적대적 의존관계란 남북한이 상대방과의 적당한 긴장과 대결국면 조성을 통해서, 이를 대내적 단결과 통합, 혹은 정권 안정화에 이용하는 관계를 말한다. 거울 영상 효과란 적대적인 일방의 행위가 상대방에게 대칭적인 반작용을 일으키고 또 그것이 상호 상승작용을 일으키는 효과를 말한다. 예컨대 한쪽의 군비증강이 그 반작용으로 상대방의 군비 증강을 자극하는 것이 여기에 해당한다.

남한이 북한의 남침을 이용하여 정권의 안정을 꾀하고 군부독재를 연장했다면, 북한도 남한과의 대결 구조를 적절하게 이용하였다. 남한의 반공 정권과 미국의 대북 강경노선은 북한 정권과 북한 주민들에게 카리스마적 지도력과 대중적 일체감을 부여하는 극적인 외적 효과를 조성하였다. 따라서 북한 주민은 어렵사리 이룩한 사회주의 정권의 보위와 통일 조국의 달성을 위해서는 그 어느 것도 희생할 각오가 돼 있었고, 이를 수령과 당 지도부는 적절히 활용하였다.

즉 남북한 정권 간의 상호대결구조는 양 체제의 권위주의를 심화시키는 데 상승작용을 일으켰다고 볼 수 있다. 그 당연한 결과 남한에서는 분단상태를 이용한 유신체제가 성립되었고 북한에서는 권력의 초 집중화를 가져오는 수령론이 점차 완성되어 갔다.

또한, 분단은 남북한 모두에게 민족적 정통성을 가지려는 경쟁을 부추겼는데 북한은 남한 내의 여러 가지 시위를 그들에게 유리한 쪽으로 이용하였다. 한 예로 1965년 당시 남한에서는 한일회담 반대 데모가 계속 일어났다. 그 와중에 한일 양국은 2월 2일 국교 정상화 조약 초안에 임시조인을 했고 6월 22일에 정식조인을 했다. 남한의 지식인과 대학생들이 한일회담 반대 데모를 할 때 내세웠던 논리는 한일 국교 정상화가 이루어지면 결국 우리 민족의 주체성을 잃게 될 처지였다. 1965년 한일회담의 진행 상황이나 한일 국교 정상화 등은 김일성의 의도와 상관없이 일어난 일이었다. 그런데도 북한은 통일혁명당 조직이 '한일협정'을 배격하는 투쟁에 적극적으로 참여하여 대중을 지도했고 1966년 10월 조선노동당 대표자 회의가 있은 다음에 통일혁명당 조직이 김일성의 기본방침에 따라 투쟁을 강화했다고 기술하고 있다.(돌베개,「조선로동략사 2」 pp. 258-259)

결국 이 사건은 김일성의 이름과 민족주체성이라는 개념을 동일시하는 토대가 되어주었다. 오랜 세월 외침에 시달리다가 일제 강점을 거친 기억이 생생한 당시 주민들의 처지에서 사대주의에 대한 안티테제로 민족주체성 확립이라는 주장은 상당한 설득력을 발휘했고 이런 분위기에 편승하여 김일성의 주체 노선은 북한 주민들 앞에 민족주체성 확립의 기치로 등장했다. 따라서 김일성의 권위는 더욱 굳어지게 되었다.

넷째, 김일성 개인의 능력이다. 김일성은 대중을 감동시키고 사람을 감화시키는 능력이 탁월했다. 어린 시절부터 독립운동의 중심으로 등장하는 것은 그가 비범한 지도력이 있음을 드러내는 것이다. 당시 항일무장투쟁을 했던 중국공산당의 지도자들도 걸출한 개인으로 존경받았지만, 동지들에게 어버이로까지 승격되어 신성시되지는 않았다. 하지만 김일성은 군사적 재능도 탁월했을 뿐만 아니라 조직을 만들고 주변 인물들을 자기 사람으로 만드는데 천재적인 능력을 발휘하였다. 김일성이 청산리 마을을 현지지도 할 때 멍석 위에 책상다리를 하고 앉아 농민들과 격이 없이 담화를 나누었다. 인민들을 대할 때 항상 친근하고 격의 없는 자세로 다가가서 그들의 생활을 살피는 그의 자세가 인민들이 그를 수령으로 추대하게 했다.

2. 수령론의 이론적 구성

북한에서 수령은 인민 대중의 이익과 의사의 대변자이며 인민 대중의 유일한 대표자로 인식된다. 그리고 이러한 수령은 단순한 개인이 아님을 강조하고 있다. 수령이 개인이 아니기 때문에 김일성과 그의 후계자 김정일에 대한 절대적인 충성과 복종을 개인숭배의 문제와는 별개로 취급하고 있다.

수령에 대한 구체적인 이론인 수령론은 역사발전과 사회변혁 운동에서 수령이 차지하는 지위와 역할, 그리고 수령을 바라보는 관점에 관해 북한이 제시하는 제 이론들이다. 그리고 이 수령론은 사상·이론·방법이라는 전일적 체계로 구성된 광의의 주체사상의 핵심 부분으로 존재하고 있다.

한 개인의 지도자가 아닌 천재적인 능력을 지닌 지도자를 전제로 한 수령론은 혁명적 수령관과 사회정치적 생명체론이라는 두 개의 핵심적 개념을 통해 구성되어 있다. 그리고 주체의 영도 방법과 결합하여 수령의 유일적 영도체계를 이루고 있으며, 혁명의 계속성으로 인해 후계자론을 포괄하게 된다. 후계자론은 '노동계급의 혁명위업은 대를 이어 계승·완성되는 역사적인 위업'이라는 혁명계승론을 바탕으로 김일성에서 김정일로 이어지는 권력 세습과정에서 구체화되었다.

1) 혁명적 수령관

혁명적 수령관은 '혁명투쟁에서 수령이 차지하는 지위와 역할'에 대해서 북한이 제시하고 있는 견해와 관점을 일컫는 말이며, 혁명적 수령관의 핵심은 수령-당-대중이라는 프롤레타리아 독재체계 속에서 수령이 차지하는 지위와 역할을 규명하는 것이라고 할 수 있다. 60년대 말부터 혁명적 수령관은 서서히 그 모습을 보이기 시작하다가, 혁명적 수령관의 논리적 구조는 김정일에 의해서 1981년 3월 8일 「당의 사상사업을 더욱 개선할 데 대하여」라는 보고를 통해서 체계화되었다. 그는 혁명투쟁과 역사의 발전에서 수령이 결정적인 역할을 맡는다는 것을 당원과 노동자들 사이에서 신념으로 확립할 것을 요구한 것이다. 그 후 김정일은 1987년 10월 혁명적 수령관에 조직관, 대중관 그리고 도덕관을 더하여 주체의 혁명관으로 불렀다.

조직관은 주체형 당을, 대중관이라는 것은 인민 대중을 각각 규정지어놓은 것이다. 도덕관은 집단과 개인의 관계를 규율하는 동지애와 혁명적 의리였다. 그것은 외부의 강제에 의해서가 아니라 자발적으로 지켜져야 할 사회적 규범으로 되었다. 따라서 수령·당·대중을 배반하는 것은 '양심의 가책'을 수반하는 행위였다. 이 주체의 혁명관을 각 개인의 인생관으로 확립하는 것이 최종적으로 요구됐다. 그것은 수령에 대한 충성을 전 인민의 내면적 규범으로 삼는 것이었으며, 전 인민의 신조까지 규정할 수 있었다.

혁명적 수령관은 수령론의 또 하나의 핵심 개념인 사회정치적 생명체와 결합하여 그 이론적 완성을 기했기 때문에, 혁명투쟁에 있어 수령과 전사 사이의 관계는 부르주아 민주주의에서처럼 단순히 지휘하는 사람과 지휘받는 사람의 관계가 아니라 동지적 사랑과 혁명적 의리에 기초한 관계로 규정지어진다. 그리고 이러한 수령과 전사의 모범적인 관계를 김정일은 항일무장투쟁 시기의 수령과 항일혁명 투사의 관계로 제시하고 있다.

① 수령의 지위

혁명적 수령관에서 수령의 지위는 "혁명의 뇌수이며 당과 인민 대중의 이익의 최고 체현자"이며 개인과 엄격히 구별된다. 노동계급의 수령을 혁명의 뇌수라 하는 것은 무엇보다도 수령이 혁명투쟁에서 최고 영도자라는 뜻이며 근로 인민 대중과 당을 통일단결 시키는 유일 중심이란 뜻과 그리고 수령이 근로대중의 사상 의지의 최고 체현자라는 뜻이다.

노동계급의 수령은 비범한 예지와 과학적 통찰력을 지니고 시대의 요구와 대중의 혁명실천을 과학적으로 일반화하여 혁명의 지도사상, 지도이론을 창시하는 위대한 사상이론가이다. 그리고 풍부하고 세련된 영도 방법과 예술을 지니고 수백만 근로 인민 대중을 혁명투쟁으로 조직 동원하는 혁명과 건설의 탁월한 영도자이며, 또한 인민 대중에 대한 열렬한 사랑과 헌신적 복무, 공산주의 혁명 위업에 대한 확고한 신념과 끝없는 충실성, 강인한 혁명적 원칙성과 백절불굴의 투지 등 고매한 공산주의적 덕성과 혁명적 풍모를 최상의 높이에서 지닌 인민의 자애로운 어버이이며 노동계급의 위대한 혁명가이다.

그런데 이러한 수령은 북한 주민들만의 최고 뇌수를 의미할 뿐만 아니라 사회주의혁명이 벌어지는 모든 곳에서도 수령으로 자리매김하는 걸출한 수령을 의미한다. 즉 노동계급의 수령은 가장 완성된 사상이론적 자질과 탁월한 영도예술, 고상한 혁명적 풍모를 지니고 혁명의 뇌수 역할을 가장 높은 수준에서 수행하는 수령이다. 그리하여 걸출한 수령은 그가 창시한 혁명사상과 이론의 위대성, 그의 영도의 탁월성, 고결한 덕성으로 하여 한 나라의 수령이면서 동시에 그 테두리를 벗어나 세계적 범위에서 커다란 영향력을 가지는 국제 노동계급과 진보적 인류의 수령으로 되는 것이다.

지난 시기 마르크스와 레닌이 그러하였다. 마르크스는 독일 노동 계급의 수령이면서 그가 창시한 노동계급의 첫 혁명 학설의 위대성, 국제노동계급에 처음으로 해방의 서광을 비춰주고 그들을 자본의 아성에 대한 공세로 일으켜 세운 탁월한 역할로 하여 당대의 시대적 수령으로 되었다. 레닌도 20세기 초 제국주의와 프롤레타리아 혁명 시기에 마르크스주의를 고수하고 발전시킨 혁명 학설을 창시하고 러시아에서 첫 사회주의혁명을 승리로 이끌고 국제적 혁명조직을 창건하고 세계노동계급을 혁명으로 불러일으킨 것으로 하여 러시아 노동계급의 수령이면서 당대의 시대적 수령으로 되었다. 지금의 시대에는 새로운 수령이 요청되는데 북한에서는 김일성을 현시대의 탁월한 수령으로 제시하고 있다.

② 수령의 역할
인민 대중의 최고 뇌수이고 통일단결의 중심인 수령의 역할은 아래와 같이 요약해 볼 수 있다.

㉠ 시대와 혁명 발전의 요구를 정확히 반영한다.
㉡ 혁명실천의 경험을 과학적으로 일반화해서 혁명사상을 창시한다.
㉢ 수령은 인민 대중에게 자주적인 혁명의식을 넣어주어 그들을 혁명의 참다운 주인으로 키운다.
㉣ 인민 대중을 당과 근로 단체를 비롯한 혁명조직에 묶어 세우고 하나의 사상, 수령의 사상에 기초하여 굳게 단결시킨다.

ⓜ 근로 인민 대중을 하나의 사상 의지로 굳게 통일 단결시키고 강력한 혁명대오로 만든다.

ⓗ 혁명대오 안에서 온갖 잡사상과 종파적 경향을 철저히 극복하고 조직성과 규율성을 강화함으로써 혁명대오의 강철 같은 사상·의지적 통일을 실현해나간다.

ⓢ 매 시기, 매 단계에서 혁명 발전의 합법칙성과 조성된 정세에 맞게 올바른 전략 전술을 세우고 투쟁과업과 그 수행방도를 제시해서 인민 대중을 혁명 승리로 조직·동원한다.

ⓞ 혁명투쟁에 대한 과학적인 전략 전술적 지도를 보장하고 프롤레타리아독재체계에 대한 유일적인 영도를 실현한다.

ⓩ 수령은 과학적인 전략 전술을 세우고 프롤레타리아독재체계의 총체를 영도함으로써 혁명과 건설을 끊임없이 전진시키며 노동계급의 혁명 위업의 종국적 승리를 위한 조건을 마련한다.

ⓩ 당과 함께 국가 정권과 근로 단체들을 내오고 그 조직들을 하나의 전일적인 체계로 결합함으로써 강력한 프롤레타리아독재체계를 세우며 프롤레타리아독재체계의 모든 조직과 기구들의 기능과 역할, 그 활동 방향과 방도를 규정하고 그 실현을 위한 사업을 통일적으로 틀어쥐고 나간다.

ⓚ 세계혁명발전의 합법칙성과 세계혁명의 전략과 전술을 밝혀주며 세계 진보적 인민들의 투쟁을 승리로 이끌어준다.

ⓣ 수령의 후계자를 키운다.

혁명투쟁에서 수령의 이러한 결정적 역할은 혁명투쟁이 심화·발전될수록 더욱 커지기 때문에 혁명적 수령관에서 수령은 절대적인 존재로 설정된다. 따라서 이 혁명적 수령관은 수령을 절대화하고 무조건 받드는 견해와 관점, 자세와 입장을 그 본질로 삼게 되며 수령을 충성으로 높이 우러러 모시고 옹호 보위하는 것은 역사와 자기 운명의 주인으로 되기 위한 근본요청이며 수령의 영도를 높이 받들고 전면적으로 실현하는 것은 역사와 자기 운명의 주인으로 해야 할 역할을 다하기 위한 근본요청이 되는 것이다.

그런데 이러한 이론적인 측면을 고려한다고 하더라도 과연 현실적으로 완전무결한 수령이 존재할 수 있는지 의문이 드는 것도 사실이다. 과연 김일성이 모든 방면에서 완전무결한지 심도 있는 토론이 북한에서 애초에 불가능한 상황에서 북한 주민들이 가지는 김일성에 대한 숭배가 전적으로 자발적으로 가지는 것인지 의문이 든다.

또한, 혁명적 수령관의 틀 내에서는 수령과 다른 생각을 지닌 소수파가 원천적으로 배제되게 된다. 소수파가 존재하지 않는 것은 노동당이 다양성을 바탕으로 토론을 통해 결론을 도출하는 시스템을 가질 수 없음을 의미하는 것이며, 때로는 당의 강령이나 사회주의 헌법이 아닌 수령의 교시로 북한 사회가 움직이게 된다. 결국, 일반적으로 민주주의 국가에서 시행되는 대화와 토론이 불가능한 사회가 됨을 의미한다.

2) 사회정치적 생명체론

북한은 1972년 사회주의 헌법의 제정을 전후로 하여 수령에 대한 개념적 재정립과 함께 그 핵심적 용어인 '사회정치적 생명체론'을 전개, 본격적으로 수령론을 정립시키기 시작한다. 사회정치적 생명체론의 전개는 초월적인 지도자(수령)와 이에 충성을 다하는 대중 간의 봉건적인 공동체가 사회주의적 틀 속에 변형된 것을 의미하기도 한다. 이러한 사회정치적 생명체는 수령을 중심으로 당과 대중을 하나로 묶는 집단주의 생명관을 구축하고 수령에 대한 충실성과 동지애를 강조함으로써 수령의 유일적 영도체계를 정당화하는 이데올로기의 구실을 하게 된다.

① 사회정치적 생명의 등장

원래 북한에서는 주체사상이 항일무장투쟁 시기에 창시되었다고 선전하고 있기에 사회정치적 생명 또한 항일무장투쟁 시기에 제시된 개념이라고 선전한다. 김일성은 그의 회고록에서 "이처럼 육체적 생명 외에 인간이 가지고 있는 또 하나의 생명이라고 할 수 있는 정치적 생명의 나이는 신념의 유무와 대소에 의해 결정된다. 신념이 강하고 의지가 강할수록 그 인간은 정치적 생명을 유지하는 데서 장수자가 된다. 신념을 일찍이 줴버린 사람들의 정치적 생명은 비명에 요절하고 만다."라고 서술하면서 정치적 생명을 강조하고 있다.

그런데 이 개념이 공개적으로 나온 것은 김일성이 1959년 9월 4일 황해제철소 당위원회 확대회의에서 행한 연설에서 "당원에게 있어서 당 생활은 정치적 생명이다. 응당 내가 당에 든 것은 나의 정치 생활을 개척하기 위한 것이며 혁명투사로 살기 위한 것이다. 당의 결정을 존중히 여기지 않고 당의 결정을 집행하지 않는 것은 자기의 정치적 생명을 끊는 것이나 다름없다."라고 언급하면서 비롯된다. 물론 이 연설 하나로 사회정치적 생명체론이 체계화된 것은 아니다.

이후 유일사상체계의 확립이 시급히 요청됨에 따라 정치적 생명에 대한 김일성의 언급들이 다시 대두하기 시작한다. 1966년 10월 18일 당중앙위원회 조직지도부와 선전선동부 활동가들 앞에서 행한 연설에서 "나는 인민을 위하여 투쟁하는 사람이며, 혁명을 위하여 몸 바칠 결심을 한 사람이다. 언제나 당과 인민과 혁명을 위하여 충실할 것이다. 나 개인이 하나 죽는 것은 아까울 것 없다. 비록 육체적 생명은 죽는다고 하여도 정치적 생명만은 더럽히지 않겠다."라고 언급하면서 육체적 생명과 정치적 생명을 구별하고 인간의 정치적 생명의 중요성을 재차 강조했다. 이와 같은 과정을 거쳐 사회정치적 생명체론이 체계화되기 시작한 것은 1970년대에 들어서부터이다.

김일성이 1972년 9월 17일 일본 「마이니치 신문」 기자에게 주체사상을 설명하면서 "사람에게 있어서 자주성은 생명입니다. 사람이 사회적으로 자주성을 잃어버리면 사람이라고 말할 수 없으며 동물과 다름없습니다. 사회적 존재인 사람에게 있어서는 육체적 생명보다도 사회정치적 생명이 더 귀중하다고 말할 수 있습니다."라고 말하면서 사회정치적 생명이 본격적으로 이론화되어 간다.

주체사상에서는 사람은 육체적 생명과 사회정치적 생명을 지닌다고 밝히고 있다. 육체적 생명이 생명 유기체 일반이 가지는 생명이라면 사회정치적 생명은 사회적 존재로서의 사람의 생명을 의미한다. 사람은 본질에 있어서 사회적 존재이므로 사람에게 있어서는 사회정치적 생명이 육체적 생명보다 더 귀중하며, 사람이 사회정치적 생명을 잃게 되면 사회적 존재이기를 그만두게 되고 단순한 생물학적 존재의 수준에 떨어지게 된다.

사람의 육체적 생명은 생물학적 물질대사에 의해서 유지되지만, 사람의 사회정치적 생명은 자주성을 옹호하기 위하여 투쟁함으로써 유지되고 빛난다. 사람이 사회적 예속을 반대하여 투쟁하지 않고 착취와 억압, 멸시와 천대를 감수하면서 목숨이나 유지하려고 한다면, 사회정치적 생명을 가질 수 없으며 사회적 인간으로서의 가치를 가지지 못하게 된다. 사람은 사회적으로만 자연의 구속과 사회적 예속에서 벗어나며 자주성을 옹호하고 실현할 수 있으므로, 개인의 사회정치적 생명은 사회와 인민, 민족과 국가의 자주성을 위한 혁명투쟁을 통하여 유지된다. 사회와 인민, 민족과 국가의 자주성을 옹호하기 위한 혁명투쟁을 벌이지 않고 개인의 안일과 향락만을 추구한다면, 사회정치적 생명을 가질 수 없으며 사람다운 생활을 할 수 없게 된다.

육체적 생명을 유지하기 위한 활동이 다만 개체의 보존을 위한 활동이라면, 사회정치적 생명을 유지하기 위한 투쟁은 사회적 존재로서의 가치와 존엄을 지키기 위한 투쟁이며 사회와 인민의 자주성을 위한 투쟁이다. 개체의 생명 활동에는 한계가 있으므로 육체적 생명에는 끝이 있지만, 사회와 인민의 자주성을 위한 투쟁은 그것이 완전히 실현될 때까지 대를 이어 계속되는 투쟁이므로 사람의 육체적 생명은 비록 종결되어도 그가 지니고 있던 사회정치적 생명은 대를 이어 계승되어 나가게 되며 인류와 더불어 영생하게 된다. 현재 북한에 세워진 영생탑은 수령의 사회정치적 생명이 영원하다는 의미로 건립된 것이다.

사회적 존재인 사람에게 있어서는 남의 노예가 되어 목숨이나 유지하는 것은 수치로 되고 자주성을 위한 혁명투쟁을 벌이다가 죽는 것이 영예로 되는 것이며, 자주성을 위한 혁명투쟁에 육체적 생명을 서슴없이 바침으로써 사회정치적 생명을 유지하고 빛내어 나가는 삶이 가장 고귀한 삶으로 된다. 따라서 자주성이 생명이라고 할 때, 그것은 육체적 생명을 뜻하는 것이 아니라 사회정치적 생명을 뜻하는 것이다.

그리고 이 사회정치적 생명은 혁명의 최고 뇌수이고 영도자인 노동계급의 수령에 의하여 주어지며 수령이 만들어준 정치적 조직을 바탕으로 간직되기에 수령의 혁명사상을 향도 이념으로 하는 혁명조직의 성원으로서 지니게 된다. 수령의 혁명사상이 인류 사상사에서 영원한 것처럼 그를 자양분으로 하여 생겨나고 키워진 정치적 생명도 영원한 것이다.

② 수령 중심의 집단주의 생명관: 사회정치적 생명체론

혁명적 수령관은 사회정치적 생명체론이라는 유기체적 체제관을 파생시켰는데, 사회정치적 생명체론은 김정일에 의해서 제시되었으며 북한 사회를 모델로 하였다. 혁명적 수령관에 기초해서 전체 사회를 규제하는 전일적인 지도체계가 유일 지도체계라면, 사회정치적 생명체는 혁명적 수령관에 기초해서 형성된 당·국가·사회를 포괄하는 총체적 의미의 사회체제라고 볼 수 있다. 즉 사회정치적 생명체란 혁명적 의리와 동지애에 기초하여 수령을 중심으로 당과 대중이 하나의 생명으로 결합하여 운명을 같이하는 집단주의 생명관을 의미하기에, 사회정치적 생명체 안에서는 개인의 생명보다 사회적 집단의 생명이 더 귀중하며 사회적 집단의 생명에 근거해야 개인의 생명이 있을 수 있다는 논리를 내포하고 있다.

북한에서 자주 등장하는 '하나는 전체를 위하여! 전체는 하나를 위하여!'라는 구호가 집단주의 생명관을 잘 드러내고 있다. 주체사상에서는 사람이 역사의 주체이고 자기 운명의 주체라고 주장하지만, 수령으로부터 사회정치적 생명을 받아야만 역사발전에 있어서 자주적인 인간이 될 수 있다. 인민 대중이 혁명과 역사발전의 '주체'가 맞긴 맞지만, '자주적' 주체가 되기 위해서는 필연적으로 걸출한 수령에 의해 영도될 때만이 인민 대중이 비로소 혁명 승리를 개척해 나갈 수 있는 자주적 집단으로 존립할 수 있고, 주인으로서의 사명과 역할을 다 할 수 있다는 논리적 사유체계가 만들어져서 그렇다.

북한에서는 수령-당-인민 대중이 사회정치적 생명체라는 하나의 생명체를 이루고 있으며, 수령이 생명체의 최고 뇌수라면 당은 신경과 같으며 인민 대중은 몸통으로 비유하고 있다. 수령과 대중의 이런 관계는 물고기와 물의 관계로 설명하는데, 물고기가 물을 떠나서 살 수 없듯이 수령과 인민 대중은 서로 분리될 수 없는 관계라고 주장한다. 사회체제를 하나의 생명체로 비유하고 모든 사회구성원을 최고지도자와 한 몸으로 비유하는 것은 사실상 종교에서나 가능한 일이다.

남한은 개인주의를 바탕으로 하고 있다. 국가나 기타 사회단체는 개인 간의 계약으로 성립한다. 따라서 개인이 내린 도덕적 판단은 합리적이어야 하고 개인의 이성은 신뢰할 수 있어야 한다. 인간은 동물처럼 감정을 지닌 존재이지만 다른 동물들과는 달리 감정을 통제할 수 있는 이성을 지닌 존재이며 무엇보다도 도덕적인 존재이다. 하지만 집단주의를 주장하는 북한에서는 집단을 떠난 개인은 존재할 수 없다. 원시시대부터 인간은 무리를 지으며 살아왔기에 맹수로부터 자신을 보호할 수 있었으며 생존할 수 있었다. 따라서 인간은 집단 속에서 생활해야 한다고 주장하며 개인주의를 철저하게 배격한다. 항일무장투쟁 때부터 개인주의란 사대주의에 찌들거나 파벌만을 형성하는 사람들이 가지는 경향으로 치부되었다.

일반적으로 생각하는 전체주의는 집단의 이익만을 생각하고 개인의 이익이나 자율성은 무시하지만, 집단주의는 집단의 이익과 개인의 이익을 조화시켜 나간다고 북한은 주장한다. 사람이 집단을 이루고 살아가는 데는 집단의 요구와 개인의 요구가 있을 수 있다. 집단의 요구는 사회적 집단의 생존과 발전을 위한 구성원들의 요구이고, 개인의 요구는 사회적 집단의 구성원으로서 집단을 위해 봉사하며 집단으로부터 보장받을 수 있는 요구라고 한다. 그런데 이 두 가지 요구를 동시에 실현하는 것은 집단주의를 통해서만 가능하다고 강조한다.

그런데 북한의 집단주의는 여타 사회주의 국가와도 다른 독특한 특징을 지닌다. 수령을 정점으로 집단을 구성하기 때문이다. 수령-당-대중을 하나의 생명체로 만든 것은 오직 북한에만 있는 특징이다. 수령론을 거부하는 개인은 다른 생각을 지닌 소수파가 아니라 몸의 병균처럼 박멸해야 할 대상으로 전락한다. 그러므로 서구 민주주의적 시각으로 볼 때 북한은 정도가 심한 전체주의 국가일 뿐이다.

3) 후계자론

김일성이 공산주의운동과 당 건설은 대를 이어 계속되는 장기적인 사업이므로 당의 사상과 영도의 유일성을 계승하는 것이 성공의 관건이라고 주장하듯이, 북한에서 주장하는 사회주의혁명은 기본적으로 장기적인 문제이다. 따라서 수령의 혁명을 잘 계승하는 문제는 수령을 잘 받드는 것과 함께 가장 중요한 문제로 등장하며 후계자론은 상당히 중요한 위치를 차지하게 된다. 이와 관련하여 북한의 혁명적 수령관은 수령만이 아니라 수령 후계자의 지위도 절대적인 것으로 묘사하고 있다.

북한이 주장하고 있는 수령의 후계자가 지니는 역할은 먼저 수령에 대한 끝없는 충실성을 지니며, 숭고한 사상·정신적 자질과 혁명가적 풍모를 체현하며, 수령의 사상과 위업을 완성하기 위한 사상과 이론, 전략 전술을 제시하고 그 실현으로 인민 대중을 조직 동원하며, 수령이 창시한 사상과 수령이 이룩한 혁명업적을 대를 이어 고수하고 계승·발전시키며, 수령이 창건하고 이끌어 온 당을 영원히 수령의 당으로 강화·발전시키고 당의 통일과 단결을 대를 이어 견결하게 고수하고 빛나게 계승·발전시킴으로써 수령의 혁명 위업 계승을 확고히 담보하고, 인민 대중을 수령에게 끝없이 충실한 참다운 혁명가로 키우며 수령의 혁명 위업을 계승하기 위한 투쟁으로 조직 동원함으로써 혁명 위업의 종국적 승리를 마련한다.

이와 같은 후계자의 지위와 역할 때문에 후계자 문제는 반드시 두 가지 문제를 해결해야 한다. 첫째, 수령의 후계자로서의 필수적인 품격과 자질을 손색없이 갖춘 인물을 내세워야 한다. 둘째, 후계자의 영도를 실현할 수 있는 조직·사상적 기초를 튼튼히 쌓고 영도체계를 철저히 세우는 것이다. 물론 첫 번째가 가장 중요하다. 왜냐하면 수령의 후계자는 인물 본위로 선출하는 것이 대원칙이기 때문이다.

북한이 제시한 후계자론의 이론체계는 혁명계승론, 혈통계승론, 세대교체론, 준비단계론, 김일성 화신론 등으로 구성되어 있다.

혁명계승론은 수령의 혁명 위업은 장기간에 걸쳐 투쟁해야 하는 사업이므로 수령의 대에 완수할 수 없다는 전제로 수령의 후계자가 수령의 혁명 위업을 대를 이어 계속하여 혁명을 수행해야 한다는 논리이다.

혈통계승론은 수령의 핏줄을 이어받은 자가 후계자가 되어야 한다는 논리로써 수령의 혈통을 계승한 후계자라야 누구보다도 인민대중의 기대와 신뢰를 받으며 인민 대중과 혼연일체를 이루게 된다는 것이다. 그런데 여기서 주장하는 혈통은 일반적인 혈통의 의미와는 판이하다. 북한이 민족 문제를 설명할 때의 혈통은 일반적인 핏줄을 의미하지만, 후계자론에서 의미하는 혈통이란 '김일성 사상과 이론, 그가 이룩한 혁명업적과 투쟁 경험 그리고 김일성의 사업 방법'을 의미한다. 따라서 조선노동당의 혁명적 사업 방법이 항일유격대식 사업 방법을 핏줄기로 하고 있으며, 발전을 위해서는 주체의 혈통을 대를 이어 고수해나가야 한다고 기술하고 있다.

세대교체론은 후계자는 수령의 다음 세대에서 나와야 한다는 것을 밝힌 후계자의 연령적 자격 조건에 관한 것이다. 즉 후계자는 수령의 혁명 위업을 계승·완성해야 해서 수령과 함께 혁명 활동을 해온 세대에서 나올 수 없으며, 따라서 수령의 위업을 대를 이어 계승할 후계자는 수령의 다음 세대에 속하는 인물이 되는 것이 바람직하다는 논리이다.

김정은 시대의 북한에서 여동생 김여정을 김정은의 후계자로 인식하는 보도가 가끔 나오지만, 북한에서는 원칙적으로 수령의 후계자는 수령의 다음 세대에서 선택된다. 김일성-김정일-김정은으로 이어진 후계 구도를 고려한다면, 김정은의 후계자는 김정은 다음 세대가 되어야 한다.

준비단계론은 후계자는 수령의 혁명 위업을 계승·완성해야 해서 수령 생존 때에 결정되어 수령에 의해 일정 기간 육성되고 준비되어야 한다는 논리로서 후계자 선출의 시기에 대한 것이다. 김정일은 후계자로 옹립된 70년대부터 오랜 준비 기간을 거쳤다. 그래서 권력 승계 이후 권력이 안정화되었다. 이에 비해 김정은은 후계자로 옹립된 후 육성되는 시기가 무척 짧았다. 그러므로 잔혹한 숙청을 통해 권력을 공고히 했다. 장성택이 '陽奉陰違(양봉음위)' 즉 보는 앞에서는 순종하는 체하고, 속으로는 딴마음을 먹었다고 처형된 경험을 한 북한으로서는 김정은의 후계자는 빨리 결정하고 권력을 승계할 때까지 오랜 기간을 준비할 가능성이 크다.

김일성 화신론은 수령의 후계자는 수령의 모든 것을 체현하고 있어야 할 뿐 아니라 김일성에게 충실한 자라야 한다는 논리로서 후계자가 지녀야 할 자질에 관한 것이다. 북한은 이러한 후계자의 자질을 갖춘 전형으로 김정일을 내세우고 있다. 그 이유는 김정일이 김일성을 가장 가까이서 모시면서 그의 사상과 사업 방법을 체득했을 뿐 아니라 김정일 자신의 비범함으로 혁명투쟁에서 수령의 역할의 중요성을 확고하게 견지했기 때문이라는 것이다. 이 논리는 김정은에게도 그대로 이어진다.

결론적으로 수령론이 김일성의 절대권력을 정당화시키는 이론적 기반이었다면 후계자론은 김일성에서 김정일로의 권력 승계를 정당화시키는 이론적 기반이라고 할 수 있다. 그리고 그 작업은 성공적으로 이루어져 김일성이 사망한 이후 김정일로의 권력 이양은 별 무리 없이 진행되었다. 그 결과 2016년 6월 29일 개정된 북한 헌법의 서문 마지막 부분에는 "위대한 김일성 동지와 김정일 동지를 주체조선의 '영원한 수령'으로 높이 모시고 조선노동당의 영도 밑에 김일성 동지와 김정일 동지의 사상과 업적을 옹호 고수하고 계승 발전시켜 주체혁명 위업을 끝까지 완성하여나갈 것"이라며, '영원한 수령'으로 새롭게 표기했다. 그러면서 지금까지 사용해온 '김일성 헌법'을 위대한 김일성 동지와 김정일 동지의 주체적인 국가건설 사상과 국가건설업적을 법화한 '김일성-김정일 헌법'으로 개정했다. 그리고 2019년 4월 11일 개정된 북한 헌법에도 그대로 이어졌다.

그렇다면 2010년 9월 28일 개최된 제3차 당대표자회에서 김정은이 공식적으로 김정일의 후계자가 됐을 때, 그는 후계자론이 규정한 여러 조건에 적합한 품성과 능력을 갖추고 있었을까? 적어도 김정일은 김일성의 유일지배체제를 확립하는데 앞섰으며, 1964년부터 당 사업을 하면서 나름대로 기반을 닦은 상태에서 후계자로 등장했다. 이에 비해 김정은은 어떤가? 김정은이 과연 사상이론적 예지와 뛰어난 영도력, 고매한 공산주의 덕성을 갖추고 혁명과 건설에서 이룩한 업적과 공헌으로 인해 인민들 속에서 절대적인 권위와 위신을 지니고 있었는가?

2009년 10월 5일 자 일본의 마이니치 신문은 「존경하는 김정운(김정은) 대장 동지의 위대성 교양 자료」을 보도했는데, 북한은 제3차 당대표자회의 이전부터 김정은을 후대 수령으로 결정하고 그 방향으로 전당·전군·전 사회적으로 교양해왔음을 알 수 있다. 구체적인 보도 내용에는 김일성과 김정일의 모습을 그대로 닮았다는 내용이 주를 이루고 있다.(백학순, 「김정은 시대의 북한정치 2012-2014 제VI장 참조)

그러나 객관적으로 보면 김정은은 나이도 어릴 뿐만 아니라 당 사업 경험도 없다. 그의 출생연도가 1982년도라고 하면 당시 나이가 30도 되지 않은 셈이었다. 김일성이 해방 후 북한에 돌아와 당을 장악할 때는 만 33세가 넘었고, 김정일이 후계자로 선택됐을 때는 만 32세가 다 된 나이였다. 김정일이 후계자로 지명될 때와는 큰 차이가 있었다.

하지만 김정일이 사망하기 전 1년 2개월여 동안 김정은이 권력을 승계하도록 노력을 한다. 비록 긴 세월은 아니지만, 후계자가 지명되지 않은 상태에서 최고지도자가 사망한 상태와도 분명히 다르다. 수령체제에서 선대 수령이 후계자를 지명한다면 모든 시스템이 후계자를 위해 움직이게 되어있기에 적어도 극심한 권력투쟁이 발생하지는 않는다. 이는 김정일 사망 이후 이틀 만에 나온 부고 보도문에서 수령 후계자로서의 김정은의 명확한 위상에서 증명되었다. 부고 보도문은 김정은을 "주체혁명 위업의 위대한 계승자이시며 우리 당과 군대와 인민의 탁월한 령도자"로 부르고, "김정은 동지의 령도는 위대한 수령 김일성 동지께서 개척하시고 위대한 령도자 김정일 동지께서 승리로 이끌어오신 주체의 혁명 위업을 대를 이어 빛나게 계승 완성해나갈 수 있는 결정적 담보"라면서, "위대한 김정은 동지의 현명한 령도 따라 나아가는 우리 당과 군대와 인민의 혁명적 전군을 가로막을 힘은 이 세상에 없다"라고 했다.

이후 김정은은 수령으로 갖춰야 할 품격과 자질을 증명하기 위해서 할아버지 김일성을 흉내를 내면서 인민들과 친숙한 이미지를 생산하는 데 주력한다. 그리고 각종 선전 매체를 통해 김정은을 띄우고 김정은에 대한 충실성을 강조하기 시작했다. 비록 마음속으로 적극적인 지지와 열성적인 충성을 바치지는 않고 형식상 복종하는 모습을 보이더라도, 수령체제 아래에서 수령의 유일적 영도체계를 거부하는 것은 있을 수 없는 일이다.

3. 수령형상문예

수령론이 이론적 정립을 거듭하면서 정치적 분야 외에도 전 사회적으로 수령의 유일적 영도체계를 수립하기 위한 노력이 시작된다. 그중에서도 김정일은 특히 문예(북한에서 문예는 문화예술의 준말이 아니라 문학예술의 준말이다.)를 적극적으로 이용했다. 김정일이 영도예술을 통해 확립하려 했던 것은 당의 유일사상체계를 확립하는 것이다. 당의 유일사상체계를 확립하기 위해서는 문학가들에게 당의 유일한 지시와 결론에 따를 수 있도록 엄격한 규율을 세우고 조직화하여야 한다. 이렇게 조직화 된 가운데 김일성의 항일혁명투쟁의 역사를 깊이 연구하여, 수령을 모델로 한 혁명 전통을 살린 새로운 혁명문학을 건설해야 한다.

북한에서 절대적 행동 지침이 되는 '당의 유일적 령도체계확립의 10대 원칙'(1974년 당의 유일사상체계확립의 10대 원칙이라는 이름으로 발표되었고 2013년에 지금의 이름으로 바뀌었다.)에서는 "위대한 수령 김일성 동지의 권위를 절대화하여야 한다. 위대한 수령 김일성 동지의 권위를 절대화하는 것은 우리 혁명의 지상의 요구이며 우리 당과 인민의 혁명적 의지이다"(3조), "위대한 수령 김일성 동지의 혁명 사상을 신념으로 삼고 수령님의 교시를 신조화하여야 한다. 위대한 수령 김일성 동지의 혁명 사상을 확고한 신념으로 삼고 수령님의 교시를 신조화하는 것은 수령님께 끝없이 충직한 주체형의 공산주의 혁명가가 되기 위한 가장 중요한 요구이며 혁명투쟁과 건설사업의 승리를 위한 선결 조건이다."(4항)라고 규정하여 북한의 문예 정책 방향을 제시하고 있다. 따라서 북한의 문예 정책은 수령과 당의 통치정책에 예속된 하위정책으로 전락할 수밖에 없다.

1) 수령형상창조

북한의 문예 정책은 1967년을 기점으로 해서 큰 변화를 가져왔다. 북한에서 주체사상이 확립되면서 문예이론 또한 김정일에 의해 주체적인 것과 혁명적 투쟁의식을 중시한 '수령형상문학'과 '항일혁명문학'으로 정립되었기 때문이다. 특히 김정일이 후계자로 등장한 이후 김정일의 직접적인 지휘 아래 수령형상문학을 중심으로 수령형상작품이 대대적으로 창작됐다. 1967년에는 북한 최고의 작가들로 구성된 수령형상을 위한 전문 문학 작품 창작단인 '4.15 문학창작단'이 설립됐다. 또 김일성과 그 일가족의 혁명 활동을 각색한 수령형상 영화제작 전담 창작단인 '백두산창작단'이 만들어졌다.

수령형상문학은 '수령형상창조이론'에 근거하여 그려지는데, 수령의 위대성을 높은 예술적 경지에서 그려내는 것이다. 수령형상창조이론은 수령의 혁명역사와 공산주의적 풍모를 예술적으로 형상화하는 이론을 의미한다. 이것은 나중에 1980년대에 가면 기존의 수령형상문학이 혁명가의 전형 수준에서 여러 혁명가 중 한 사람에 불과하도록 그려진 것에 대한 비판이 제기되어, 수령의 형상화는 공산주의 인간학의 최고 전범으로서 인물 묘사 중 가장 높은 지위를 가져야 한다는 점이 강조되었다.

수령형상 창조의 기본적인 원칙은 첫째, '수령의 위대성'을 형상화 둘째, '수령·당·대중의 3위 일체'에서 수령의 형상화(사회정치적 생명체의 중심으로서 수령의 형상화), 셋째, 수령의 혁명역사와 업적의 형상화, 넷째, 수령 후계자의 위대성을 형상화(수령에 대한 절대적 충실성, 지도자로서 풍모와 업적을 형상화)하는 것이다.

곧 수령형상화의 모든 원칙은 주체로부터 출발하여 주체로 귀결

되며, 수령 외의 인물형상화 역시 수령형상화를 위한 인물, 즉 주체시대 공산주의적 인간으로서 당과 수령에 대한 충성을 다하며 이를 온몸으로 실천하는 인간으로 형상되어야 한다는 것이다.

백두산창작단은 초기에는 '피바다' 같은 김일성이 만들었다는 항일작품들을 영화로 각색하는 데 중점을 두었다면, 1980년대 들어서는 '조선의 별'처럼 김일성을 주인공으로 김일성의 항일투쟁을 우상화한 영화를 제작했다. 수령형상작품으로 김일성과 그 가계를 형상한 작품은 수도 없이 많다. 김일성을 소재로 한 대표적 예술영화로 '조선의 별'(1-10부)과 '백두산', 김정일의 생모인 김정숙을 주인공으로 김일성이 등장한 '사령부를 찾아가는 길에서', 김일성의 동생을 소재로 한 '누리에 붙는 불' 등을 꼽을 수 있다. 소설로는 김일성을 주인공으로 그의 항일투쟁을 그린 시리즈 '불멸의 역사', 김일성의 어린 시절을 그린 '배움의 천리길', 김정일을 주인공으로 내세운 장편 시리즈 '불멸의 향도' 등을 꼽을 수 있다.

김정일은 후계체제 구축 과정에서 김일성의 항일투쟁을 미화한 문예 작품을 대대적으로 만들어냈다. 김정일은 후계자로 내정된 이후에도 혁명가극 창작 전반을 지휘했다. 특히 북한의 혁명가극 중에서 가장 작품 완성도가 뛰어나다는 '피바다', '꽃 파는 처녀', '당의 참된 딸', '밀림아 이야기하라', '강산의 노래' 등 5대 혁명가극은 김정일이 직접 현지에서 가극 창작 전반을 감독했다. 김정일의 예술적 취향과 정치적 야심이 만들어낸 결과물인 셈이다.

북한에서 수령형상은 혁명계승론처럼 계속 진행하는 사업이다. 그래서 2009년 1월 18일 「로동신문」은 "태양 민족의 긍지와 자부심을 새겨주는 항일전구의 메아리"라는 기사에 "새로 발굴된 항일무장투쟁 시기의 시가작품들을 놓고"라는 부제(副題)를 달아 "항일무장 투쟁 시기에 창작된 혁명적 문학예술 작품"들을 소개했다. 그리고 신문은 "안도현을 비롯한 중국 동북의 여러 지방들에서는 항일혁명 투쟁 시기 김일성장군님을 칭송하고 조선인민혁명군을 노래한 시가 작품들이 새로 발굴되어 세상에 알려지게 되었다."라고 했다.

일제가 아무리 발악하여도 당시 인민들이 김일성을 칭송하고 철석같이 믿고 민족의 태양으로 숭배한다는 작품들이 2009년에 중국에서 다시 발굴되었다는 것은 사실 새로 만든 것인지 의심이 간다. 하지만 1994년에 김일성이 사망한 이후에도 북한은 김일성의 항일무장투쟁을 강조하면서 그 흔적을 계속 찾고 수령의 위대성을 형상화하고 있다. 이런 작업은 앞으로도 계속 진행될 것이다.

수령형상작품은 집체적으로 창작되어야 한다. 창작수령을 형상하는 해당 주체로서 작가는 수령의 혁명성과 인간성을 평가하기에는 능력이 부족하다. 작가 개인의 역량이 부족한 것은 개인으로서 창의적 역량이 부족한 것이 아니라 수령의 정치성과 인간성이 비범하기에, 그 혁명성과 인간적 풍모를 작가 한 개인이 그리는 것은 사실상 불가능하다. 이처럼 작가의 역량은 수령의 혁명성과 인간성을 올바르게 형상화하기 어렵다. 그러므로 현실을 반영하기 위해서는 당으로부터 올바른 사상적 지도를 받아야 한다. 또한, 특정한 개인의 힘으로 수령을 형상하는 수령의 정치적 위대성과 인간적 풍모를 올바르게 그릴 수 없기에 창작과정에서 집체적으로 진행함으로써 개인이 범할 수 있는 잘못을 줄이는 것이다. 북한 문학예술이 집체창작을 원칙으로 하는 것도 이런 이유이다. 작품 창작에서는 개인의 책임성과 창발성을 최대한 높이면서도 집체성을 보장하여, 계급투쟁, 혁명투쟁 속의 삶을 그려냄으로써 문학예술 작품들이 전투적이고 혁명적인 것으로 만들어야 한다.(김정일, 「4·15 문학창작단을 내올 데 대하여」, 1967. 6. 20.)

2) 문예이론

북한의 문학예술이 하는 역할은 온 사회를 유일 사상화 하는 데 이바지하는 것이다. 북한에서 문학예술은 수령 중심론을 핵심적 종자로 두고 전형적인 인간형을 창출하여 인민들에게 직간접적인 영향력을 행사하고 있다. 정치사회화를 위한 이념화의 핵심은 사회정치적 생명이 수령으로부터 이루어지고 수령의 혁명사상에 의해 이끌어 간다는 수령 중심론이다. 수령 중심론은 유기적으로 연결된 정치사회화 방법과 매체 등을 통하여 반복적으로 전 생애적으로 이루어지고 있다. 권위주의적 가치체계가 가정을 비롯한 북한 사회 전체를 운영하는 기본 틀이 되었으며, 이 과정에서 강조되는 권위에 대한 복종은 초 정치적 존재로서 수령에 대한 복종심을 개인 내부에 구조화하는 하나의 틀이 되고 있다. 문학예술은 사회주의제도가 승리한 상황에서 가장 힘 있는 군중 교양 방법인 '사람들을 긍정적 모범으로 감화'시키는 수단이다.(전영선, 「북한의 문학과 예술」 제1부 참조)

① 주체 문예이론

1975년에 발간한 「주체사상에 기초한 문예이론」에 의하면 주체 문예이론이란 "혁명과 건설에 나서는 모든 문제를 자기 인민의 이익과 자기 나라의 실정에 맞게 자체의 힘으로 풀어나갈 데 대한 주체사상의 요구를 구현하여 자기 나라 인민과 자기 나라 혁명을 위하여 복무하는 인민적이며 혁명적인 문학예술을 발전시켜 나갈 방향과 방도이다." 즉 문학예술의 창조와 수용과정에서 주체사상의 요구를 일관되게 따르는 이론으로, 주체사상에 기초한 문예이론이라고도 한다. 그리고 단순히 문예이론 차원이 아니라 이념 또는 실천의 영역까지 철저하게 규정하고 있다. 주체 문예이론이 다루는 것은 문학예술의 일반이 아니라 주체적인 사회주의 문학예술을 대상으로 하고 있어 대상 자체가 한정되어 있다. 그리고 모든 문예 작품과 이론에 김일성 부자의 주장이나 모습을 어떤 형태로든지 다루지 않으면 안되게 되어있다. 따라서 북한의 문예 창작에서는 다음의 세 가지 현상이 나타났다.

첫째, 모든 문예 작품과 이론에 김일성 부자의 주장이나 모습을 어떤 형태로든지 다루지 않으면 안 된다. 따라서, 창작의 많은 부분이 김일성 부자에 대한 칭송과 예찬을 위해 바쳐진다. 둘째, 김일성 부자의 절대화·우상화에 따라 그들의 가계도 신성한 차원에서 묘사되지 않으면 안 된다. 셋째, 김일성 부자에 철저히 귀의, 순응, 복종, 실천하는 인간상의 구현이다. 곧, 모든 인간과 사회현상은 김일성 부자의 의지대로 이루어져야 한다.

또한, 주체의 문예이론은 당성, 계급성, 인민성이라는 세 가지 요건이 반드시 충족되어야 한다. 이는 김일성의 혁명사상을 토대로 주체사상의 관철을 위해 투쟁해야 하고 혁명투쟁의 관점에서 노동계급의 이해관계를 철저하게 반영하며 인민 대중의 사상 감정에 맞게 혁명사상으로 무장시켜야 함을 의미한다.(한중모·정성무, 「주체의 문예 리론의 기본」 p.130) 여기서 당성은 조선노동당의 이념을 작품에 구현해야 한다는 것이고, 노동 계급성은 노동자계급의 이해를 작품에 대변해야 한다는 것이며, 인민성은 작품들이 북한 주민들에게 호응을 받아야 한다는 것이다.

주체 문예이론에서는 민족적인 정서와 감정을 중시하는 문학예술의 형식을 추구한다. 그러므로 예술적 형상성을 높이기 위해서는 민족적인 문예 형식을 현대적인 느낌으로 완성하는 것이 필요하다. 그러나 주체 문예이론은 이러한 예술성만을 중요시하지 않고 노동계급의 혁명사상을 구현하고 사회주의적 이념을 뚜렷하게 표현해야만 그 의미가 있음을 주장한다. 즉 민족적인 형식을 바탕으로 삼고 거기에 사회주의적 내용을 지녀야 한다.

② 종자론

종자론은 1973년 4월 김정일의 영화예술론에서 제시된 이론으로 "사업에서 근본을 이루는 핵을 틀어쥐고 근원적 문제부터 혁명적으로 풀어나간다면 사업 전반에서 변혁을 성공적으로 이룩할 수 있다."라는 이른바 종자 중시 사상을 말한다. 여기서 종자란 작품의 사상·예술적 핵으로서 작가가 말하려고 하는 기본문제이자 북한 사회가 공동의 이념과 가치로 규정하는 모든 가치체계이다. 또한 종자란 작품 속에 담겨 있는 가장 핵심적인 미적 요소이자 사상적 요소라고 할 수 있는데, 이 두 가지 요소 가운데 사상성의 문제가 더 중요하게 취급된다. 그래서 "종자의 선택에 있어 가장 중요한 것은 수령님의 교시와 그 구현인 당정책의 요구에 맞는 것"이라고 못 박고 있어, 종자론이 바로 '김일성주의'의 실천이론의 하나임을 밝히고 있다.

주체 문예이론이 미학 원리라면 종자론은 예술창작에 임하는 실천강령이다. 좋은 종자를 고르려면 "사물 현상을 정확히 볼 수 있는 높은 정치적 안목"을 가져야 한다고 지적한다. 종자론이 등장한 시기는 북한에서 유일사상체계가 세워지면서 주체사상의 이론적·실천적 틀이 잡혀가고, 김정일이 후계자로서 입지를 강화하는 시기였다. 이런 의미에서 문화예술 부문에서 종자를 잘 심어야 한다는 것은 북한 사회의 이념과 가치체계, 즉 수령과 그 후계자를 중심으로 사회주의 사상이 전일적으로 관철되어야 함을 의미한 것이다.

한편 종자론은 원래 문학예술 부문에서 시작되었으나, 지난 2000년부터 통치 이론적 차원에서 새로운 지위를 부여받았다. 다시 말해 개혁·개방을 추구하면서부터 농업·경제·과학 등 모든 부문에서 확산 적용되기 시작하였다. 「종자론을 튼튼히 틀어쥐고 나가자」(노동신문, 2001.3.4)를 보면, 종자론을 '김정일의 사상이론'이라고 정의함으로써 김정일 시대의 통치 이론적 지위를 부여하였다. 사회주의 혁명과 강성대국을 건설하기 위해서는 근본적인 변혁이 이뤄져야 하는데, 그 핵심은 종자론에 근거해야 한다는 것이다. 종자론에는 예술적 형상의 비결, 종자 혁명의 방도, 대중을 조직·동원하는 영도예술, 군사적 지략도 있다는 것이다.

③ 군중예술론

군중예술론은 예술의 본질이 독창적이고 창조적인 개인에 의해서가 아니라 집단에 의해서 창조되고 향유되는 것을 말한다. 이는 곧 창작의 주체가 개인보다는 군중이나 집단임을 의미하며 한편으로는 대중의 참여를 고무하는 이론이다. 군중예술론은 문예 창작이 타고나거나 선천적인 것과 같은 재능의 문제가 아닌 사회적 실천의 산물이라고 주장하는 이론이다. 또한, 창작은 신비한 것도 아니며 단지 혁명적 세계관으로 튼튼히 무장하기만 하면 된다고 주장한다.

군중예술론은 1950년대 사회주의를 건설하는 시기에 등장한 문예 정책으로 근로대중에 문학예술 활동을 장려함으로써 문학예술을 대중화, 생활화하여 주체사상과 혁명적 군중 노선을 구현하고자 한 것이었다. 문학예술의 군중화는 1982년 김정일이 전국 문학 통신원 열성자 회의 참가자들에게 보낸 서한에서 "문학예술 활동을 대중화할 데 대한 당의 방침 관철에서 문학 통신원들의 역할을 높이자."라고 강조한 데서 비롯되었다.

군중예술론은 북한 문예의 한 특징을 보여주는 것으로 개인의 창조적 재능을 부정하는 집단주의와 종합예술의 우월론을 강조하는 것이라고 할 수 있다. 또한, 이는 군중이라는 집단을 강조함으로써 예술의 대중화를 이야기할 뿐만 아니라, 온 주민이 모여 집단행사를 치르는 것을 통해 일체감을 형성할 수 있는 효과를 준다. 이것은 예술을 하나의 도구로 사용해 북한 전체를 하나의 집단으로 인식시킴으로써 개인보다 집단을 우선시하게 만들고 있다. 결국, 북한에서 예술은 독창성이나 창조성보다는 정치적 목적에 구속되어 있다고 평가할 수 있다

군중예술론은 문학예술에서 전문가 중심주의는 금지·파괴되어야 하고, 군중적으로 발전해야만 하며, 선천적인 재능이 필요한 신비주의의 소산이 아니라 중학교(우리의 중·고등학교)만 나오면 누구나 가능한 작업임을 강조하고 있다. 결과적으로 북한의 문학예술 수준을 하향 평준화시키는 데 큰 역할을 하였다.

④ 주체 사실주의

원래 해방 이후 북한의 창작방법은 사회주의적 사실주의이다. 사회주의적 사실주의는 1930년대 소련의 스탈린 정부에 의해 주도된 예술 경향으로 북한에서 창작원칙으로 인정되고 있다. 내용상으로는 사회주의를 표현기법으로는 사실주의를 채택한 것이다. 북한에서 사회주의적 사실주의 창작방식을 유일한 창작방식으로 인정하는 것은 사회주의적 사실주의 발생과 발전이 산업사회와 연관되기 때문이다. 산업사회가 시작되면서 노동계급이 발생하였고, 산업사회의 모순을 통한 계급 갈등이 축적되고 마침내 계급투쟁을 통하여 사회주의가 완성된다는 것이 역사발전의 합법칙적 과정이기 때문에 그 역사발전의 연장선에 있는 주체 시대에 사는 삶의 모습을 그리는 창작방식으로는 사회주의적 사실주의가 당연하게 받아들여지는 것이다.

사회주의적 사실주의의 특징은 첫째, 전형성이다. 현실을 단지 사실적으로 그려 보여주는 것이 아니라 도래할 사회주의사회의 당위성을 제시한다. 둘째, 당파성이다. 당이 채택한 노선이나 정책에 절대적으로 순응하여 그것을 작품으로 형상화한다. 셋째, 대중성이다. 내용 면에 있어서 프롤레타리아 계층을 작품의 중요한 소재로 취급한다. 넷째, 이상성이다. 사회주의적 이데올로기를 강조하는 태도로 예술을 통해서 사회주의의 이상을 제시한다.

북한의 사회주의적 사실주의에서는 민족 문제가 중요하게 다뤄지는데, 민족적 형식에 사회주의 내용을 담는 것을 의미한다. 다만 북한 사회에서 '주체'가 강조되면서 민족적 형식이란 일제 강점기 김일성에 의해 지도·창작된 문예 형식이며, 사회주의적 내용은 김일성의 혁명사상으로 변화하게 됐다. 결국, 사회주의적 사실주의가 '주체 사실주의'로 대체되었다. 주체 사실주의는 사회주의적 사실주의 창작방식을 따르되 현시대가 주체 시대인 만큼 모든 문제를 주체의 틀 안에서 고민하고 해결하는 인간형을 그려야 한다는 것이다.

주체 사실주의는 주체사상의 원리를 문학예술 창작에 구현하는 과정에서 형성된 창작방법이자 김정일의 주체 문학론에서 핵심이라 할 수 있는 부분으로, 이전까지의 사회주의 리얼리즘과 질적으로 구별되는 새로운 창작방법이라고 주장되는 '우리식의 사실주의'이다.

주체 사실주의는 사람을 중심으로 하여 현실을 보고 그리며, 인민 대중을 중심으로 하여 사회와 역사를 보고 그리는 창작방법이다. 사람이 모든 것의 주인이며 모든 것을 결정한다는 주체의 철학적 원리에 기초함으로써 사람을 세계의 지배자, 개조자로 내세우고 세계의 모든 변화발전과정을 사람을 중심으로 하여 그리며 사람의 존엄성과 가치를 형상할 수 있게 한다는 것이다. 이는 주체의 문예관에서 보듯이 주체사상의 기본명제를 그대로 창작방법에 대응시킨 것이다.

주체 사실주의는 참다운 공산주의적 인간 전형을 창조하기 위해서는 공산주의자의 세계관과 인생관에서 기본 핵을 이루는 혁명적 수령관을 그려야 하며, 그 도덕적 풍모에서 기본을 이루는 수령에 대한 충실성을 기준으로 해야 한다는 논리로 귀착되고 있다

05

차세대 후계자

북한에서 수령의 후계자는 수령의 다음 세대에서 선택된다. 수령의 혁명 위업은 장기간에 걸쳐 투쟁해야 하는 사업이므로 수령의 대에 완수할 수 없다. 그러므로 수령의 후계자는 수령의 다음 세대에서 나와서 대를 이어 계속하여 혁명을 수행해야 한다고 주장한다. 그리고 수령의 후계자는 일정 기간 육성되고 준비되어야 한다. 선대 수령이 사망하면서 유언으로 후계자를 지명하는 것이 아니라, 수령 생전에 선택되어 수령의 혁명 위업을 계승할 수 있도록 육성돼야 한다.

1. 후계자의 등장

김정일의 본격적인 정치경력은 그가 대학을 졸업하고 조선노동당 중앙위원회에 배속되는 1964년부터 시작된다. 그는 4월 1일에 당중앙위원회에 배속받았으며, 6월 19일에 본격적인 당 사업을 시작하였다. 그의 최초 보직은 김일성의 호위를 담당하는 호위과 지도원이었던 것으로 알려졌다.

김정일은 어릴 때부터 정치적 야심이 대단했다. 황장엽의 회고에 따르면 김정일은 1959년 1월 김일성을 수행하여 소련공산당 제21차 대회가 열리는 모스크바를 방문했는데, 당시 그는 김일성의 부관들과 의사·간호사 등 수행원들을 집합시켜 놓고 일과를 보고받고, 여러 가지 지시를 했다고 한다.(황장엽, 「나는 역사의 진리를 보았다」, p. 126)

또한, 자기 아버지인 김일성을 모시는 일에 대해서도 어린 시절부터 대단한 열성을 보였다. 모스크바 여행 중 아침마다 자기 아버지가 나갈 때 부축을 하고 나서는가 하면, 신발을 신겨주기도 했으며, 47세의 젊은 아버지는 아들의 이러한 행동에 마냥 흡족했다는 것이다. 그뿐만 아니라 소련의 공업·농업 전람관을 관람하면서 황장엽이 통역에 애를 먹을 만큼 기술적인 문제들을 질문을 많이 하기에, "웬 기술에 그리 관심이 많으냐"라고 물었더니, "아버지께서 관심이 있는 문제이기 때문입니다"라고 대답했다. 황장엽은 이러한 김정일의 모습에서 그가 자기 삼촌인 김영주를 내쫓고 권력을 승계할지도 모른다고 생각했다고 한다.(황장엽, 앞의 책, pp. 126-127)

김정일의 언론사상이 등장하기 전인 1960년대에 출간된 옛 이론서인 「신문 리론」에서는 당성을 설명하는 어느 곳에서도 '수령에 대한 충실성'을 찾아볼 수 없다. 대신에 레닌이 주창하였던 '신문의 당성 개념'에 대해 언급하고 있다. 그런데 김정일의 등장으로 신문도 수령에 대한 충실성을 기본사명으로 삼게 될 정도로 김정일은 김일성을 높이는 데 앞장섰다. 1982년에 출간된 북한의 언론이론서인 「신문학」에서는 공산주의적 당성을 '노동자 신문을 특징짓는 가장 중요한 성질이며 당적 신문의 생명'으로 인식되는 것이라고 말하면서, 북한 신문은 그 계급성에서 핵심적인 특성을 나타내고 있다고 주장하고 있다. 이 이론서는 말하기를 한마디로 당적 신문이란 '당에 대한 끝없는 충실성'이며, 그 본질에서 '수령에 대한 끝없는 충실성'이라고 천명하고 있으며, 이는 김정일의 출판 보도 사상에서 가장 중요한 개념이라는 것이다.

조선노동당 내에서 김정일의 위상은 1967년 5월에 열렸던 당중앙위원회 제4기 15차 전원회의를 계기로 급격히 상승하였다. 이 회의에서 박금철, 이효순, 허학송 등 갑산파(일제 식민지 시기 만주 장백현과 조선 함경남도 갑산군 인근 지역에서 지하활동을 하던 일단의 조선인공산주의자들) 고위 간부들과 당내 선전, 문화를 담당하던 간부들이 유일사상을 위배하는 정책을 전개해왔다고 비판받고 숙청되었는데, 김정일이 바로 이 회의에서 숙청을 실무적인 차원에서 주도한 것으로 알려졌다.

그는 당 4기 15차 전원회의 뒤 유일사상체계를 확립한다는 명목으로 계속 당내 사상투쟁을 벌여나갔으며 김일성 개인숭배캠페인을 주도하였다. 특히 선전 선동의 중요 수단이 문학예술 부문과 출판 보도 부문에 대해서 직접 지도력을 행사하기 시작했다. 이때 김일성은 문학예술의 문외한인 당 기계공업부장 이근모를 문학예술부장에 앉히고 김정일과 같은 혁명 2세대인 김책의 아들인 김국태를 선전선동부장에 임명함으로써 김정일의 사상문화 분야의 장악을 도왔다.

이때부터 김정일은 "당의 유일사상체계를 세우기 위한 투쟁이 전면에 나선 현실발전의 새로운 요구에 맞게" 한다는 명분으로 '조선로동당 력사연구실'을 '김일성 동지 혁명력사연구실'로 개편하였다. 아울러 「김일성 동지 혁명역사연구실 도록」 편찬과 김일성 석고상 제작, 혁명기념비 건립 등을 주도하였다. 1960년대 말부터 북한에서 본격적으로 추진된 김일성 개인숭배와 주체사상의 유일사상화 과정에서 김정일이 관련되지 않은 것이 거의 없을 정도로 그는 이 분야의 사업에 깊숙이 개입해왔다. 김정일이 등장한 이후 북한에는 주체탑, 개선문 등 김일성의 업적을 기념하는 대규모 건축물들이 들어서기 시작하였으며, 길을 하나 닦아도 '충성의 거리'라고 이름 짓고, 운동장을 지어도 '김일성경기장'이라고 불렀다.

1970년대 접어들면서 김정일의 당내 활동의 폭은 점차 넓어졌다. 1972년 10월 조선노동당 중앙위원회 제5기 5차 전원회의 때 김정일은 중앙위원으로 선임되었다. 그리고 1973년에 당 조직지도부장으로 1974년 당 중앙위원회 정치위원에 오르면서 이미 사실상 후계자로 확정돼 '당 중앙'으로 불리었다. 한편, 김정일 후계문제는 당내의 세대교체 움직임과 결합하면서 가속화되었다. 1970년대가 북한혁명 30년이 지나는 시기였기 때문에 이러한 세대교체의 움직임은 자연스럽게 이루어졌다. 이 세대교체 움직임은 김일성이 1973년 2월에 3대 혁명소조운동을 발기하면서 본격화되었다.

김정일의 부상은 당시 기세등등하던 자신의 계모 김성애와 당 조직지도부장인 삼촌 김영주의 몰락을 가져왔다. 김성애의 경우 1970년대 들어서서 상당한 위세를 누렸으나, 김정일이 후계자가 되면서 급격히 추락하였다. 1974년 2월 13일 김정일이 후계자로 공인되면서 그녀의 이름은 북한 선전 매체에서 사라졌으며, 오직 김일성의 부인으로만 호명되었다. 그리고 그녀가 지도하던 여성동맹도 이때부터 급격히 약화하였다.

김영주는 김정일이 후계자로 공인되자 당에서 손을 떼고 부총리를 맡게 된다. 1967년의 대숙청에서 최측근 인사들이었던 김도만과 박용국이 거세된 후에 정치적 위세가 크게 약화해 있었고, '식물신

경불화증'이라는 병까지 있었기에 그의 권력은 오래갈 수가 없었다.

1980년 10월 10일 노동당 6차 대회에서는 김정일이 공식 후계자로 선포되었다. 그리고 조선노동당 제6차 당대회에서는 북한 사회주의의 최종 목표가 과거 '공산주의 사회의 건설'에서 '온 사회의 주체사상화'라는 형태로 그 성격을 달리했으며, 김정일의 위치가 공식적으로 공표(公表)된다. 김정일이 후계자로서 공식적인 활동을 시작하는 것은 온 사회를 수령의 혁명사상으로 무장하는 것과 동시에 수령의 후계자에 대한 절대적인 지위를 보장함을 의미한다.

이후 1981년부터는 '친애하는 지도자 김정일 동지'로 불리며 본격적인 우상화 작업을 시작한다. 먼저 그의 출생을 백두산 밀영으로 선전하면서 항일무장투쟁의 계승을 부각한다. 김정일이 백두산 밀영에서 태어났다는 북한의 주장에 대해 학자 대부분이나 연구가들은 김정일 신비화 우상화 작업의 하나로 치부하며 무게를 두지 않는다. 김정일이 태어난 1942년이면 김일성이 소련령 하바롭스크 훈련기지에 있을 때인데 어떻게 백두산에서 탄생할 수 있겠느냐는 것이다. 그러나 김정숙이 41년 초여름 여대원들과 함께 백두산 밀영에 가서 조선 국내와 장백지구 혁명조직들을 지도하는 공작사업을 했는데, 다음 해인 42년 2월 그곳 귀틀집에서 아들을 낳았다는 소식을 들었다는 증언도 있다. 물론 직접 보지 못하고 전해 들은 이야기라는 한계점이 존재한다. (88여단에서 김정숙과 같은 부대에 있었고 중국인민정치협상회의 흑룡강성 부주석직을 했던 이민(李敏) 증언)

북한에서 수령의 후계자는 수령의 다음 세대에 나와야 한다는 것이 원칙이다. 후계자는 수령의 혁명 위업을 계승·완성해야 해서 수령과 함께 혁명 활동을 해온 세대에서 나올 수 없다. 당대 수령과 같은 연배에서 추대하면 후계자의 영도가 짧을 수밖에 없으며, 잦은 후계자의 교체는 권력 쟁탈이 발생하고 결과적으로 수령의 혁명 위업을 안정적으로 계승하기 힘들어지기 때문이다. 이는 스탈린 사후 발생한 소련의 혼란과 마오쩌둥(毛澤東)의 후계자로 린뱌오(林彪임표)를 지정한 이후 발생한 일련의 사태 등 사회주의 국가에서 발생한 혼란을 간접적으로 경험했기 때문이다.

김정일은 70년대 수령론의 이론적 정립에 앞장섰으며 수령을 절대화하였다. 공식 문헌에서 김일성의 이름을 굵게 쓰는 것도 김정일의 지시에 의한 것이다. 수령은 태양이기에 태양 주위를 돌고 있는 행성은 수령을 잘 받들어야 하고 수령의 교시 또한 다른 글들보다 더 드러나게 써야 한다고 주장했다. 1974년 선포된 "당의 유일사상 체계 확립을 위한 10대 원칙"도 김정일이 주도해서 만든 것이다. 김정일은 독자적인 노선과 이론으로 주민들에게 다가가는 것이 아니라 선대 수령인 김일성을 잘 모시고 그의 혁명을 계승한다는 논리로 지도자로 군림한 것이다.

김일성 사후 김정일이 혹시 중국과 같은 개혁·개방의 길로 나올 수 있다는 예측도 있었으나, 그것은 애초에 불가능한 일이다. '수령에 대한 충실성'을 '공산주의 도덕규범과 도덕 품성의 최고표현'이라고 하는 김정일이 김일성의 노선에서 벗어날 수 없다. 그것은 자신의 권력 정통성을 스스로 부정하는 일이기 때문이다.

2. 주체사상의 완성

1970년대 들어서서 주체사상의 체계화 작업은 더욱 본격적으로 진행되었다. 1972년 김일성은 그동안 개념 정의가 모호하던 주체사상을 "혁명과 건설의 주인은 인민 대중이며 혁명과 건설을 추동하는 힘도 인민 대중에게 있다는 사상", 다시 말하면 "자기 운명의 주인은 자기 자신이며 자기 운명을 개척하는 힘도 자기 자신에게 있다는 사상"이라고 규정하였다. 그는 "주체를 세운다는 것은 혁명과 건설에 대하여 주인다운 태도를 가지는 것"으로 규정하고, 주인다운 태도는 자주적 입장과 창조적 입장으로 표현된다고 밝혔다. 그리고 인간의 사회정치적 생명과 이를 지키기 위한 인간의 자주성의 중요함을 강조하였다. 나아가 "사람이 모든 것의 주인이며 모든 것을 결정한다는 것이 주체사상의 진수"라고 규정하고 사람과의 사업을 강조하였다.(김일성, 「우리 당의 주체사상과 공화국 정부의 대내외 정책의 몇 가지 문제에 대하여」)

한편 1970년대 들어서면서 주체사상은 김일성의 절대권력을 보장한 유일 체제의 형성에 영향을 받으면서 점차 보편적 이론으로서의 성격이 확장되어가는 한편 당시 강조되던 김일성의 혁명사상과의 관계도 정립되어갔다. 이제 주체사상은 "혁명과 건설에서 가장 위대한 마르크스·레닌주의적 지도 사상"으로 격상되어 강조되었다. 즉 새 시대의 마르크스·레닌주의가 된 것이다.

주체사상의 결정적 굴절은 김일성주의의 천명을 계기로 나타났다. 「로동신문」을 살펴보면 1973년부터 통일혁명당이나 재일조총련 등 북한 외부에 존재하면서 조선노동당의 지도를 받는 단체들에서 먼저 '김일성 동지의 혁명사상'을 '김일성주의'로 명명하기 시작한 것으로 확인되고 있다. 그리고 대외적으로 공개된 김일성주의의 정식화는 1974년 10월 동경에서 열린 주체 과학 토론 전국 집회에서 최초로 이루어졌다. 이 토론 집회는 "김일성 주석님의 사상, 리론, 체계는 주체의 철학사상으로부터 대중 령도 리론, 기타의 광범한 영역에 걸쳐 시종일관한 체계를 이루고 있으며 그것은 마땅히 김일성주의라고 부를 수 있는 것"이라는 선언을 채택하였다.(『로동신문』 1974. 10. 26.) 집회에서는 주체사상을 진수로 하는 김일성의 사상, 이론체계가 "마르크스·레닌주의의 단순한 계승발전이 아니며 매개 사상과 리론의 내용에서뿐만 아니라 구성체계 그 자체에 있어서 종래의 그것과는 다른 독창성을 가지고 있다"라고 주장되었다. 집회 기조 보고자인 야스이 가오로(安井郁)는 보고를 통해 김일성의 혁명사상은 마르크스·레닌주의의 보편적 진리를 조선 혁명에 창조적으로 적용하고 발전시키는 동시에 과거에는 제시되지 않았는데 우리 시대에 와서 새롭게 제시된 문제들에 대하여 전면적인 해답을 준 독창적인 이론이라고 주장하였다.

이러한 주체사상의 김일성주의로의 정식화는 김정일에 의해서 본격적으로 추진되었다. 김일성주의의 천명은 본질적으로 주체사상이 마르크스주의를 대체한다는 의미를 지니고 있다. 따라서 김일성 자신이나 이미 후계자의 역할을 하고 있던 김정일이 제기하지 않으면 하기 어려운 것이다. 후계자의 위치를 공고히 하기 위해 김일성의 후광이 절대적으로 필요로 했던 김정일로서는 김일성 사상을 절대화시키는 것이 곧 자신의 지위를 튼튼하게 만드는 일이었기에 김일성주의는 본격적으로 정립되어간다. 하지만 북한이 공식적으로 천명하지는 않았다. 사회주의 진영이 존재해 있었던 당시에 북한이 김일성주의가 마르크스주의를 대체하는 보편적인 사상으로 주장한다면 마르크스-레닌주의의 포기로 비칠 수도 있다. 그렇다면 북한이 사회주의 진영에서 고립될 수도 있기에 70년대까지는 공식적으로 마르크스-레닌주의를 포기할 수 없었다.

항일무장투쟁을 벌였던 중국공산당도 마오쩌둥 사상을(Maoism, 毛澤東思想) 발전시켰는데 실천적인 측면에서 소련공산당이 요구하는 마르크스·레닌주의에 대한 교조적 수용을 거부하며 발전한 면에서 주체사상과 비슷한 모습을 보여주고 있다. 마오쩌둥은 마르크스-레닌주의에서는 농민이란 독자적으로 혁명의 주도권을 장악할 수 있는 존재가 아니라 도시의 프롤레타리아를 지원하는 주변 세력으로 인식되는 것을 거부하고 중국의 잠자고 있는 수억 명이 넘는 농민의 힘을 이용하여 혁명을 이끌어나가려고 했다. 그리고 모순론, 실천론 등 중국 혁명에서 발생한 특수한 상황을 이론화시키면서 나름대로 사상적 체계를 갖추기 시작하였다.

중국공산당은 1945년 9월의 제7차 전당대회에서 당규에 "중국공산당은 마르크스-레닌주의의 이념과 중국 혁명의 실천을 통일한 사상, '마오쩌둥 사상'을 당의 모든 지침으로 한다."라고 문구를 추가했다. 하지만 마오쩌둥 사상을 독자적인 이론적 체계를 가진 순수 이데올로기(세계관)로 격상시키지 않고 마르크스-레닌주의를 중국적 현실에 맞게 발전시킨 사상으로 한정했다. 결코 마르크스-레닌주의를 넘어선 독자적인 사상체계가 아니다. 이것은 항일무장투쟁의 과정에서 지도자가 절대화된 북한과는 다르게 당내에서도 다양한 세력이 존재하였고 훗날 마오쩌둥이 권력의 부침(浮沈)을 겪었기 때문에 중국 혁명의 유일한 지도자로 격상되기에는 한계가 존재했기 때문이다.

1) 당 이념 및 목표의 변화과정

노동당 내에서의 권력투쟁에서 김일성이 승리한 이후 김일성의 주체사상은 단순한 구호에서 지도이념으로 승격되기 시작한다. 이와 더불어 노동당 내에서도 주체사상의 지위도 점차 격상되기 시작한다. 마르크스-레닌주의의 권위 앞에서 공식적으로 주체사상을 내세우지 못했던 북한은 1980년 제6차 조선노동당 대회에서 주체사상을 마르크스-레닌주의를 대신하여 공식 지도이념으로 채택하게 된다.

김정은은 2012년 4월 11일에 개최된 조선노동당 제4차 대표자회에서 당의 유일한 지도 사상을 '김일성-김정일주의'로 정하는 등 당 규약을 개정했다. 김일성-김정일주의는 김일성이 창시한 주체사상과 그것을 뿌리로 하여 빛나게 구현한 선군사상을 그대로 받아들인 사상이라고 설명하고 있다.(「로동신문」 2013.8.25.)

당대회	지도이념	최종목표
북조선로동당 창립 대회 (1946.8.28.-30.)	마르크스 · 레닌주의	• 부강한 민주주의 독립 국가 건설
북조선로동당 제2차 대회 (1948.3.27.-30.)	마르크스 · 레닌주의	• 부강한 민주주의 독립 국가 건설
조선로동당 제3차 대회 (1956.4.23.-29.)	마르크스 · 레닌주의 (공식 채택)	• 전국적 범위에서의 반제반봉건민주주의 혁명(당면목표) • 공산주의적인 사회 건설(최종목표)
조선로동당 제4차 대회 (1961.9.11.-18.)	마르크스 · 레닌주의 +항일무장투쟁의 혁명 전통	• 전국적 범위에서의 반제반봉건민주주의 혁명 및 북반부에서의 사회주의 완전승리(당면목표) • 공산주의 사회건설(최종목표)
조선로동당 제5차 대회 (1970.11.2.-13.)	마르크스 · 레닌주의 +김일성 주체사상	• 전국적 범위에서의 반제반봉건민주주의 혁명 및 북반부에서의 사회주의 완전승리(당면목표) • 공산주의 사회건설(최종목표)

당대회	지도이념	최종목표
조선로동당 제6차 대회 (1980.10.10.-14.)	김일성 주체사상	• 전국적 범위에서의 민족해방 인민민주주의 혁명 및 북반부의 사회주의 완전 승리(당면목표) • 온 사회의 주체 사상화 및 공산주의 건설(최종목표)
조선로동당 제7차 대회 (2016.5.6.-9.)	김일성-김정일주의	• 전국적 범위에서의 민족해방 인민민주주의 혁명 및 북반부의 사회주의 강성대국 건설 (당면목표) • 온 사회를 김일성·김정일주의화 하여 인민대중의 자주성을 완전히 실현 (최종목표)

2) 이론적 완성

1982년 3월 김정일은 「주체사상에 대하여」라는 논문을 발표한다. 이것은 김일성 탄생 70돌을 기념하여 전국주체사상토론회에 보낸 논문인데, 주체사상의 창시, 주체사상의 철학적 원리, 주체사상의 사회역사원리, 주체사상의 지도적 원칙, 주체사상의 역사적 의의로 각각 1장씩 구성되어 있다. 물론 이 논문이 발표되기 이전에도 주체사상의 철학적 원리에 관한 논문이 간간이 발표되었으나 이론적으로 충분하지 못했음을 고려한다면, 이 논문의 발표를 계기로 주체사상은 순수 이데올로기로서의 위치를 튼튼히 하게 되었다. 이후 북한에서 발표되는 주체사상에 관한 논문은 모두 1982년 김정일의 논문을 기준으로 삼게 된다. 이는 수령의 후계자 김정일의 위치가 그만큼 절대적으로 굳어짐을 의미한다.

주체사상의 철학적 원리는 한마디로 사람 중심이다. 사람은 자주성과 창조성, 의식성을 가진 사회적 존재이다. 사람이 세계의 주인으로서 특별한 지위와 역할을 차지하는 것은 자주성과 창조성, 의식성을 가진 사회적 존재이기 때문이다. 자주성, 창조성, 의식성은 오직 사회적 존재인 사람에게만 있는 고유한 것이다. 사람이 모든 것의 주인이라는 것은 사람이 세계와 자기 운명의 주인이라는 것이며 사람이 모든 것을 결정한다는 것은 사람이 세계를 개조하고 자기 운명을 개척하는 데서 결정적 역할을 한다는 것이다.

주체사상의 사회역사원리는 다음과 같다.

첫째, 인민 대중이 사회역사의 주체이고, 근로 인민 대중은 역사의 주체이며 사회발전의 동력이다. 역사가 발전한다는 것은 곧 역사의 주체로서의 인민 대중의 지위와 역할이 높아진다는 것을 의미한다. 역사의 주체는 근로 인민 대중이며 반동적 착취계급은 역사의 주체가 될 수 없다.

인민 대중이 역사발전에서 주체의 지위를 차지하고 역할을 다하자면 반드시 지도와 대중이 결합하여야 한다. 인민 대중은 역사의 창조자이지만 옳은 지도에 의하여서만 사회발전역사에서 주체의 지위를 차지하고 역할을 다할 수 있다. 노동계급의 당은 혁명의 참모부이며 노동계급의 수령은 혁명의 최고 영도자이다. 인민 대중이 어떻게 혁명적으로 의식화·조직화되는가, 어떻게 자기의 혁명 임무와 역사적 사명을 수행하는가 하는 것은 당과 수령의 올바른 영도를 받아야만 자연과 사회를 개조하는 심각하고 복잡한 혁명투쟁을 힘있게 벌여 민족해방, 계급해방을 이룩하고 사회주의, 공산주의 사회를 성과적으로 건설할 수 있으며 그를 옳게 운영해 나갈 수 있다.

둘째, 인류 역사는 인민 대중의 자주성을 위한 투쟁의 역사이다. 사회와 자연을 개조하고 인간을 개조하는 모든 투쟁은 다 인민 대중의 자주성을 옹호하고 실현하기 위한 투쟁이다.

셋째, 사회 역사적 운동은 인민 대중의 창조적 운동이다. 자주적인 생활을 위한 인민 대중의 활동은 창조적 성격을 띠게 된다. 자연과 사회를 개조하고 변혁하는 창조자는 인민 대중이다. 인류 역사는 인민 대중의 창조 역사이다. 노동계급에 의하여 조직·전개되는 공산주의운동은 인류사회에서 가장 높은 형태의 창조적 운동이다.

넷째, 혁명투쟁에서 결정적인 역할을 하는 것은 인민 대중의 자주적인 사상의식이다. 사상의식은 사람들의 모든 행동을 규제하고 조절·통제한다. 원래 의식성은 사람을 세상에서 가장 우월하고 힘 있는 존재로 되게 하는 가장 고급스러운 속성이다. 사상의식은 사람들의 요구와 이해관계를 반영하는 것으로 하여 그들의 활동에서 가장 적극적인 작용을 한다. 사상의식의 규제와 조절을 떠나서는 사람들의 자주적이고 창조적인 활동에 대하여 생각할 수 없다.

주체사상의 지도적 원칙으로 자주적 입장의 견지와 창조적 방법의 구현이 있다.

주체사상의 요구대로 혁명과 건설을 하자면 당과 국가 활동에서 자주성을 견지하고 구현해나가야 한다. 자주성을 구현하기 위한 원칙으로서 사상에서 주체, 정치에서 자주, 경제에서 자립, 국방에서 자위의 원칙이 있다. 창조적 방법을 구현하기 위해서는 인민 대중에 의거하고, 실정에 맞게 하며, 사상을 기본으로 틀어쥐어야 한다.

주체사상의 기본체계

원리	분석(주체) 단위	테제			
철학적 원리	인간	세계에서 사람의 지위와 역할	사회적 존재인 인간의 본질적 특징		
		사람이 모든 것의 주인이며 모든 것을 결정한다	자주성	창조성	의식성
	↓	↓	↓	↓	↓
사회역사 원리	인민 대중	인민 대중은 사회역사의 주체이다.	인류 역사는 인민 대중의 자주성을 위한 투쟁의 역사	사회역사적 운동은 인민 대중의 창조적 운동	혁명투쟁에서 결정적 역할을 하는 것은 인민 대중의 자주적인 사상의식
	↓		↓	↓	↓
지도적 원칙	정치 생활 단위 (당, 국가 등)	자주적 입장을 견지하여야 한다.		창조적 방법을 구현하여야 한다.	사상을 기본으로 틀어쥐어야 한다.

지도적 원칙	정치 생활 단위 (당, 국가 등)	사상에서 주체	정치에서 자주	경제에서 자립	국방에서 자위	인민 대중에 의거하는 방법	실정에 맞게 하는 방법	사상 개조 선행	정치 사업 선행

(이종석, 「새로 쓴 현대북한의 이해」 (서울:역사비평사, 2000), P.135에서 인용.)

1985년에는 조선노동당 창건 40주년을 맞이하여 협의의 주체사상으로 철학 원리, 사회역사원리, 지도원칙(1권-3권), 혁명이론으로서 반제반봉건 민주혁명과 사회주의 혁명이론, 사회주의·공산주의 건설이론, 인간개조이론, 사회주의 경제건설 이론, 사회주의 문화건설 이론(4권-8권), 영도 방법으로 영도체계, 영도예술(9권-10권)로 구성된 「위대한 주체사상 총서」 시리즈 10권을 발간하는데, 이는 사상·이론·방법으로 구성된 광의의 주체사상 즉 김일성주의의 이론적 완성으로 볼 수 있다.

「위대한 주체사상 총서 1: 주체사상의 철학적 원리」

위대한 김일성 동지 혁명사상, 주체사상
(주체사상의 창시, 주체사상의 계승발전, 주체사상의 근본특징, 주체사상의 력사적 지위)
주체사상의 철학적 원리
Ⅰ. 사람 위주의 철학사상으로서의 주체사상
Ⅱ. 주체사상이 기초하고 있는 철학적 원리
    1. 주체사상의 기초와 철학의 근본문제
    2. 사람은 모든 것의 주인이며 모든 것을 결정한다
Ⅲ. 주체사상이 밝힌 사람에 대한 철학적 견해
    1. 사람에 대한 견해가 주체사상에서 차지하는 위치
    2. 사람에 대한 새로운 철학적 견해의 확립
    3. 사람은 자주성과 창조성, 의식성을 가진 사회적 존재
Ⅳ. 주체사상이 밝힌 세계에 대한 견해
    1. 사람과의 관계에서 밝힌 세계에 대한 견해의 확립
    2. 세계는 사람의 지배와 개조대상
    3. 세계가 사람에 의하여 지배되고 개조 발전되는 합법칙성
Ⅴ. 주체사상이 밝힌 세계에 대한 관점과 립장
    1. 사람을 중심으로 세계를 대하는 관점과 립장의 확립
    2. 사람의 리익으로부터 출발하여 세계를 대하는 관점과 립장
    3. 사람의 활동을 기본으로 하여 세계의 변화발전에 대하는 관점과 립장
주체사상의 철학적 원리의 위대한 생활력

「위대한 주체사상 총서 2:주체사상의 사회력사 원리」

- 주체사상의 사회력사 원리는 새로운 사회력사관, 주체 사관
  1. 인민 대중은 사회력사의 주체
  2. 인류 역사는 인민 대중의 자주성을 위한 투쟁의 력사
  3. 사회력사적 운동은 인민 대중의 창조적 운동

4. 혁명투쟁에서 결정적 역할을 하는 것은 인민 대중의 자주적인 사상의식
-주체사상의 사회력사 원리는 사회적 변혁과 진보를 위한 투쟁의 위력한
무기

「위대한 주체사상 총서 3: 주체사상의 지도적 원칙」

- 주체사상의 지도적 원칙은 혁명과 건설을 성과적으로 수행하기 위한 근
  본원칙
  1. 자주적 립장을 견지할 데 대한 원칙
  2. 창조적 방법을 구현할 데 대한 원칙
  3. 사상을 기본으로 틀어쥐고 나갈 데 대한 원칙
- 주체사상의 지도적 원칙의 위대한 생활력

「위대한 주체사상 총서 4: 반제 반봉건 민주주의 혁명과 사회주의혁명 리론」

주체의 혁명 리론은 우리 시대의 완성된 공산주의 혁명 리론
1. 주체의 혁명 리론의 세계관적 기초
2. 주체의 혁명 리론의 력사적 근원
Ⅰ. 혁명의 일반적 합법칙성
   1. 혁명의 본질과 근원
   2. 혁명투쟁의 합법칙적 로정과 구성 부분
   3. 혁명 승리의 요인
   4. 주체적 혁명 력량 편성
   5. 혁명 정세와 혁명의 시기 선택
   6. 혁명 력량의 배치와 혁명투쟁형태
Ⅱ. 반제반봉건민주주의 혁명
   1. 반제반봉건민주주의 혁명의 필연성과 의무
   2. 반제반봉건민주주의 혁명의 주체적 력량
   3. 반제민족해방혁명의 수행방도

4. 인민 대중을 주권의 주인으로 만드는 길

5. 인민 대중을 생산수단의 주인으로 만들기 위한 과업

6. 인민 대중의 민주주의적 권리를 실현하기 위한 과업

Ⅲ. 사회주의혁명

1. 사회주의혁명의 필연성과 의무

2. 사회주의혁명 수행을 위한 정권수립과 과도기 첫 시기 당의 정책

3. 농촌경리의 사회주의적 개조 4. 개인 상공업의 사회주의적 개조

5. 사회주의제도의 본질과 우월성

「위대한 주체사상 총서 5: 사회주의, 공산주의 건설 리론」

1. 공산주의 사회와 그 실현의 전략적 목표

2. 사회주의, 공산주의 건설의 로정

3. 공산주의 건설의 기본원리, 인민 정권 더하기 3대 혁명

4. 사회주의, 공산주의 건설의 과업과 방도

세계혁명에 관한 리론

1. 세계혁명의 본질과 그 승리의 합법칙성

2. 세계혁명의 기본요구

3. 세계혁명의 기본전략

4. 세계혁명의 력량 편성

조국 통일에 관한 리론

1. 조국 통일 문제의 본질과 지위

2. 조국 통일 방침과 과업

「위대한 주체사상 총서 6: 인간 개조 리론」

-주체의 인간개조이론은 공산주의적 새 인간 육성에 관한 완성된 과학적 리론

Ⅰ. 인간 개조의 본질과 사회주의, 공산주의 건설에서 차지하는 위치

Ⅱ. 인간 개조의 력사적 로정과 중요과업

Ⅲ. 인간 개조를 위한 사상 교양의 중요내용과 사상개조방법

Ⅳ. 인간 개조의 원칙과 방도

- 주체의 인간 개조 리론은 참다운 공산주의적 인간 육성을 위한 위력한 사상리론적 무기

「위대한 주체사상 총서 7: 사회주의 경제건설 리론」

1. 사회주의 경제건설의 원리
2. 사회주의, 공산주의 경제건설의 기본전략목표
3. 사회주의, 공산주의 경제건설의 사회경제적 조건
4. 사회주의, 공산주의 물질 기술적 토대의 축성
5. 사회주의 경제에 대한 지도관리

주체의 사회주의 경제건설 리론은 사회주의, 공산주의 경제건설의 위력한 사상리론적 무기

「위대한 주체사상 총서 8: 사회주의 문화건설 리론」

- 사회주의 문화건설 리론은 주체의 혁명 리론의 중요 구성 부분
  1. 사회주의 문화건설의 일반 리론
  2. 사회주의 문화건설의 부문 리론
- 주체의 사회주의 문화건설 리론은 우리 시대 사회주의 문화창조의 위력한 무기

「위대한 주체사상 총서 9: 령도 체계」

- 주체의 령도 방법은 우리 시대의 과학적이며 혁명적인 대중지도방법
- 령도의 본질과 원칙
- 령도 체계

「위대한 주체사상 총서 10: 령도 예술」

- 주체의 령도 예술은 근로 인민 대중 중심의 완성된 공산주의적 령도 예술
  1. 전투적 구호와 공산주의적 대중운동
  2. 혁명적 사업 방법
  3. 인민적 사업 작품

1985년 사회과학사에서 출판한 「철학사전」에는 반제반봉건민주주의 혁명은 식민지, 반식민지 나라 인민들이 제국주의 침략세력과 봉건세력을 반대하고 민족적 독립과 나라의 민주주의적 발전을 실현하기 위하여 벌이는 혁명으로 규정하고 있다. 반제반봉건민주주의 혁명에서 수행해야 할 과업은 외래 제국주의 침략세력과 그와 결탁한 국내 반동세력을 때려 부수고 식민지 통치와 봉건착취 관계를 없애며 나라의 자주적이며 민주주의적인 발전을 보장하는 것이다. 반제반봉건민주주의 혁명의 대상은 외래 제국주의 침략자들과 그와 결탁한 지주, 예속자본가 기타 국내 반동세력이다. 혁명의 동력은 노동계급과 그의 믿음직한 동맹자인 농민과 제국주의 및 봉건세력을 반대하는 청년 학생, 지식인, 소자산계급 등의 광범한 반제 민주역량이다. 그리고 양심적인 민족자본가들과 종교인들도 반제반봉건투쟁에 참가할 수 있다. 반제반봉건민주주의 혁명의 특징은 "이 혁명이 민족해방의 과업과 근로대중의 계급해방의 과업을 밀접히 결합해 수행하며 노동계급의 영도 밑에 광범한 애국적 민주역량을 참가시키며 사회주의로 이행하게 되는 혁명"으로 규정되어 있다.(이하 사전적 개념은 「철학사전」 참조)

사회주의혁명은 "자본주의적 착취제도를 없앰으로써 인류사회에

서 착취제도를 영원히 종국적으로 청산한다는 데 종래의 모든 혁명과 구별되는" 특성이 있다. 그리고 사회주의혁명은 "사람에 의한 사람의 착취를 완전히 없애고 근로 인민 대중의 사회정치적 자주성을 실현함으로써 그들을 국가와 사회의 참다운 주인"으로 만드는 혁명인데, 북한에서는 해방 후 정권 문제가 해결되고 전후 4-5년이라는 짧은 기간에 참다운 사회주의제도가 확립되었다고 주장하고 있다.

사회주의 · 공산주의 건설은 "사람들이 온갖 구속과 예속에서 벗어나 자연과 사회의 주인으로서 완전히 자주적이며 창조적인 생활을 누리는 사회"를 건설하는 것을 의미하며, 그 본질에 있어서는 "인민 대중의 자주성을 완전히 실현하기 위한 투쟁"이며 이 건설과정은 "근로 인민 대중의 자주적 요구와 지향을 가장 완전히 체현한 노동계급의 수령의 사상과 영도를 구현하여 나가는 목적 의식적인 투쟁 과정"이다. 공산주의를 건설하기 위해서는 "인민 정권과 3대 혁명의 기치를 높이 들고 혁명과 건설을 힘있게 밀고 나가야" 한다. 공산주의는 "인민 정권에 3대 혁명을 더한" 것이다. 인민 대중의 자주성이 완전히 실현되는 공산주의 낙원은 "인민 정권을 끊임없이 강화하며 그 기능과 역할을 높여 사상, 기술, 문화의 3대 혁명을 철저히 수행"하면 건설된다. 그리고 노동계급이 사회주의, 공산주의 위업을 성과적으로 수행하기 위해서는 반드시 수령의 영도를 받아야 한다.

인간 개조는 "인민 대중이 자주적인 생활을 누릴 수 있는 사상 문화적 조건을 마련하기 위하여 사람들을 발전되고 힘 있는 존재로 만드는 사업"을 의미하며, 인간 개조의 근본 목적은 "인민 대중을 낡은 사상과 문화의 구속에서 완전히 벗어나 자주적인 사상의식과 건전한 문화를 소유한 자주적이며 창조적인 사회적 존재"로 되게 하는데 있다. 또한, 인간 개조는 "사람들이 자연과 사회의 주인으로서의 풍모와 자질, 능력을 갖추게 하는" 사업이다. 인간개조사업의 중요한 내용은 "사람들의 사상을 개조하고 그들의 문화지식 수준을 높이며 체력을 단련하는 것"이며 인간 개조는 우선 "교육과 실천 활동을 통하여 이루어"지게 된다.

사회주의 경제건설은 "사회주의적 생산 관계를 공고히 발전시키며 사회주의 물질 기술적 토대를 튼튼히 축성"하는 사회주의 건설의 기본 내용의 하나이며, "주권을 잡은 로동계급의 당 앞에 나서는 가장 중요한 혁명과업"의 하나이다. 사회주의 경제건설은 "근로 인민 대중이 생산수단의 공동의 주인으로 되고 사회주의제도가 수립된 이후부터 본격적으로 추진되며 사회주의 사회건설의 가장 중심적인 과업의 하나로 전면에 나서"게 된다.(「경제사전 1」, (평양:사회과학출판사, 1985), pp. 695-696)

사회주의 문화건설은 "착취사회에서 물려받은 온갖 낡은 문화를 혁명적으로 없애고 근로 인민 대중의 자주적인 지향과 요구에 맞는 새로운 문화를 창조하고 발전"시키는 사업을 의미하며, "문화혁명을 통하여 실현"된다. 사회주의 문화건설은 또한 "전 사회적 범위에서 문화적 부의 생산을 조직화하고 목적 의식적으로 밀고 나가며 문화의 성과를 근로 인민 대중에게 계획적으로 보급하여 그들의 문화적 요구를 원만히 실현"하게 하는 사업이다. 사회주의 건설이 "민족국가를 단위로 하여 벌어"지며 혁명과 건설이 "인민 대중을 위한 사업"으로, "그들 자신이 수행하여야 할 사업으로 되는" 것만큼 사회주의 문화는 "자기 민족의 특성과 자기 나라 혁명의 이익에 맞으며

인민 대중이 창조자로 되고 향유자로 되는 문화, 다시 말하여 주체적인 문화로 건설"되어야 한다

영도체계는 "노동계급의 당과 수령의 영도를 실현하기 위한 조직과 기구들의 총체"를 의미하며 "영도 방법의 필수적 구성 부분"을 이룬다. "노동계급의 당은 혁명의 참모부이며 노동계급의 수령은 혁명의 최고영도자"이다. 그런데 북한에서의 영도체계는 수령의 유일적 영도체계를 일컫는다. 수령의 유일적 영도체계란 "수령의 사상을 지도적 지침으로 하여 혁명과 건설을 수행하여 수령의 사상과 명령, 지시에 따라 전당, 전국, 전민이 하나와 같이 움직이는 체계"를 의미하며, "혁명과 건설에 대한 수령의 영도를 확고히 보장하는 위력한 혁명적 무기"이다

영도예술은 "노동계급의 당이 대중을 혁명과 건설에 조직 동원하는 방법, 묘술의 총체"인데, 북한에서는 영도예술을 주체의 영도예술로 규정한다. 주체의 영도예술이란 "근로 인민 대중을 혁명과 건설의 주인의 지위에 내세우고 그들로 하여금 주인으로서의 입장을 지키고 주인으로서의 역할을 다하도록 하는 영도예술"을 의미한다. 주체의 영도예술은 "모든 문제의 고찰에서 근로 인민 대중을 옹호하는 것을 최고원칙"으로 내세우며 "그것에 맞게 모든 것을 평가하고 풀어"나간다. 또한 "모든 문제를 인민 대중의 혁명적 열의와 창조적 지혜를 발동하여 그리고 구체적인 현실에 맞게 풀어"나간다. 주체의 영도예술은 "전투적 구호의 제시와 대중운동의 조직과 지도, 혁명적 사업 방법과 인민적 사업작풍 등 대중동원의 위력한 방법들로 구성"되어 있다.

이때부터 북한의 전 영역은 주체사상의 체계에 인입(引入)되었다.

모든 이론이나 노선, 원칙과 방법을 언급할 때는 으레 주체사상의 수식구가 자동으로 따라다녔다. 이제 주체사상은 북한 사회 전부를 규정하는 고도로 추상화된 이데올로기로서 그 확고부동한 지위를 차지한 것이다.

뿐만 아니라 그동안 북한 발전전략의 형상물이었던 '자립적 민족경제 노선'과 '수령제'의 정치구조도 이제는 주체사상의 틀 내에서 그 정당성을 인정받았다. 유일적 지도체계의 역사적 결과물이었던 수령제는 80년대 주체사상의 체계화 과정에서 사회역사적 원리의 '지도와 대중의 결합' 항목에 수령의 역사적 필연성으로 접목되었고 나아가 수령과 대중의 관계도 영도체계와 영도예술이라는 주체사상의 방법론으로 그 지위가 격상되었다. 자립적 민족경제 노선 역시 주체사상의 사회주의 경제건설이론으로 정립되어 이제는 발전전략의 차원을 넘어 사상의 구성요소로 자리매김하였다.

사상·이론·방법으로 이루어진 광의의 주체사상에서 수령론은 후계자론과 더불어 사상에서 핵심 개념으로, 혁명이론에는 프롤레타리아 독재론(북한에서 프롤레타리아 독재는 본질에 있어 수령의 사상과 영도를 실현하는 무기라고 주장한다.) 그리고 영도 방법에서는 수령의 유일적 영도체계로 그 핵심을 차지하고 있다.(최성, 「북한학 개론」 p. 85) 그 형성과정은 협의의 주체사상이 확립되고 동시에 혁명과 통일 그리고 사회주의 건설이라는 이론으로서의 프롤레타리아 독재론이 형성된 이후 영도 방법 혹은 영도체계로서의 수령의 유일적 영도체계가 완성되었다고 볼 수 있다.

넓은 의미의 주체사상(김일성주의)

협의의 주체사상	혁명이론	영도 방법
철학적 원리 사회역사적 원리 지도원칙	반제반봉건민주주의 혁명론 사회주의 혁명론 사회주의·공산주의 건설론 인간개조이론 사회주의 경제건설이론 사회주의 문화건설이론	영도체계 및 원칙 영도예술 (혁명적 군중 노선)
수령론/후계자론	프롤레타리아 독재론	수령의 유일적 영도체계

후계자의 당내 지위가 공식화되면서 시작된 1980년대는 이후 후계문제의 완성이 선포되며 수령의 후계자 김정일은 김일성의 위치와 동등한 지위를 누린다. 김정일은 자신의 권력 승계를 위한 법적·제도적 장치를 마련하면서 주체사상에 이론적 완성을 주도하여 수령의 혁명사상을 완성한 업적을 자랑하게 된다. 이러한 후계자로의 권력 승계는 성공적으로 이어져, 사회주의권의 몰락과 경제난 그리고 수령의 사망으로 이어지는 어려움 속에서도 북한의 김정일 중심의 지배체제를 계속 유지하게 된다.

3) 수령의 유일적 영도체계

주체사상과의 접합을 통해 형성된 수령의 유일적 영도체계론은 무엇보다도 수령의 혁명사상을 유일한 지도적 지침으로 하여 혁명과 건설을 수행하는 체계이다. 수령의 혁명사상을 지도적 지침으로 하여 당과 국가의 모든 활동을 벌이며 수령의 혁명사상에 따라서 혁명과 건설에서 제기되는 모든 문제를 풀어나간다는 의미이다. 수령의 혁명사상은 혁명과 건설의 유일한 지도 사상이며 당과 국가 활동의 확고부동한 지도적 지침이다.

다음으로 수령의 교시와 지시에 따라 전당, 전국, 전민이 하나와 같이 움직이는 체계이다. 프롤레타리아 독재체계의 모든 조직기구와 거기에 망라된 모든 성원이 수령의 유일적 영도 밑에 하나와 같이 움직이는 강철 같은 조직규율과 혁명적 질서를 세우는 것이다. 이것은 또한 수령의 교시와 명령을 무조건 접수하고 철저히 관철한다는 것을 의미한다.

이러한 본질적 내용에 따라 수령의 유일적 영도체계의 실현을 위한 기본요구와 방도는 다음과 같다. ① 참다운 공산주의 혁명가의 기본 품성인 수령에 대한 끝없는 충성심 배양 ② 전당의 사상·의지적 통일과 혁명적 단결강화 ③ 강한 조직 기율 ④ 수령이 지닌 고매한 공산주의적 풍모와 혁명적 사업 방법과 인민적 사업작풍을 따라 배우는 것 ⑤ 수령의 혁명 위업을 계승·발전하기 위한 지도체제를 세우는 것(후계자론) ⑥ 사상전을 힘있게 벌이는 것

마르크스·레닌주의에 따르면 당은 노동자계급의 전위 조직이었다. 그러나 수령체계 하에서는 수령의 영도와 혁명사상을 실현하기 위한 정치적 무기이기 때문에 수령에 대해 종속적인 지위에 처하게 된다. 당내에는 오직 하나의 사상, 수령의 혁명사상만이 있어야 하기에 수령을 떠나 당이 자체적으로 움직이는 내적 동력은 상실하게 된다.

인민 대중은 이론적으로 볼 때 혁명과 건설의 주인이고 그것을 추진하는 원동력이다. 그러나 인민 대중이 자주적·창조적으로 목표를 실현할 힘은 가지고 있어도 그 자체만으로는 결코 그에 도달할 수 없다. 오직 수령과 당의 지시에 따라 자신의 능력을 최대한으로 발

휘하여 당과 수령을 보위함으로써 그 생명력이 증대된다. 그런데 당은 수령의 사상을 실현하는 정치적 무기이기 때문에 결론적으로 인민 대중은 수령에 종속되는 결과를 초래한다.

김정은이 공식적으로 최고지도자에 등극한 이후 남한과 외부 언론에서 매제 장성택이 섭정을 할 가능성이 있다고 보도했다. 하지만 북한 체제는 기본적으로 수령의 유일적 영도체계로 움직이는 체제이다. 수령과 권력을 나눌 수도 없을뿐더러 수령이 내린 교시와 다른 정책을 펼 수도 없다.

2013년 12월 8일 김정은이 지도한 당 중앙위 정치국 확대회의는 북한식 표현으로 장성택이 감행한 반당 반혁명적 종파 행위와 그 해독성, 반동성을 낱낱이 폭로했다. 북한에서 종파로 낙인이 찍히면 천형(天刑)과도 같은 형벌을 받는 셈이다. 회의에서는 현대판 종파이며 노동당에 끼어든 불순분자로 장성택을 지목했고 반국가적, 반인민적 범죄행위를 저질렀다고 주장했다. 구체적으로 장성택은 "앞에서는 당과 수령을 받드는 척하고 뒤에 돌아앉아서는 동상이몽, 양봉음위하는 종파적 행위를 일삼았"으며, "당과 수령의 높은 정치적 신임에 의하여 당과 국가의 책임적인 위치에 등용되었지만 인간의 초보적인 도덕 의리와 량심마저 줴버리고(함부로 내버리고 돌아보지 아니하고) 위대한 수령님과 위대한 장군님을 천세 만세 높이 받들어 모시기 위한 사업을 외면하고 각방으로 방해하는 배신행위를 감행했다"라는 것이다.(「로동신문」 2013. 12. 9.) 그리고 조선중앙TV는 12월 8일 열렸던 조선로동당 정치국 확대회의에서 장성택이 해임안 채택 후 김정은 앞에서 인민보안원 2명에게 체포되어 끌려나가는 사진을 보도하였다.

결국, 장성택은 모든 직무에서 해임되고 일체 칭호를 박탈당했고 노동당에서 출당되었다. 그리고 12월 12일 그를 처벌하기 위한 북한 국가안전보위부 특별군사재판이 열렸다. 조선중앙통신은 13일 "조선민주주의인민공화국 국가안전보위부 특별군사재판소는 피소자 장성택이 적들과 사상적으로 동조하여 우리 공화국의 인민주권을 뒤집을 목적으로 감행한 국가전복 음모행위가 공화국 형법 제60조에 해당하는 범죄를 구성한다는 것을 확증했다"라고 보도했다. 이어 "흉악한 정치적 야심가, 음모가이며 만고역적인 장성택을 혁명의 이름으로, 인민의 이름으로 준렬히 단죄 규탄하면서 공화국 형법 제60조에 따라 사형에 처하기로 판결했다"라며 "판결은 즉시에 집행됐다"라고 전했다.

통신은 "(장성택은) 혁명의 대가 바뀌는 역사적 전환의 시기에 와서 드디어 때가 왔다고 생각하고 본색을 드러내기 시작했다"라며 "영도의 계승문제를 음으로 양으로 방해하는 천추에 용납 못 할 대역죄를 지었다"라고 소개했다. 처형 이유에 대해서는 "부서와 산하 단위의 기구를 대대적으로 늘이면서 나라의 전반사업을 걷어쥐고 성, 중앙기관들에 깊숙이 손을 뻗치려고 책동하였으며 제 놈이 있던 부서를 그 누구도 다치지 못하는 소왕국으로 만들어놓았다"라고 설명했다. 그리고 통신은 "우리 당과 국가, 군대와 인민은 오직 김일성, 김정일, 김정은 동지 밖에는 그 누구도 모른다"라며 유일적 영도체계를 강조했다.

북한은 수령의 유일적 영도체계로 움직인다. 최고지도자가 타인과 권력을 나눠 가지는 체제가 아니다. 그리고 젊은 지도자에게 적극적으로 충성심을 표시하지 않을 수는 있으나 대항할 수는 없다.

후계자 또한 선대 수령의 혁명 사상을 그대로 계승할 때 절대적인 권위를 지닐 수 있다. 장성택이 처형된 6개월 전인 2013년 6월 19일에 김정은은 이미 당과 군, 내각 등의 고위 간부를 모아 놓고 「혁명 발전의 요구에 맞게 당의 유일적 령도체계를 더욱 철저히 세울 데 대하여」라는 연설을 했고, 이 연설에서 '당의 유일적 령도체계 확립의 10대 원칙'을 (1974년 당의 유일사상체계확립의 10대 원칙이라는 이름으로 발표) 공표했다. 어쩌면 장성택이 김정은의 경고를 마음에 새기지 않아서 처형당했는지도 모른다.

남한언론에서 김여정이 김정은과 권력을 공유하며 김정은의 후계자인 것처럼 보도하지만, 북한은 수령이 권력을 공유하는 체제가 아니다. 수령의 통치 스타일로 권력이 분산되는 것처럼 보일 수도 있지만, 그것은 수령이 허용한 범위 내에서 수령에게 부여받은 각자의 역할에 충실한 것뿐이다.

3. 김일성 민족

마르크스와 엥겔스는 그의 저작 전체를 고려해 볼 때 민족 문제에 대해 체계적인 서술을 하지 않았으며, 민족을 자연 발생적인 것이 아니라 도출된 것으로 이해했다. 그리고 그들의 민족 이해 속에는 민속적이거나 언어·문화적인 측면이 원칙적으로 거부되고 있다. 그리고 계급투쟁을 중심으로 사회와 역사를 분석했기 때문에 민족 문제에 대해서는 과학적 분석과 연구가 상대적으로 미미한 상태이다.

민족 문제는 제국주의 시대에 본격적으로 제기된 것으로 마르크스 사후에 발생한 것이기 때문에 레닌에 와서야 본격적으로 제기된다. 레닌은 제국주의 시대에서 모든 민족의 가장 중요한 문제는 민족자결권이라고 강조했으며, 제3세계 민족운동의 이론적 지침을 마련하였다.

스탈린은 1914년 「마르크스주의와 민족 문제」라는 논문 속에서 민족을 "공통의 문화에 나타나는 심리적 성격 및 언어, 지역, 경제적 생활의 공통성에 기초하여 이루어진, 역사적으로 형성된, 사람들의 안정된 공동체이다."라고 규정하고 있다. 스탈린은 민족 형성의 핵심적인 요소들은 일단 생산력의 토대 위에 자리 잡은 경제생활의 공통성, 거주지역으로서의 비교적 배타적인 영토 그리고 언어, 문화, 관습 및 전통의 공통성 또는 유사성으로 파악하고 있다. 스탈린은 「민족 문제와 레닌주의」에서 민족을 부르주아적 민족과 사회주의적 민족으로 구분하고, 부르주아적 민족은 자본주의의 멸망과 함께 사라질 것으로, 사회주의적 민족은 부르주아적 민족과는 근본적으로 다른 것으로 보았다.

해방 이후 북한 정권이 수립될 당시 북한은 기본적으로 사회주의 노선을 견지하였다. 하지만 오랜 시기 일본의 압제에 시달렸고 봉건적 잔재가 많이 남아 있었기 때문에 반제반봉건민주주의 혁명을 수행할 수밖에 없었다. 따라서 사회주의 건설뿐만 아니라 토지개혁, 남녀 차별철폐 등 반봉건적 개혁이 많이 진행되었다. 그리고 일제 식민지 유산의 척결과 한반도 통일을 위해서는 민족주의적 요소도 많이 강조하였다. 북한의 시각에서 볼 때 스탈린식 민족관이 반제민족해방 노선은 정당화해 줄 수 있지만, 남북한 민족통일의 당위성까지 정당화해 주지는 못하기 때문이다. 그리고 일본 제국주의와 싸운 북한 지도부의 항일투쟁에도 저항 민족주의의 요소가 있다.

북한 정권수립 당시에도 김일성은 조만식을 비롯한 민족주의 세력과 연합하였으며, 1948년 5월 남북 제 정당 사회단체연석회의 참석 차 방북한 김구와의 회동에서 "진정한 공산주의자들은 자기 조국과 민족을 열렬히 사랑하는 진정한 애국자"라고(김일성, 「김구와 한 담화」(1945. 5. 3), 『김일성 저작집 4』) p. 294) 말함으로써 공산주의에 대한 거부반응을 민족주의로 완화하려고 했다.

국내의 정치적 기반이 없는 상황에서 김일성을 비롯한 북한 지도부가 '반제반봉건인민민주주의 혁명'을 위해 노동자・농민은 물론 '진보적 지식인・량심적 민족자본가・량심적 종교인' 등 민족 역량을 총망라한 민족통일전선을 수립해야 하는 것은 현실적이고 불가피한 정치적 타협이자 자기 정당화의 논리였다. 이러한 타협과 정당화의 수단으로 활용된 것이 민족주의와 사회주의의 공통 요소로서 '애국주의'의 개념이었다.

하지만 북한 정권은 기본적으로 사회주의 노선을 추구했으며, 소련의 지원이 절대적으로 필요한 상황에서 정권 초기부터 민족주의를 공식적으로 내세울 수는 없었다. 어디까지나 '반제반봉건민주주의 혁명'이라는 제3세계 국가에서 통용되던 혁명전략 속에서 민족주의를 적절히 이용했을 뿐이다. 북한 정권이 추구했던 것은 노동계급 중심의 사회주의사회며, 궁극적으로는 공산주의 사회의 건설에 있다.

북한에서 민족주의가 전면에 등장하게 된 결정적 계기는 1960년대 초, 중반의 중・소 분쟁과 조・중 및 조・소간의 갈등 때문이었다. 이 사건은 그동안 사회주의 국가들이 주장해 왔던 사회주의 국가 간의 형제애, 나아가 프롤레타리아의 국제성 등이 허구였음을 만천하에 드러내 주는 계기였다. 이에 대해 북한은 민족적 이해관계를 고려하면서, 1966년경부터는 민족주의적 요소를 '사회주의적 애국주의'라는 용어를 빌어 본격적으로 사용하게 되었다.

70년대 이후 들어서 북한은 마르크스-레닌주의 민족 이론은 서구의 경험을 반영한 것이라고 비판하면서 민족을 '사상과 이념, 제도에 복종하지 않는 근원적인 결합체'로 재정의한다. 민족의 구성요소로서 혈통을 추가하고 언어의 공통성을 "민족을 특징짓는 표징 중에서 가장 중요한 것 중의 하나"로 설정하기에 이른다.

하지만 공식적으로 민족주의를 전면에 내세우지는 못했다. 1972년 판 철학 사전에는 민족주의를 "계급적 리익을 전 민족적 리익으로 가장하여 내세우는 자본계급의 사상"으로 정의하였고, 이는 '조선민족제일주의'가 제창되기 전까지 공식적으로는 큰 변화가 없었다. 즉 민족주의에 대해서 긍정적인 면과 부정적인 면을 동시에 가지고 있는 상황이 계속 유지되었다.

그러나 북한의 민족주의에 대한 인식은 1980년대에 들어서서 점차 변화되기 시작하였다. 1980년 10월에 열린 조선노동당 제6차 대회에서 대남책임자인 김중린은 당시 김일성이 제시한 고려민주연방공화국 통일방안을 지지하는 토론에서 민족이 있고서야 혁명과 건설도 있을 수 있고 사상과 이념도 있을 수 있다면서, 민족을 떠나서는 그것이 다 무의미한 것으로 말함으로써 민족주의에 대한 인식변화의 가능성을 보여주었다. 이러한 인식변화는 사회주의적 애국주의로는 통일 민족을 담아낼 여지가 없다는 판단이 작용한 것으로 보인다.

1985년 '위대한 주체사상 총서' 10권이 발간되면서 이론적 완성을 이룬 주체사상에는 "조국 통일 문제는 외래 제국주의자들에게 빼앗긴 영토와 인민을 도로 찾고 전국적 범위에서 민족적 자주권을 확립하는 문제이며 외세에 의하여 인공적으로 갈라진 국토와 민족을 다시 하나로 결합하는 문제"로(「총서 5권, 공산주의 건설 리론」 p. 318) 통일을 규정하고 있다. 그리고 1985년에 발간한 「철학사전」에서는 스탈린의 민족개념에서 핵심적인 의미를 지니는 '경제생활의 공통성'을 삭제하면서 그 대신 핏줄을 강조하였다.

스탈린의 민족 정의는 서유럽의 민족국가에 대해서는 설명력을 가지지만, 서유럽을 벗어난 민족들의 본질적 징표를 규정하는 데서는 한계성을 가지고 있어서 북한은 새로운 민족개념을 정립한 것이다. 또한, 민족개념 중에서 가장 중요한 것은 핏줄과 언어의 공통성이라고 제시하였고, 현 시기까지 민족을 구분하는 특징으로 주장하고 있다. 이것은 기존의 경제 중심, 계급 우위의 민족개념을 혈통과 언어라는 타고난 요소를 강조하면서 개념 정의에 있어 완전한 전도를 이룬 것이다.

한편 1986년 7월 김정일은 '주체사상 교양에서 제기되는 몇 가지 문제에 대하여'라는 담화를 통해 북한은 "혁명이 나라와 민족을 단위로 하여 진행되고 있는 조건에서 매개 나라의 혁명과 건설의 주체는 어디까지나 자기 나라 인민입니다. 세계혁명 앞에 우리 당과 인민의 첫째가는 임무는 혁명의 민족적 임무인 조선 혁명을 잘하는 것입니다. 우리나라 혁명에 충실하자면 무엇보다도 자기 민족을 사랑하고 귀중히 여길 줄 알아야 합니다. 나는 이런 의미에서 우리 민족제일주의를 주장합니다"라고 민족주의를 전면에 내세운다. 이후 민족주의에 대한 긍정적인 시각, 다시 말하면 조선 민족에 대한 우월성을 내세우며 투쟁에 있어 계급주의보다 민족주의를 내세우는 전략이 계속 등장한다.

90년대 들어오면서 사회주의권의 종주국인 소련마저 붕괴하면서

'우리식 사회주의'로 표현되는 그들 체제를 수호하는 데 노력을 기울였고, 주체사상을 대신할 만한 이데올로기를 창출하기보다는 주체사상을 그대로 유지하면서 주민들에게 인내력을 요구하는 '붉은기 사상'을 강조했다. 고난의 행군으로 대변되듯이 북한 당국은 체제 유지가 심각한 당면 과제로 다가왔고, 개혁개방정책을 펴기보다는 주민들에게 인내를 요구하였다. 이런 상황에서 기존의 사회주의 노선은 효용성 측면에서도 한계에 이르렀다.

통일논의에도 연방제의 반복 속에 지역 정부의 권한을 강화하는 수세적인 모습을 보인다. 김일성은 1988년 신년사에서 "조국 통일 문제는 누가 누구를 먹거나 누구에게 먹히는 문제가 아니고 일방이 타방을 압도하고 우세를 차지하는 문제도 아니"라고 주장하는 한편, "북과 남이 서로 상대방의 존재를 인정하는 기초 위에서" 통일할 것을 강조함으로써 남북공존의 필요성을 표명하였다.

북한의 민족주의에 대한 가장 완전한 전환은 1990년대에 들어서면서 일어났다. 1991년 8월 김일성이 '조국평화통일위원회 책임일꾼들, 조국통일범민족련합 북측본부 성원들과 한 담화' '우리 민족의 대단결을 이룩하자'에서 민족주의를 부르주아 민족주의와 참다운 민족주의로 분간하면서 민족주의의 긍정성을 강조한다. 그리고 자신을 공산주의자이면서 애국자인 동시에 국제주의자라고 밝히고 있다.(「로동신문」 8.1. 자에는 민족주의자이고 국제주의자라고 실렸으나, 사후 공산주의자이면서 애국자인 동시에 국제주의자로 바뀌었다.)

북한이 민족주의를 정치 전면에 등장시킨 이유는 자신들의 체제 단속과 연관돼 있다. 북한은 동구 사회주의 체제의 몰락을 사회주의 제도 자체의 모순 때문에 발생한 것이 아니라, 민족적 특성이 달랐기 때문에 발생하였다고 설명했다. 이는 자신들이 건설하는 사회주의는 이들과는 다른 민족적 특성과 신념에 기초해 있으므로 결코 붕괴하거나 후퇴가 있을 수 없다는 것이다. 여기에는 세계 유일 초강대국인 미국과의 적대관계 속에서도 자신들의 체제를 지켜왔다는 자부심이 배어 있다.

또한, 체제대결에서 열세에 다다른 북한의 처지에서 민족주의의 강조는 통일논의에 있어 정통성과 주도권을 잡을 수 있는 유용한 전략적 도구가 될 수 있다. 2000년 6·15 공동선언 이후 북한은 '우리 민족끼리'를 남북이 최초로 공유한 민족주의 이념의 한 형태로 제시하고 있다. 이것은 북한 체제에만 해당하는 민족주의가 아니라 남북한이 공유할 수 있는 민족주의를 창출했다는 의미를 지니며, 통일논의에 있어 북한 정권이 주도권을 잡기 위한 포석으로 볼 수 있다. 그리고 북한 당국은 '우리 민족끼리'라는 사이트까지 개설하여 2003년 4월 1일부터 조평통의 성명과 담화의 내용을 게시하고 자체의 웹사이트에서 만든 기사와 사진을 싣고 있다.

결국, 북한의 민족주의 변천 과정은 민중들의 인식변화로부터 출발한 것이 아니라, 정권의 이데올로기 변화에 기인한 것임을 엿볼 수 있다. 따라서 오늘날 북한의 민족주의의 성격은 옛날부터 정형화된 형태로 내려온 것이 아니라, 정권의 필요에 따라 인위적으로 조작되고 만들어진 것으로 평할 수 있다.

사상적으로 민족주의가 강조되는 것과 동시에 북한에서는 민족문화의 우수성과 민족에 대한 자부심을 크게 강조하기 시작하였다. 이 무렵 북한은 「이조실록」, 「팔만대장경」, 「삼국사기」, 「삼국유사」, 「고려사」를 전문 번역하고 이름난 학자나 문인들의 문집과 고전문학도

번역·보급한다.

특이한 점은 북한이 민족주의를 내세우면서 우리 민족의 시조인 단군을 내세운 것이다. 종래 북한학계는 단군 신화를 고조선에서 정치 권력이 성립하는 과정을 정당화하는 '건국 신화'의 입장에서 인식해왔다. 단군 신화에서 단군조선은 환웅으로 상징되는 이주 집단이 곰으로 대변되는 토착 집단을 정복하여 동화시키는 과정에서 성립된 국가이며, 초기 단계의 고조선 사회는 제정일치 사회였음을 말해주는 것으로 이해했다. 하지만 민족주의의 전면적인 등장과 더불어 북한은 단군이 신화상의 인물이 아니라 역사상의 실재한 인물로 선전했다. 그리고 1993년 가을, 단군릉 발굴 결과를 보고하면서 단군은 민족의 시조이며 평양은 '민족의 성지'라고 규정한다. 또 같은 해 12월 최고인민회의 제9기 6차 회의에서 민족문화 유산의 계승·발전을 강조한다.

그러나 북한이 민족주의를 강조한다고 해서 수령-당-대중으로 결합한 유일 지배체제가 변하는 것은 아니다. '조선 민족 제일주의'를 "위대한 수령을 모시고 위대한 당의 영도를 받으며 위대한 주체사상을 지도 사상으로 삼고 가장 우월한 사회주의제도에서 사는 긍지와 자부심"이라고 정의하면서 수령-당-대중의 일심단결과 사회주의를 계속 강조하고 있다. 즉 사회주의권의 붕괴로 인해 사회주의가 이념으로서 그 가치를 많이 상실하자 그리고 정통성 확보를 위한 남한과의 경쟁으로 인해 민족주의를 내세우고는 있으나, 이 민족주의는 사회주의 건설을 위한 수단일 뿐이며 민족주의에서 최고 뇌수(단결의 구심점)는 변함없이 수령이다.

북한의 평양방송은 1996년 '우리는 김일성 민족'이라고 발표함으로 김일성 민족의 정식화를 선포하였다. "태양이 영원하듯 김일성 민족, 김정일 민족은 영원무궁하리라"라고 보도했다. 그리고 후계수령인 김정일이 선대 수령인 김일성의 상징을 이어받고 있다는 것이다. 북한 사회에서 영생의 부여자인 수령과 영생의 기본단위인 민족의 완벽한 결합은 조선 민족이 '김일성 민족'이 됨으로써 가능해졌다고 주장한다. 이제 김일성은 민족의 구세주로까지 승격되었다.

06

고난의 행군

90년대 들어오면서 소련의 붕괴와 그에 따른 동유럽 공산 국가들의 붕괴로 인해 산업 생산에 필요한 원자재와 생산재의 수출입이 이루어지지 않았다. 그 결과 북한 경제는 극심한 침체에 빠진다. 구소련을 계승한 러시아의 석유 회사들은 국제 시세에 따른 경화(현금) 결제를 요구했지만, 북한으로서는 이를 지급할 능력이 없었다. 거기에 사실상 광물이나 다른 북한 상품을 소련과 동유럽에 떠넘기고 북한이 스스로 생산하기 힘든 고급 제조설비와 공산품을 받아오는 시스템이 붕괴하여 북한 경제는 1990년대 초부터 마이너스 성장으로 돌입했다.

이에 따라 북한은 대외무역을 확대하고 1991년 12월 함경북도 라진·선봉 지역을 중계무역과 수출 가공, 관광 등 국제교류 거점으로 하고자 '경제특구'로 선포했고, 이를 뒷받침하기 위해 외국인투자법과 합작법 등 십여 개 법률들을 단계적으로 제·개정하였다. 그래서 일단 1992년~1993년경까지는 최소한 먹고 사는 문제는 일어나지 않았다. 하지만 연료 부족으로 정전이 발생하고 열차가 지연되는 등 경제난이 체감되기 시작했고, 라선 경제특구 프로젝트도 대북 투자를 주도할 한국 및 미국과의 관계 악화로 별 성과가 없었다. 이 상태로 1993년 12월 8일에 북한 당국은 제3차 7개년계획이 실패했다고 공식 인정했고, 1994~1996년까지 완충기를 설정하며 농업-경공업-무역 3대 제일주의를 선포하여 위기를 타개하려고 했으나, 이마저도 다가올 위기를 깨기엔 역부족이었다. 1994년 7월 8일 김일성의 사망과 동시에 나라 전체가 마비되면서 소위 '고난의 행군'이 시작되었다.

원래 북한에서의 고난의 행군은 1938년 12월부터 1939년 3월까지 100여 일간 김일성이 이끄는 항일 빨치산이 중국 지린성(吉林省 길림성) 몽현현(지금의 정우현) 남패자에서 압록강 연안 국경지대인 장백현 북대정자까지 끊임없이 계속되는 가열한 전투와 영하 40도를 오르내리는 모진 추위, 가슴을 넘는 눈길과 식량난 속에서 일본군의 추격을 뿌리치고 감행한 행군이다. 그런데 1995년~1999년 사이에 최악의 식량난이 일어나자 북한 정부에서 김일성의 항일 활동에 빗대어 위기를 극복하자는 뜻을 나타내기 위해서 이 시기를 고난의 행군이라 일컫게 된다.

소비에트 연방이 해체되는 등 전 세계적으로 공산국가가 붕괴하며 경제적으로 고립된 가운데, 미국의 경제 봉쇄로 인한 식량 수입 제한과 농업 기계를 가동하는 데에 사용할 석유의 수입 제한 및 여러 자연재해로 인한 농지의 대규모 파괴가 겹치면서 북한에서 대규모 기아가 발생하였다. 고난의 행군 시기 아사자의 수는 명확하지 않으나, 2010년 11월 22일 대한민국 통계청이 유엔의 인구 총조사를 바탕으로 발표한 북한 인구 추계에 따르면, 1996~2000년간 아사자 수는 33만여 명으로 추산된다. 미국 통계청에서는 1995년에서

2000년까지 경제난에 의해 직간접적 영향으로 사망한 인구를 50만 명에서 60만 명으로 추산하기도 했다.

북한의 경제난은 국가 기능과 당 기능을 크게 약화했으며, 1996년 12월 김정일 스스로가 "식량난으로 인해 무정부 상태가 되고 있으며, 당 조직들이 맥을 추지 못하고 당 사업이 잘되지 않아 사회주의 건설에서 적지 않은 혼란이 조성되고 있다"라며 당 중앙위원회를 비롯해 당 조직과 당원들을 신랄하게 비판할 정도로 그 심각성은 대단한 것이었으며 북한 체제를 근본적으로 위협하는 수준에 이른다.

1. 선군의 깃발 아래

1994년 김일성의 사망은 북한 주민들에게 엄청난 충격으로 다가온다. 김정일은 김일성이 사망한 후 예상과는 달리 주석 자리에 오르지 않고, 새로운 권력 형성의 기초로 김일성 영생화 작업을 진행하며 유훈 통치를 만들어냈다. 자신의 취약한 정통성을 확보하기 위하여 죽은 수령의 권위를 최대한으로 활용하려는 전략을 펼쳐나간 것이다. 김정일을 받드는 것이 김일성에게 못다 한 충성과 효성을 다하는 길이라는 점이 바로 유훈 통치의 정치적 의도이며 사회적 효과였다.

국가 위기 상황에서 단결의 구심이 사망하자 후계자인 김정일은 '위대한 수령 김일성 동지는 영원히 우리와 함께 계시다'라는 구호를 제시한다. 1997년 북한 정무원은 '위대한 수령 김일성 동지의 혁명 생애와 불멸의 업적을 길이 빛내일 데 대하여'라는 제목의 결정서를 발표하여, "위대한 수령 김일성 동지는 영원히 우리와 함께 계신다는 우리 인민의 신념은 확고부동하며, 위대한 수령님은 무궁토록 번영하는 사회주의 조선의 시조로, 우리 혁명의 영원한 승리의 기치로 전체 인민과 온 민족의 절대적인 흠모와 신뢰를 받으시며 우리 모두의 심장 속에 영생하실 것"이라는 확신을 토로함과 함께, "위대한 수령 김일성 동지께서 탄생하신 민족 최대의 명절인 4월 15일을 '태양절'로 제정한다"고 발표하였다.

수령의 권위를 이용하여 당면한 경제적 어려움을 극복하고자 노력한 김정일은 수령숭배의 전 과정을 진두지휘한다. 대표적인 것이 영생탑이다. 김정일은 "위대한 김일성 동지는 영원히 우리와 함께 계신다"라는 구호를 새긴 '영생탑'을 전국에 세운다. 자기 스스로 새로운 이데올로기를 창출하여 난국을 극복한다는 것은 수령의 후계자로 성장한 김정일에게는 애초부터 불가능한 일이었다. 경제 실패의 책임을 전가할 정치적 반대 세력도 없는 상황에서 김정일이 선택할 방법은 수령을 내세우는 것밖에 없었다.

김일성 사망 이후 경제난이 심해지면서 사회적 혼란이 발생하자 김정일은 당에 대한 불신을 드러낸다. 그리고 김정일은 군대를 전면에 내세운다. 당 조직이 붕괴한 상황에서 그나마 군대만이 체제를 지탱할 수 있었기 때문이다. 상명하복을 조직의 기본원리로 삼는 군대는 수령의 유일적 영도가 가장 확실하게 그리고 가장 효과적으로 적용될 수 있으며, 유사시 체제를 유지할 수 있는 최후의 버팀목이 되고, 외교적으로 협상력을 확보할 수 있는 밑바탕이 될 수 있으며, 경제건설에 필요한 대규모의 인원을 효과적으로 동원할 수 있는 장점이 있다.

물론 과거 김일성 시대에도 군대는 사회주의 조국의 방위를 위해, 수령의 혁명 사상을 실현하기 위해서 중시되었다. 그리고 김정일의 선군정치를 김일성의 사상을 계승한 것으로 선전하고는 있다. 하지만 김정일 체제에서처럼 군의 투철한 혁명 정신과 투쟁 기풍, 생활 문화 기풍을 전 사회적으로 확산시키고, 전 사회가 군대의 모범을 따라 배워 경제건설에서 전당, 전국, 전민의 창조적 역할을 최대한 발양시켜 보고자 할 정도로 군을 앞세우지는 않았다. 북한 스스로 "선군정치로 하여 군사는 물론 나라의 정치, 경제, 문화의 모든 부문에서는 근본적인 변혁이 일어났으며 인간도 사회도, 투쟁도 생활도 새롭게 일신한 선군 시대라는 완전한 하나의 새 시대가 개척되었다" 라고 주장할 정도로 북한은 군대가 모든 것에 우선하는 체제로 변모되었다. 그래서 "군대이자 당이고 국가이며 인민"이라는 '총대 철학' 까지 등장하게 된다.

북한에서 사용되고 있는 선군정치는 1998년 4월 25일 로동신문의 사설을 통해 공식적으로 언급되었다. 당시 군 창건 66돌 기념 사설인 "우리 혁명무력은 총대로 주체 위업을 끝까지 완성해나갈 것이다."에서 김일성의 군 사상을 선군 혁명사상으로, 김정일의 군 사상을 군 중시 사상으로 설명하였다. 이후 김정일의 선군정치가 북한 내에서 구체적인 통치 형태로 자리를 잡기 시작한 것은 1998년 9월 최고인민회의 제10기 1차 회의에서 국방위원장으로 추대된 직후였으며, 같은 해 10월 20일 중앙방송 논설에서는 선군정치를 김정일 특유의 정치방식으로 공식화하였다. 이때부터 북한은 군대는 곧 당이고 국가이며 인민이라고 규정, 군 중시 정책의 정당성을 부여해왔다. 그리고 1998년 9월 개정된 헌법에서도 국방위원회를 국가 주권의 최고 군사 지도 기관이며 전반적인 국방 관리 기관으로 그 위상과 권한을 더욱 강화하고, 국방위원장(김정일)을 나라의 정치, 군사, 경제 역량의 총체를 통솔 지휘하는 국가의 최고 직책으로 규정하여 김정일의 선군정치를 구조적으로 뒷받침하였다.

김정일 체제의 정치방식인 선군정치는 사상으로 승화되어, 1972년 헌법개정으로 주체사상을 국가지도지침으로 삼는다고 한 것처럼 2009년 개정 헌법과 2010년의 개정 노동당 규약에서 선군사상을 통치 이데올로기로 규정하였다. 2009년 헌법 제3조는 "조선민주주의인민공화국은……주체사상과 선군사상을 자기 지도적 지침으로 삼는다"라고 하고 있어, 주체사상과 함께 선군사상을 북한 지도이념으로 공식화하고 있다. 이를 위한 병행 조치로 기존 헌법 제4조의 "조선민주주의인민공화국의 주권은 로동자, 농민, 근로 인테리와 근로 인민에게 있다"에 군인을 새로 포함시켜 "로동자, 농민, 군인, 근로 인테리를 비롯한 근로 인민에게 있다"라고 하고 있다.

2010년 노동당 규약에서는 제4조 당원의 의무에서도 주체사상과 선군사상을 규정하고 있고, 제23조 당중앙위원회의 모든 사업에서 주체사상과 선군사상을 구현해야 한다고 되어있다. 이는 시군위원회 기층 당 조직도 마찬가지이다. 또한, 제48조는 "당원들과 근로자들 속에서 사상 교양 사업을 강화하여 그들을 주체사상 선군사상으로 튼튼히 무장한 사상과 신념의 강자로 키운다"라고 하고 있고, 제53조는 "인민 정권이 주체사상과 선군사상과 그 구현인 당의 로선과 정책을 철저히 관철하도록 정치적으로 지도한다"라고 되어있다.

북한이 김정일 시대의 구호로 내세우는 '강성대국'이 1998년 8월 22일 「로동신문」 정론을 통해 공식적으로 언급되고 사상, 군사, 경제의 순으로 정책의 우선순위를 둘 것을 시사하고 있지만, 현실적으로 북한 체제를 유지하는데 가장 긴요하고 효과적으로 사용되는 것은 군대였다. 외부의 정보가 유입되고 배급체계가 붕괴한 시점에서 주민들에게 주체사상에 기초한 당과 수령에 대한 충성심을 무작정 강요할 수는 없는 상황이며, 「로동신문」 2000년 신년 공동 사설에서 '강성대국'의 3대 기둥으로 등장한 과학 기술은 당장 시급한 당면문제를 해결하는데 직접 사용될 수 없는 상황이다. 그래서 북한은 군대를 통해 체제를 유지하고, 경제건설을 위한 노동력을 확보하고, 군과 주민을 하나로 연결하여 사상적 통일단결을 이루려고 하고 있다.

때문에 서대숙은 「현대북한의 지도자:김일성과 김정일」에서 김정일의 정치체제가 당-국가체제에서 기형적인 군·정·당 체제로 전환하였다고 분석하면서 노동당이 아니라 군부가 통치하는 체제라고 규정하고 있다. 이와 관련하여 와다 하루끼 역시 김정일 시대에 들어와 북한은 유격대 국가가 아니라 정규군 국가가 되었다고 주장한다. 그에 따르면 북한은 군대가 곧 인민이며 국가이며 당이기 때문에 최고사령관인 김정일이 북한의 모든 것이 되는 정규군 국가가 되었다는 것이다.

선군사상은 주체사상과 같이 사상체계를 갖추고 있지는 않다. 북한의 문헌에서도 선군사상이 주체사상에 기초한 것이라고 하고 있어, 통치 이데올로기로서 주체사상을 대체하는 것으로 볼 수 없다. 주체사상이 순수 이데올로기(세계관)라면 선군사상은 실천 이데올로기(행동의 구체적인 지침)로 볼 수 있다.

2. 변화의 분수령

사회주의권의 붕괴와 자연재해로 시작된 북한 경제의 어려움은 북한 당국자들에게 심각한 고민을 안겼다. 겉으로는 사회주의 사상을 강조하면서 군대를 내세워서 정권을 유지했지만, 주민들의 생활을 책임질 수 있는 정책을 펼쳐야만 하는 상황이었다. 하지만 당시의 상황에서 난관을 극복할 수 있는 뾰족한 대책이 없었다.

1) 경제개방

북한이 경제개방을 시도한 것은 예전에도 있었다. 중국이 1979년 8월 중외 합작 경영 기업법을 제정한 이후 경제 개방 정책이 성과를 보이기 시작하자 북한도 이에 고무되어 1984년 9월에 합영법을 제정한다. 이 법이 갖는 의미는 북한이 대중동원 방식에 의한 성장의 한계를 인식하고 서구 선진국과는 무역 확대를 통한 성장으로 전환하였다는 점과 개인과 민간 기업의 영리사업이 허용되지 않는 북한 경제 체제에서 민간사업의 주체를 공식적으로 인정하고 합작 투자 기업의 독립 채산제 운용을 허용했다는 점이다.

그러나 외자 유치를 통한 기술 선진 설비 흡수 계획의 하나로 추진된 합영 사업은 대부분이 조총련 기업과의 소위 조조(朝朝) 합영 사업이었고, 유치 실적도 미미하였다. 1984년부터 1992년 7월까지 계약 체결된 140여 건 가운데, 116건 1억 5,000만 달러가 조총련 동포가 투자한 사업이고, 조업 중인 66건 중에서 56건이 일본(조총련)의 기업이며, 구소련과 중국이 각각 4건, 프랑스와 스웨덴은 각각 1건에 불과했다. 합영 사업의 질적인 면에서도 1986년까지는 백화점, 커피숍, 호텔, 수리 공장 등 서비스 분야가 투자 대부분을 차지하였고, 1987년부터 섬유, 피복 등 경공업과 제조업 분야에서 투자가 이루어지기 시작했다.

결국, 합영 사업은 북한에 대한 조총련 동포의 애국심과 충성심을 바탕으로 이루어졌으며, 그들이 원했던 중화학 및 첨단 산업 관련 부문과 사회 기반 시설에 대한 투자 대신에 대부분이 생필품 중심의 소비재 경공업과 서비스 위주의 투자가 이루어져서 큰 실효성을 거두지 못했다.

1990년대 들어서면서 심각한 경제난을 극복하기 위한 자구책이 다시 한번 시도되는데, 바로 나진·선봉 지역의 자유 경제 무역 지대(경제특구) 지정이다. 북한은 나선 지대를 동북아의 국제적인 화물 중계 기지, 관광·금융·서비스 기지, 수출 가공 기지의 기능을 종합적으로 갖춘 국제 교유 거점 도시로 발전시킨다는 목표에 따라 2010년까지 2단계 개발 계획을 수립하였다. 우선 2000년까지의 당면 과제에서는 기존의 인프라망을 정비·확장하여 국제 화물 중계 수송기지 개발을 위한 토대를 마련하고, 2010년까지는 중계무역, 수출 가공, 관광 및 금융 등 제 기능을 종합적으로 수행하는 국제교류의 거점 도시로 육성할 계획이다. 이외에도 나선 지대를 수출 가공 기지로 건설하기 위해 10개의 지역별 공업 배치 계획을 작성하여. 제1단계에 국제 화물 중계 기지로 개발한 후 점차 중공업과 경공업이 적절히 조화된 수출 가공 기지로 건설할 계획을 세웠다. 그리고 개발 계획의 이행을 위해 외국인투자 관련법을 지속해서 제·개정한다.

그러나 1997년 말 기준으로 나선 지대의 외국인투자 계약 규모는 총 111건의 7억 5,077만 달러인데, 실제 집행된 투자액은 77건의 5,792만 달러에 불과하며, 투자 형태별로는 합영 사업이 46건, 합작 사업이 14건, 단독 사업이 17건으로 집행됨으로써 북측이 합영 사업을 선호하는 것으로 나타났다. 실제 투자가 집행된 사업 가운데 나라

별로는 홍콩(31.8%), 중국(22.9%), 태국(17.3%), 네덜란드(13.6%), 일본(9.3%) 순으로 많은 금액을 투자했고, 건수 기준으로는 중국(55.8%), 일본(20.8%), 홍콩(10.4%) 순으로 많은 분야에 투자한 것으로 나타났다. 즉 싱가포르를 포함한 홍콩, 중국, 태국 등의 화교 계통이 절대다수인 73.4%를 차지했다. 부문별로는, 교통·통신 시설과 호텔·관광 및 금융·은행 등의 서비스업이 80.7%로 대부분을 차지했고, 농림 수산업과 제조·가공업은 각각 4.7%와 3.4%로 미미한 수준이다.

하지만 북한의 경제 개방 정책은 계속 추진되었다. 사회주의권이 붕괴하고 미국을 중심으로 하는 자본주의 시장권으로 전 세계가 통합되는 마당에 자립적 민족경제를 고집할 수는 없는 일이다. 주민들의 기본적인 생존조차 보장하지 못하는 가운데 기존의 정치선전이 실효성을 거둘 수는 없기 때문이다. 비록 정치적 이데올로기를 고집하고는 있지만, 부분적이라도 과거와는 비교할 수 없을 정도의 경제 개방을 시도했다.

북한 당국은 1998년 개정된 북한의 헌법에 소유 범위의 확대, 경제의 자율성과 채산성 중시, 대외무역과 경제개방의 확대 등을 명시하면서 경제개방에 대한 확고한 의지를 표현한다. 그리고 2002년 9월 12일 최고인민회의 상임위원회는 특별포고령을 발포해 신의주를 특별행정구역(경제특구)으로 지정한다. 이런 북한의 조치는 1990년대 중반 이후 경제위기가 가져온 현실적 변화를 북한 당국이 수용한 것이다. 과거 합영법이나 나진·선봉 경제특구는 외국 투자를 북한 당국의 입맛에 맞추어 선별한 데 비해 신의주 경제특구는 투자자에게 일임하고 있다. 또한, 독자적인 입법·사법·행정권을 부여하는

'신의주 특별행정구 정령'을 제정한 것은 지금까지 볼 수 없었던 대담한 조치다. 실질적으로 '국가 속의 국가'로서의 지위를 부여하면서까지 특구를 지정한 것은 북한이 허물어진 경제 기반을 이제는 방치할 수 없는 시점에 몰려 있음을 의미한다.

그러나 경제개방이 아무런 걸림돌 없이 이루어지는 것은 아니다. 경제위기 해소를 위한 방안을 둘러싸고 당내 정책 갈등은 야기되었다. 실용주의적 개혁노선에 대한 보수 노선의 공세는 노동신문에서도 잘 드러나고 있다. 1995년 8월 28일 「로동신문」 정론 '붉은 기를 높이 들자'에는 위기 상황에서 사회주의혁명에 대한 배신과 제국주의의 압력과 유혹에 대한 투항을 강도 높게 비난하고 있다. 1996년 5월 10일 자 「로동신문」 사설은 "겉으로는 수령을 받드는 척하고 혁명과업에 충실한 척하면서 속으로 딴 꿈을 꾸며 뒤에서 딴 장난을 하는 것은 야심가 음모가들의 비열한 본색"이며, "소련에서 스탈린 이후 시기 당과 국가의 지도적 지위를 차지했던 현대 수정주의자들과 사회주의 배신자들은 모두 야심가, 음모가들이었다"라고 비난하고 있다. 그리고 1998년 9월 17일 자 「로동신문」「근로자」 공동논설 '자립적 민족경제건설 로선을 끝까지 견지하자'에서는 "자립 로선이 확고한 정치적 자주성을 가져다준다면 대외의존 로선은 필연적으로 정치적 예속을 탄생시킨다. 빚진 종이라고 제 할 말도 못 하고 남에게 빌붙어 살아야 하는 것이 식민지 채무 노예의 처지이다. …… 제국주의자들이 몰아 오는 <개혁>, <개방> 바람을 물리치는 위력한 방도는 경제사업의 모든 분야에서 사회주의 원칙을 지키는 것이다."라며 경제개방에 대한 극단적인 거부와 기존의 자립적 민족경제를 주장하고 있다.

이는 체제 유지를 위한 필연적인 요청인 경제개방을 놓고 실용주의 노선과 보수주의 노선이 대립하고 있음을 잘 드러내고 있다. 이렇게 본다면 북한 당국은 경제개방을 추진하면서도 '자립적 민족경제'로 대변되는 기존의 경제 정책의 체면을 세울 수 있는 이데올로기와 경제 정책을 창출해야 하는 딜레마에 빠져 있음을 알 수 있다.

2) 장마당

북한은 기본적으로 집단주의 원칙 아래에서 주민들을 통제하고 있다. 북한의 헌법 63조에는 "조선민주주의인민공화국에서 공민의 권리와 의무는 <하나는 전체를 위하여, 전체는 하나를 위하여>라는 집단주의 원칙에 기초한다."라고 규정하고 있으며, 제81조에는 "공민은 조직과 집단을 귀중히 여기며 사회와 인민을 위하여 몸 바쳐 일하는 기풍을 높이 발휘하여야 한다."라고 명기하고 있다. 이러한 집단주의 원칙의 사상적 바탕은 '사회정치적 생명체론'이다.

사회정치적 생명체론에서 보면 북한 사회는 수령, 당, 그리고 인민 대중의 전일적 지도체계가 완성된 사회, 즉 인민 대중의 자주성과 창조성, 의식성이 완전히 실현된 사회로 규정하고 있다. 수령이 부여한 사회정치적 생명을 연결 고리로 수령과 당 그리고 대중을 하나의 생명체로 규정한 후 북한에서는 가부장적 지배 질서가 사회지배체제에 그대로 투영되었다.

'어버이 수령'으로 대변되는 지배자에 대한 맹목적 충성은 개인의 인권과 권리를 중시하는 자유민주주의적 사고방식을 근본적으로 차단하면서 북한을 수령 1인 지배체제로 변모시켰다. 다른 사회주의 국가에서 핵심 기관으로 자리를 잡았던 당은 수령의 혁명사상을 실현하는 도구로 형해화(形骸化)되었다.

수령의 혁명 사상으로 무장되어 사회주의 건설에 동원되는 북한 주민들은 의무적으로 여러 사회단체 조직에 가입하여 조직 생활을 하면서 당의 지도와 통제를 받아왔다. 북한의 각종 사회단체로는 김일성 사회주의청년동맹, 직업총동맹, 민주여성동맹, 소년단 등이 있으며 직업별로 세분된 많은 단체도 존재하고 있다. 물론 이 사회단체들은 수령의 지배를 유지하기 위한 전위대의 역할을 한다.

하지만 사회주의 건설을 위한 대중동원과 군중 노선에 입각한 기존의 혁명노선은 이제 그 원동력을 상실하면서 변화의 바람을 맞았다. 경제난과 식량난은 북한 주민들의 기존의 가치관에 많은 변화를 초래하였기 때문이다. 그들이 누리던 기본적인 생활을 수령의 '은덕'으로 알고 최고지도자에 충성하던 사고방식은 배급체제의 붕괴와 함께 형식적인 구호로 변해버렸다.

배고픔을 견디기 위해 개인적인 영리활동을 하면서 그들은 집단주의보다 개인주의를 선호하게 되었고, 외부세계의 정보를 접하면서 북한식 사회주의에 대한 의구심만 짙어졌다. 하지만 북한 주민들은 오랫동안 지배와 복종의 정치형태에 익숙해졌다. 체제에 대한 비판은 곧바로 죽음으로 이어지는 사회 분위기 속에서 그들은 공개적인 비판과 저항을 할 수는 없는 일이다. 따라서 형식적인 복종 속에서 그들의 실리를 추구하는 이중적인 생활 태도가 자연스럽게 확산한다.

북한 주민들의 가치관을 변화시키는 가장 큰 요소 중의 하나는 바로 암거래의 활성화이다. 장마당을 중심으로 한 암거래가 활성화됨에 따라, 여러 가지 자본주의적 현상이 나타나고 있다. 그 하나는 전문 거간꾼의 등장이다. 이들은 물건매매 시 흥정을 붙이고 이익을 챙긴다. 주민들은 외화만 있으면 이들을 통해 비공식적 방법으로 냉장고, 재봉틀, TV 등 물건 대부분을 구할 수 있다. 생필품의 만성적 부족 현상이 계속되고 있지만, 외화상점에서는 어떤 상품이나 쉽게 사들일 수 있어서 외화의 암거래가 성행했고 고리 사채업자도 등장했다. 외화벌이 사업이 확산함에 따라 개인 밀무역자는 물론 기관·기업소의 외화벌이 종사자들이 급전이 필요한 경우가 발생했다. 이에 따라 여유자금을 가지고 있는 북송 교포, 화교 등을 중심으로 사채대금업이 등장했다. 사채이자는 일정하게 정해진 바는 없으나 연 10~20% 수준이다. 암거래를 위한 패거리도 등장했다. 평상시에는 구성원들이 각자 소속 공장에서 신발 등의 생필품을 빼내어 장마당에 팔고, 금이나 골동품 같은 큰 장삿거리가 생기면 구성원 전체가 역할을 분담하여 중국 등지에 밀거래하고 있다.

　장마당을 비롯한 암시장에서 북한 주민들은 기존에 접하지 못했던 많은 정보를 접하게 된다. 남한의 물품을 보면서, 자본주의 세계에 대한 소식을 접하면서 북한 당국이 선전했던 이데올로기 공세를 이제는 신뢰하지 않게 되었다. 결국, 생존을 도모하는 과정에서, 집단주의보다는 개인주의를 선호하게 되고, 당 간부에게 뇌물을 쓰면서 배금주의에 물들게 되고, 사회주의에 대한 신념 또한 많이 약화하였다. 이는 주민들의 사상 교육을 통해 체제를 유지하고자 하는 북한 당국의 통제 정책을 근본적으로 뒤흔들게 되었다. 따라서 새로운 변화를 추구해야 하는 상황에 놓이게 된다.

　장마당의 시초는 농민 시장이다. 조선 농민들의 장인 삼일장, 오일장 같은 재래시장인데, 북한에서도 정권수립 초기부터 있었으나 1958년 8월 개인 상업을 폐지하고 국영유통과 협동상업의 형태로 통합하면서 농민 시장을 폐쇄했다. 그러나 국영 및 협동상업만으로는 주민들이 필요를 모두 충족하지 못하자 이를 보완하는 차원에서 1964년에 농민 시장이 부활한다. 이후 농촌 지역을 중심으로 월 3회 10일장(1, 11, 21일) 형태로 장이 열려왔다. 1984년부터는 공장, 기업소에서 나오는 부산물 등으로 생활에 필요한 물품을 만들어 보급하는 '8 · 3 인민소비품'이 거래되면서 농민 시장이 시 · 군별로 1~2개소씩 생기는 등 전 지역으로 확산하였다.

장마당은 공식적으로는 실제 평양을 포함한 모든 도, 시, 군에서 '시장'이라는 간판을 달고 운영되고 있다. 2018년 기준 북한에서 공식 인정한 장마당의 수는 436개이다. 물론 비합법적으로 운영하거나 비정기적으로 서는 장마당도 있을 것이므로, 실제 수는 이것보다 많다. 국영기업 대다수가 연료와 자재 부족으로 유명무실화된 1990년대 이후로 북한 경제에서 큰 역할을 하고 있으며, 북한이 공식적으로 세금이 없는 나라이지만 장마당에서 장사하는 장사꾼들이나 기업들을 대상으로 일정액의 임대료를 내게 만들기 때문에 북한 정부 재정에도 큰 도움을 주고 있다.

동시에 북한 내 부정부패 문제에도 빠질 수 없는 곳이기도 한데 영세 상인에서부터 돈주(북한에서 관광 사업과 무역 등을 통해 부를 축적한 사람) 혹은 말단 관료에서부터 최고위급 인사들까지 장마당 부패에 직간접적으로 연관되어있기 때문이다. 장마당에도 이런저런 통제가 가해질 때가 있는데 이때 뇌물을 주고 단속을 피하는 일은 예삿일도 아니며, 돈이 많은 돈주가 죄를 저지른다 해도 살인이나 사기 같은 수준의 중범죄가 아니라면 돈을 관료에게 주고 빠져나오는 경우도 비일비재하다. 또한, 조선노동당도 돈만 있으면 우상화

사업에 자금을 쾌척하는 식으로 입당이 쉬워지게 되었고, 적대계층이라고 해도 돈주라면 이전보다 평양에 주거하기 쉬워졌다.

고난의 행군 이후 평양의 유명한 대학교수조차 장마당을 이용해야 할 정도로 역할이 커지자 반사작용으로 여성의 인권이 올라갔다. 모든 인민이 형편없는 월급을 받으며 노동해야 하지만, 결혼한 여자는 노동에서 면제가 되기 때문에 장마당에서 아내가 벌어온 돈으로 먹고사는 것이다.

장마당에서 통용되는 화폐는 주로 중국 위안화이다. 북한 원도 당연히 통용되긴 하나 외화상점에서 잘 안 받고 국제무역에서 별로 통용되지 않기 때문이다. 미국 달러의 경우에는 중국과의 교역량이 압도적인 데다가 경제제재의 여파도 있어서 상대적으로 덜 쓰이는 편이다.

북한의 시장 현상에서 주목해야 할 부문은 노동시장이다. 북한의 시장에서 자본주의의 가장 핵심적 요소인 임노동 관계가 형성되었기 때문이다. 상업 부문에서 상점 주인과 상점 노동자, 수산업에서 선박 소유주와 노동자 사이에 고용과 피고용의 관계가 나타나고 있다. 이러한 임노동 관계는 아직 비공식 관계에서 나타나고 있지만, 일부는 합법과 불법이 모호한 일도 있다.

북한에는 돈주로 대표되는 고리대금, 혹은 대부자금이 활발하게 활동하고 있다. 외화벌이 사업을 중심으로 상업자본도 커지고 있으며, 옷·신발·담배 등의 제조업 규모도 커지면서 산업자본이 싹트는 현상까지 나타났다. 공장·기업소뿐만 아니라 당 조직들도 외화벌이에 나서게 되었다. 주요 품목의 하나로 송이버섯을 들 수 있는데, 수매소를 설치하여 이것을 거두어들이고 수출하여 외화를 벌어들였다.

물론 장마당이 북한의 사회주의 체제를 붕괴시킬 정도로 영향을 주는 것은 아니다. 북한 당국이 어느 정도 허용하는 범위에서 운영되기 때문에 돈주를 자본주의사회에서의 자본가로 볼 수는 없다. 하지만 상행위의 발전은 북한 주민들의 의식에 영향을 주는 것은 확실하다. 학교와 각종 사회단체 및 노동당에서 행해지는 사상 교육에서 대놓고 반기를 들지 못하지만, 장마당에서 생필품을 조달하는 북한 주민들 사이에서는 개인주의, 이기주의, 물질주의 등의 가치가 확산할 수밖에 없다. 그렇다면 '사회주의 대가정'으로 일컬어지는 북한의 집단주의도 약화할 것이다. 따라서 북한 당국은 이에 대한 대책을 마련해야 하는 딜레마에 빠져 있다고 볼 수 있다.

3. 일심단결에서 핵으로

김일성 사후 김정일은 김일성의 지위를 계승하게 된다. 그리고 그의 위치를 수령의 후계자에서 새로운 수령으로 격상하기 위해 노력한다. 대표적인 것이 오직 수령만이 할 수 있는 현지지도이다. 1980년대 이전까지 현지지도라는 용어는 당시 김일성의 정책지도 활동에 국한해서 사용해왔으며, 김정일에 대해서는 주로 '실무사찰' 또는 '실무지도'라는 표현을 써왔다. 김정일에게도 현지지도라는 표현이 쓰이기 시작한 것은 1988년 4월 5일 체신 및 방송사업장 방문부터이며, 1990년대 들어서야 김정일에 대해 현지지도라는 용어가 보편적으로 쓰이기 시작했다. 김정일은 지난 64년부터 98년까지 34년 동안 3천693일을 현지지도에 보낸 것으로 전해진다.(통일뉴스, 2001년 05월 22일)

김일성과 마찬가지로 김정일은 현지지도를 자신의 정치적 리더십을 발휘하는 기회로 적절히 이용하고 있었다. 다만 과거 김일성 때보다 통제가 더 심한 편이었다. 김정일이 방문하는 곳은 주변 환경을 새로 정리하고, 성분이 좋지 않거나 건강 상태가 좋지 않은 사람은 다른 곳으로 숨어있어야 한다. 눈에 거슬리는 것이 없는 상태에서 김정일은 보고를 받고 지시를 한다. 따라서 성분 불량인 사람은 현지지도 시에 철저히 배제된다. 반대로 김정일에게 보고하고 접촉할 수 있는 사람은 당성이 보장된 사람들이다. 이런 상황에서 인민들과 수령이 혼연일체가 되는 것은 불가능하다. 형식적인 관계만이 가능할 뿐이다.

배급체제가 무너지고 장마당에서 생필품을 조달하는 북한 주민들은 수령-당-대중의 운명 공동체를 더는 믿지 않게 되었다. 자기 삶은 스스로 책임져야 하는 상황이 된 것이다. 과거 수령이 자신들의 생활을 돌아보고 인민들에게 필요한 조치를 적절히 해주던 시기에는 수령에 대한 충성이 곧 자신들의 이익으로 생각되었다. 하지만 김정일의 현지지도가 보이기 위한 형식적인 시찰이 되고 배급체제까지 무너진 상황에서 일심단결은 형식적인 구호에 그치게 된다. 동유럽에서 공부하던 북한 유학생들의 탈북 행렬이 간간이 알려지다가 고난의 행군 시절에는 굶주림에 지친 북한 주민들의 탈북이 줄을 잇게 되는 현상이 그 현실을 잘 대변하고 있다.

북한 체제를 유지할 수 있는 것은 최고지도자와 인민들의 단결된 힘이 아니라 강력한 무기 즉 핵무기로 변모했다. 사회주의권이 붕괴하고 중국이 한국과 수교하는 등 유사시 북한이 의지할 동맹국이 사라지고 주민들의 체제에 대한 충성심이 변하는 상황에서 선택할 수 있는 최고의 선택일 수도 있다.

북한의 핵 개발이 언제부터 시작되었는지는 다양한 학설이 존재한다. 표면적으로 북한의 핵 문제가 본격적으로 드러난 것은 1991년 12월 남북기본합의서가 채택됨과 거의 동시이다. 핵 문제로 인해서 '남북 사이의 화해와 불가침 및 교류·협력에 관한 합의서'(남북기본합의서)는 실제로는 사장되었다. 북한은 핵 확산 금지 조약에 1985년에 가입했으나 완전한 사찰을 막아 핵 개발 의혹을 불러일으켰다. 황장엽 조선노동당 전 비서는 1997년 망명 직후 인터뷰에서 북한에서는 핵무기를 보유하고 있는 것은 상식화되어 있고 지난 85년 소련측이 핵 개발을 문제 삼자 조선노동당에서 이를 무시했다고 한다. 그리고 북한의 핵 개발 계획이 이미 80년대 중반부터 시작됐음을 밝혔다. 그리고 북한은 96년에 파키스탄과 협정을 맺고 우라늄235로 핵무기를 만드는 제조기술을 넘겨받은 뒤 본격적으로 핵무기를 만들기 시작했다고 주장하며, 이미 북한은 1993년께 연료봉 1,800개 중 절반을 재처리했다고 말했다.(2006. 10. 11. 민주주의 이념정치철학연구회 주최로 열린 수요강좌에서 증언)

1993년 북한은 핵 확산 금지 조약을 탈퇴할 것이라 공언하는데, 이를 1차 북핵 위기라고 부른다. 이 위기는 1994년 북미 간에 북한의 핵무기 개발을 중단하는 대가로 미국이 북한에 핵무기를 이용한 공격을 하지 않는 공식적인 평화 협정을 체결하며, 북미 관계 정상화를 추진하고, 핵발전소의 대체 수단인 경수로 발전소를 제공하며, 핵발전소를 중지하는 조건으로 대체 에너지인 중유를 제공한다는 조건의 제네바 합의로 잠정 해소되었다.

그러나 미국 공화당은 북한과의 합의는 공산국가와의 합의로 회의적이라며 반대하여, 북한에 경수로 발전소 지원을 위한 자금 지원을 미국 의회는 불허하였다. 제네바 합의의 핵심 이행 사항인 경수로 발전소 건설 지연에 대해서 북한은 지속적으로 항의를 하였다. 당시 제네바 합의를 끌어낸 미국 클린턴 행정부는 북한이 경수로 프로젝트가 마쳐지기 전에 붕괴할 것을 예상하여, 북한의 정권이 붕괴 전까지 핵 개발을 중단하게 하려고, 북한과 합의를 하였다고 실토하였다. (Kessler, Glenn (2005년 7월 13일). "South Korea Offers To Supply Energy if North Gives Up Arms". Washingtonpost.com) 이에 원자로 가동을 8년간을 중지했던 북한은 2002년 영변 원자로를 재가동하고 다음 해 핵 확산 금지 조약을 탈퇴함으로써 제네바 합의는 파기되고 2차 북핵 위기를 맞는다.

이후 북한은 국제사회의 비난과 제재에도 독자적으로 핵 개발 프로그램을 진행하여, 2006년 10월 9일 풍계리 핵 실험장에서의 핵실험이 성공했다고 공식 발표했다. 그리고 2007년 2월 13일 6자회담이 진행되어 '2·13 합의'가 맺어졌다. 합의 주요 내용은 북한의 핵시설 폐쇄, 핵 불능화, 핵사찰 수용 및 중유 100만 톤 상당의 에너지 지원 등이었다. 이로 인해 북한은 영변의 원자력 발전 냉각탑을 폭파하였다. 하지만, 결과적으로 2·13 합의사항은 이행 시한을 넘기고 지켜지지 않았다.

2011년 12월 북한 핵 개발의 최고 책임자인 김정일이 사망한 이후 북한의 핵 개발은 더욱 급격히 진척된다. 이명박 정부 시기, 박근혜 대통령 임기 초인 2013년에 1차례, 이어서 2016년에 무려 2차례나 진행하였다. 특히 2016년에는 수소탄 실험 성공 발표에 이어서, 관측하는 기관에 따라 20kt~30kt까지 추정되는 강력한 핵실험을 진행하였다.

핵실험과는 별도로, 2016년 우리의 킬체인 전략에 차질을 줄 수 있는 고체연료 미사일 개발에 성공했으며 이어 SLBM인 북극성 1호를, 2017년에는 IRBM인 북극성 2형과 ICBM인 화성 14형, 15형의 발사에 성공하여 완성된 핵무기의 투발(投發)도 가능한 수준이 되었다. 또한, 북한은 ICBM 탑재용 수소폭탄 개발의 완료와 핵탄두의 소형화·경량화도 이루어졌다고 주장하였다. 2015년부터는 북한 잠수함에서 발사하는 탄도미사일(SLBM)에 핵탄두가 탑재될 가능성이 커졌다.

주한미군사령부는 2017년 11월 발사된 북한의 대륙간탄도미사일(ICBM) '화성-15'를 "미국 본토 전역을 타격할 수 있다"라고 평가했다. 2019년 7월 11일 주한미군사령부가 발간한 '주한미군 2019 전략 다이제스트'에 따르면 북한은 현재 화성-13, 화성-14, 화성-15 등 세 가지 종류의 ICBM급 미사일을 보유하고 있다. 사거리는 각각 3,418 마일(5,500㎞) 이상, 6,250마일(1만 58㎞), 8,000마일(1만 2,874㎞)로 추정됐다. 군 당국은 '2018 국방백서'에서 북한이 보유한 ICBM으로 화성-13, 화성-13 개방형, 화성-14, 화성-15, 대포동을 거론하며 화성-15의 사거리를 '1만㎞ 이상'으로 분석한 바 있다.

주한미군은 특히 화성-14형과 화성-15형을 미국 본토를 위협할 수 있는 무기로 평가했다. 북한이 2017년 7월 4일 쏘아 올린 '화성-14'는 미 본토 대다수 지역에 도달 가능하다고 언급했다. 이어 그해 11월 29일 발사한 '화성-15'는 미 본토 전 지역을 타격 가능한 것으로 평가했다. 이보다 더 앞선 5월 14일 발사한 중거리탄도미사일(IRBM) '화성-12'는 미 하와이와 알래스카에 도달할 수 있을 것으로 추정됐다.

북한의 핵은 처음에는 체제 수호를 위해 개발되다가 대륙간탄도미사일(ICBM)이 개발됨에 따라 미국과의 협상용으로 사용된다. 미국으로서는 북한과의 대화에 큰 의미를 두기 힘들지만, 북한의 핵이 미국 본토를 공격할 수 있는 상황이 된다면 상황이 달라진다. 미국 본토가 공격받을 수 있다는 우려는 미국 정부가 북한과의 협상에 임하도록 했다. 북한으로서는 남한 정부와의 협상보다 미국과의 직접적인 담판을 통해 체제보장을 보장받는 것이 합리적인 선택일 수 있다. 일관된 통일정책이 부재하여 정권이 바뀔 때마다 통일정책이 바뀌고 미국의 대북정책에 영향을 받는 남한과의 대화보다 미국과의 직접 협상이 현실적으로 더 나은 전략이기 때문이다. 따라서 북한은 필요에 따라 대륙간탄도미사일(ICBM)을 개발하고 발사할 것이다.

07

백두혈통

김일성에서 김정일로 권력이 승계될 때 부자세습에 대한 논란이 많았다. 북한을 옹호하는 견해에서는 김정일의 권력 승계가 육체적 혈통의 계승이 아니라 김일성의 사상을 계승하는 것으로 해석하고 세습에 대해 부정하였다. 하지만 2011년 12월 17일에 김정일이 사망하고 김정은이 국방위원회 제1위원장, 조선로동당 제1비서, 조선인민군 최고사령관의 직함을 달고 권력을 승계하면서 아들에서 손자까지 권력을 승계하는 일이 벌어졌다. 북한에서 김일성과 김정숙의 육체적 혈통 외에 다른 인물을 수령으로 추대할 수 있는 분위기가 조성되는 것이 사실상 불가능함을 고려한다면 육체적 혈통을 계승하는 왕조 국가임을 드러내고 있다.

1. 김정은의 등장

　김정은은 공식적으로 등장하기 이전에 '청년대장'으로 알려졌다. 이는 2009년 김정은 생일 이후 나온 것으로 끊임없이 김정은을 인민 대중에게 각인시키는 치밀한 작업이었다. 또한 그해 2월부터 김정은을 상징하는 샛별 장군, 김 대장이 들어가는 구호와 노래도 등장하였고, 김정은 찬양가요인 '발걸음'을 북한 사회 내의 각급 단위에 전파하였다. 김일성이 큰 별을 상징하는 '한별'이란 가명을 쓴 적이 있고, 김정일은 '장군별'로 불렸기 때문에 북한에서 '샛별'은 후계자를 의미하는 것이었다.

이후 김정은은 2010년 9월 27일 인민군 대장 칭호를 부여받고 9월 28일에 열린 당대표자회에서 중앙군사위원회 부위원장에 임명되면서 공식적으로 후계자로 내정되었다. 선군정치를 강조하는 김정일 체제에서 군사위원회의 직제에 없던 부위원장 자리를 만들어 김정은에게 준 것은 그의 위상을 확고히 하여 후계체제 구축의 속도를 내자는 것이었다. 당중앙군사위원회는 군 총참모부와 군 총정치국을 통해 핵심 군부 엘리트들을 통제하는 조직지도부 제1부부장을 포함하고 있어 당중앙위원회와 공동으로 북한군 전체를 지도·지휘하기에 적합한 인적 구성을 갖추고 있다. 그러므로 김정은의 직위는 상징적으로 제2인자라는 의미를 부여한 것이었다.

2013년 6월에 헌법이나 노동당 규약보다 상위 규범인 '당의 유일사상체계 확립의 10대 원칙'을 39년 만에 개정하면서 '백두혈통'의 정권 세습을 명문화했다. '10대 원칙' 제10조 제1항에서 "당의 유일적 영도체계를 세우는 사업을 끊임없이 심화시키며 대를 이어 계속해나가야 한다."라고 했다. 제2항에서는 "우리 당과 혁명의 명맥을 백두의 혈통으로 영원히 이어나가며… 그 순결성을 철저히 고수하여야 한다."라고 했다. 이제 북한에서는 백두의 혈통만이 지도자가 될 수 있도록 명문화한 것이다.

김일성 사망 이후 김정일이 선대 수령인 김일성의 유훈을 지켜야 한다고 강조했듯이, 북한 당국은 김정일의 사망 보도를 하면서 "위대한 령도자 김정일 동지를 영원히 높이 우러러 모시며 김정일 동지의 유훈을 지켜 주체혁명, 선군혁명의 길에서 한 치의 양보도, 한 치의 드팀도 없을 것이며 장군님의 불멸의 혁명업적을 견결하게 옹호고수하고 천추만대에 빛내어 나갈 것이다."라며 김정일의 유훈을 지켜야 한다는 내용을 포함했다. 그 후 북한은 12월 22일의 노동신문 사설 '위대한 김정일 동지는 우리 군대와 인민의 심장 속에 영생하실 것이다'를 통하여 김정은의 영도와 유훈 통치를 언급하였다.

한때는 성혜림의 큰아들 김정남이 김정일의 후계자로 알려졌다. 김정일이 김일성의 장남이었기에 김정일의 장남인 김정남이 다음 후계자가 되는 것은 당연하다는 논리였다. 하지만 김정남의 복장만 보더라도 사실이 아님을 알 수 있다. 북한에서는 사회주의적 생활풍습으로 남자는 수염을 기르지 않고 외출 시 반바지를 입지 않는 것이 상식이다. 김일성이 항일무장투쟁을 할 때도 그의 유격대원들은 수염을 기르지 않았다. 김정남이 후계자였다면 수염이 덥수룩한 모습으로 외국을 돌아다닐 수가 없다. 김일성과 그의 동료들의 직계가족 중에 면도하지 않고 대중에게 나타난 사람이 있는지 살펴본다면 수긍할 것이다. 만약 김정남이 후계자였다면 대중들에게 수령의 이미지를 창출하기 위해서라도 사회주의 생활양식과 반하는 모습을 철저하게 단속하였을 것이다.

김정은이 공식적인 후계자로 옹립된 후 노동신문을 비롯한 언론매체가 수령의 품격 및 자질을 가졌다고 찬양하고 수령의 유일적 영도체계가 김정은을 중심으로 작동했지만, 간부들의 마음조차 사로잡은 것은 아니었다. 내적인 충성심을 불러일으키고 권력을 공고히 하는 데에는 시간이 짧았던 것도 사실이었다. 김정은의 등극 이후 벌어지는 잔혹한 숙청도 그의 권력 승계가 불완전했음을 잘 나타내고 있다.

김정은은 김일성이 주창한 '주체사상'과 김정일이 주창한 '선군사상'을 '김일성-김정일주의'라는 이름으로 계승하고, 경제적 자원과 군사적 자원을 확대하면서, 자신의 권력 강화를 위한 정체성 수립을 위해 노력하고 또 그 정체성을 전당·전 국가·전 사회적으로 공유케 하려는 이익을 추구하면서, 자신의 '수령의 유일적 영도체계' 확립을 위해 노력해 왔다.

김정일이 김일성의 사상에서 벗어날 수 없듯이 백두혈통으로 권력을 승계한 김정은은 선대 수령의 사상을 계승할 책임이 있기에 사상과 정치적인 면에서 개혁·개방으로 나갈 가능성은 없다. 북한의 언론매체들이 김정은은 "위대한 대원수님들의 사상과 리념, 풍모의 자질을 그대로 이어받으시고 백두의 넋과 의지, 담력과 기질을 완벽하게 체현하신 선군 조선의 상징"이며(『로동신문』 2014.2.5.), "사상과 령도, 덕망에 있어서 위대한 대원수님들 그대로이신 경애하는 원수님께서는 김일성-김정일주의를 우리 당의 영원한 지도 사상으로 내세우시고 온 사회의 김일성-김정일주의화를 당의 최고강령으로 선포했다"라고(『로동신문』 2014. 1. 30.) 보도하는 것을 고려한다면 김정은의 권위는 선대로부터 물려받은 것임을 알 수 있다.

김정일이 후계자로 등장한 1970년대 이후 당의 중요 인물이 숙청당한 경우는 1977년 10월경에 숙청된 김동규뿐이다. 1970년 11월 5차 당대회에서 선출된 정치위원회 정위원 10명 중 6차 대회에서 탈락한 사람은 4명이었는데 그중 최용건, 한익수는 사망이었고 김영주는 병 때문이었다. 조선노동당 제6차 대회에서 선출된 정치국 정위원이나 김정일이 직접 관장해온 비서국의 비서들도 망명한 황장엽을 제외하고는 숙청당한 소식은 거의 없다. 사망하거나 병으로 자리에 물러난 경우가 대부분이며, 당직에서 탈락했다고 하더라도 중앙인민위원회 등 국가 기관으로 자리를 옮겨 계속 일하였다. 즉 당직을 맡고 있다가 영원히 사라지는 정치적 숙청 대신에 단순 경질이나 보직 순환의 성격으로 변한 것이다.

김일성 사망 이후 공식적으로 김정일이 권력을 승계한 이후 그는 '광폭정치'를 실시한다. 통이 큰 정치라는 의미로 과거의 사사로운 잘못은 덮어두는 큰 그릇의 이미지를 연출한다. 그리고 김일성 시대의 인물들을 예우해 주면서 권력 상층부의 변동은 거의 없게 만든다. 사망하거나 병으로 물러난 인물들을 제외하고는 당과 국가 권력의 중요 인물들은 그대로 중용되었다. 식량난을 책임지고 총살당한 농업담당 비서인 서관희는 극히 예외적인 상황에 해당한다.

전체적으로 볼 때 김정일 시대에는 권력 엘리트들의 정치적 숙청이 거의 없었다. 이것은 그만큼 오랜 기간 김정일이 후계자 수업을 받았기에 권력 승계에 문제가 없었음을 의미한다. 물론, 심화조(深化組) 사건이라 하여 사회안전성 내에 비밀경찰 조직인 심화조를 설치하여 1997년에서 2000년까지 25,000명을 숙청하였는데, 이 가운데 10,000명은 피살당했고 15,000명은 수용소에 수용되었다는 소식도 있다. 심화조는 주민의 경력, 사상 조사를 심화시킨다는 뜻이었는데, 대규모 숙청으로 민심이 들끓고 그것이 김정일에 대한 불신으로 이어지자 심화조를 해산하는 것과 동시에 심화조 지휘 성원들을 모두 체포하라는 지시를 내리게 된다. 김정일은 이어 심화조 사건을 현대판 '민생단 사건'으로 규정짓고 억울하게 희생당한 사람들과 그 일가족들에 대한 사면조치를 지시했다고 한다. 이 과정에서, 많은 사람이 피해를 보았다고 알려졌으나 중앙당에서 숙청당한 사람은 서관희 농업담당 비서나 문성술 당 조직지도부 본부당 담당 책임비서 정도이다.

하지만 김정은은 권력을 승계한 이후 '공포정치'로 표현될 정도로 잔혹한 숙청을 단행했다. 당과 국가 기관 그리고 인민군 장성까지 많은 사람이 사형을 당했다. 이것은 그의 권력 승계가 그만큼 불안정하다는 의미였다.

2. 수령론의 제도적 장치

1994년 7월 8일 북한 노동당의 총비서이자 국가주석이었던 김일성이 사망한 이후 김정일은 1997년 10월 조선노동당 총비서에 취임하였고, 1998년 9월 5일 최고인민회의 제10기 제1차 회의를 통해 국방위원장의 권한을 강화해 실질적인 국가의 최고 직책으로 격상시키고 김정일이 국방위원장으로 재추대 되었다.

북한은 1972년 사회주의 헌법에서 국방위원회를 중앙인민위원회 산하기관으로 신설하였다. 국방위원회 신설 당시 주석은 "전반적 무력의 최고사령관, 국방위원회 위원장으로 되며 국가의 무력을 지휘 통솔"하게 되어있어 김일성이 주석과 국방위원장을 겸직하였다. 이후 국방위원회는 1990년 5월 최고인민회의 제9기 제1차 회의에서 중앙인민회의와 분리되었으며, 1992년 헌법개정을 통해 국가주석의 국방위원장 겸직 조항이 삭제되었다. 따라서 그동안 국가주석이 행사하던 일체의 무력 지휘·통솔권을 국방위원장이 행사하게 되었고,

이후 1993년 4월에 김정일이 국방위원장으로 취임하였다.

보통 사회주의 국가에서는 최고지도자가 사망한 이후 권력투쟁이 일어나는 것이 상식인데, 북한은 당의 최고직위와 국가주석이 3년이 넘도록 공석이 되어도 국가가 운영되는 기현상이 발생하였다. 이것은 북한이 헌법이나 당규약에 명시된 공식적인 직책에 의해 지도되는 것이 아니라 주체사상에 명시된 수령과 그 후계자에 의해 움직이는 나라임을 보여주고 있다. 즉 사상의 나라이다. 노동당이나 국가기관에서 명시된 직책은 수령의 통치를 보장해주는 직위일 뿐이다. 주석이나 국방위원장, 총비서는 수령을 위해 만들어놓은 자리일 뿐이다.

북한 사회에서 수령은 당과 국가의 수위에 서서 사회주의 정치체제의 총체를 지휘하는 최고의 영도자인데, 이것은 결코 수령의 지위가 어떤 공직에 의하여 규정된다는 것을 의미하지 않는다. 대통령이나 총리와 같이 어느 사회나 국가적인 공직에 의하여 규정되는 최고지도자가 있기 마련이나, 그들은 사회에서 수령이 차지하는 것과 비교할 수 있는 그러한 지위에 있는 것은 아니다.

1) 노동당 내에서의 1인 지배체제 확립

일반적으로 마르크스·레닌주의 이데올로기로 형성된 공산주의 국가에 있어서 공산당은 국가와 정부의 주력이며, 동시에 모든 것의 원동력일 뿐 아니라 정치적·사상적 활동의 중추 기관이다. 북한에서의 조선노동당 역시 북한의 입법·행정·사법기구의 일체 사업 운영을 지도·통제·감시하는 역할을 담당하고 있다. "당이 결심하면 우리는 한다"라는 구호는 북한 주민들이 얼마나 당에 충성하고 복종심이 강한지 보여주는 동시에, 당의 정책 결정 과정에서 일반 주민들의 참여가 철저히 배제되고 있음을 나타내는 것이기도 하다. 또한, 당적 영도는 북한 사회의 전 부문에 예외 없이 적용되는데 부문별, 단계별로 전국적으로 조직된 당 위원회와 당 세포를 통해서 이루어진다. 국가 기관은 물론 근로 단체, 일반공장, 기업소, 농장도 그 당적 영도에서 제외되지 않는다. 따라서 당을 장악하는 것이 권력의 안정화를 위해 가장 중요한 일이다.

조선노동당이 다른 사회주의 국가나 다른 나라의 공산당과 다른 점은 그 당원 수가 인구에 비례하여 아주 많다는 것이다. 과거의 소련공산당이나 현 중국공산당의 당원 수는 인구 비례로 약 4% 정도에 지나지 않는다. 그런데 조선노동당은 인구의 약 17%를 차지하는 막대한 당원을 보유하고 있다. 물론 당원들이 다 지도적 위치에 있는 것이 아니라, 당원 중에 간부를 양성하고 그들이 인민 대중을 선도한다.

물론 북한에도 우당(友黨)이라는 형식으로 조선사회민주당이나 천도교청우당이 존재한다. 이 당에서도 우리나라의 국회의원에 해당하는 최고인민회의 대의원을 배출하고 있다. 하지만 이런 현상들을 다당제로 볼 수는 없다. 조선노동당의 위성 정당으로 존재하고 있으며 독자적인 정책을 내놓을 수 없는 실정이다.

1949년부터 1966년까지 조선노동당의 최고수반은 당의 최고기관인 당중앙위원회 위원장이었다. 하지만 1966년 10월 개최된 제2차 당대표자회에서 당 기구를 개편하여 당중앙위원회 위원장직과 부위원장직을 폐지하고, 당중앙위원회의 최고직위로 총비서직을 두고 총비서 아래 당중앙위원회 비서국을 설치했으며, 당대표자회 마지막

날인 10월 2일에 제4기 당중앙위원회 제14차 총회를 개최하여 김일성을 총비서로 선출했다. 그리고 김일성은 1994년 사망 시까지 총비서직을 유지했다.

노동당 총비서는 당대회 또는 당대표자회 그리고 당중앙위원회 전원회의에서 당을 대표하여 '당 활동보고'를 하므로 조선노동당의 당수로 간주하며, '조선민주주의인민공화국 사회주의 헌법'에는 조선민주주의인민공화국을 조선노동당이 지도한다고 명시하고 있어서 결국 총비서는 북한의 사실상의 최고지도자이다. 김일성 사망 이후 당총비서는 1997년까지 공석으로 남아 있다가 같은 해 10월 8일 당중앙위원회와 당중앙군사위원회의 연명 추대를 통해 김정일이 총비서직에 취임했다. 김정일이 사망한 후인 2012년 4월의 당대표자회에서는 김정일을 '영원한 총비서'로 추대하고, 대신 김정은을 조선노동당 중앙위원회 제1비서로 추대했다.

2016년 5월에 진행된 제7차 노동당 대회에서는 김정은이 당 '최고 수위'를 의미하는 '노동당 위원장'에 추대됐다. 1949년 6월 30일 북조선노동당과 남조선노동당이 당대회 없이 제1차 전원합동회의를 개최, 조선노동당으로 통합하면서 김일성이 위원장에, 박헌영과 허가이가 부위원장에 각각 선출된 이후 67년 만에 다시 노동당 위원장에 추대된 것이다. 그리고 당 중앙위원회에 정무국을 신설하고, 비서국을 폐지했다. 이와 함께 노동당을 각 부(部) 체제로 운영하게 되었다. 새로 신설된 정무국은 김정은 노동당 위원장을 비롯한 각 부위원장으로 구성하게 되는데 부위원장이 비서에 해당한다.

노동당의 공식적 최고 의사결정 기구는 당대회이다. 당대회에서는 당 규약을 개정하며 당 노선과 정책 및 전략 전술에 관한 기본문제를 결정(총화)하도록 규정하고 있다. 그러나 실제로는 당중앙위원회나 정치국이 내리는 결정을 사후적으로 추인하는 형식적 기능을 수행하고 있다.

당대표자회는 당대회와 당대회 사이에 당의 노선과 정책 및 전략·전술의 긴급한 문제들을 토의·결정하며 당중앙지도기관 구성원을 소환하고 보선하기 위해 당중앙위원회가 소집하는 회의로 규정되어 있다. 북한은 당 규약 개정을 통해 당대표자회에도 당 최고 지도기관 선거 및 당 규약 개정 권한을 부여했다. 2016년 개정된 당 규약에서는 당 총비서 대신에 노동당 위원장의 지위를 명기하고 이전과 마찬가지로 당중앙군사위원장을 겸하도록 규정했으며, 군에 대한 당의 통제를 강화하는 방식으로 권한을 규정하고 있다.

당대회가 열리지 않는 기간 동안 당중앙위원회는 최고 지도기관의 역할을 대행하며 모든 당 사업을 주관한다. 당중앙위원회는 전원회의를 1년에 1회 이상 소집하게 되어있으나, 전원회의가 개최되지 않는 기간에는 그 권한이 당 정치국과 당 정치국 상무위원회로 위임된다. 당중앙위원회는 당대회에서 선출된 위원과 후보위원으로 구성되며 이들이 모두 참여한 중앙위원회 전원회의는 당 내외 문제들을 논의·의결한다. 또한, 전원회의는 정치국과 정치국 상무위원회, 당중앙위원회 부위원장들 및 당중앙위원회 검열위원회를 선거하며, 정무국과 중앙군사위원회를 조직하는 권한도 부여받고 있다

당대회나 당중앙위원회 전원회의가 장기간 열리지 않는 상황에서 당내 의사결정을 담당하는 권력 기구는 1980년 제6차 당대회에서 신설된 당중앙위원회 정치국과 정치국 상무위원회다. 정치국 상무위원회는 정치국 안에 따로 둔 부서로 정치국의 핵심이라 할 수 있다.

그러나 김정일 정권 아래에서 정치국은 사실상 거의 운용되지 않았다. 정치국의 위상 변화는 후계 구도와 맞물려 나타났다. 당중앙위원회 정치국에서 제3차 당대표자회(2010.9.28.) 소집을 결정한 것이다. 특히 김정은 집권 이후에는 리영호·장성택 숙청과 같은 주요 안건들을 당 정치국 회의 또는 정치국 확대 회의를 통해서 결정할 만큼 그 위상이 복원되었다.

당중앙위원회 정무국은 당대회와 당대회 사이 모든 당 사업을 조직·지도하는 실질적인 집행기관이다. 과거 당내 모든 정책 결정을 주도하는 핵심 권력 기구는 당 정치국과 정치국 상무위원회였음에도 불구하고, 김일성과 오진우가 사망한 이래 정치국 상무위원회는 김정일 단일 상무위원 체제로 전락하여 그 기능이 사실상 중단되어 있었다. 그로 인해 김정일 시대에 들어와서는 정치국 상무위원회를 대신하여 당 비서국이 당중앙위원회를 실질적으로 주도하는 상황이 전개되었다. 당 비서국은 수령제 확립과 김정일 후계체제 확립을 위한 1966년 10월 제2차 당대표자회 및 제4기 제14차 당중앙위원회 전원회의(10.12.)에서 신설되었으며, 2016년 제7차 당대회를 통해서 비서국은 정무국으로 개편되었다. 당중앙위원회 정무국은 당 내부사업과 그 밖의 실무적 문제들을 토의·결정하고 그 집행을 조직·지도하는 당내 핵심 부서이다. 정무국은 2019년 현재 김정은 당위원장 외에 여러 명의 당중앙위원회 부위원장으로 구성되어 있다.

김정은 체제에 들어서서 북한은 노동당의 영도가 다시 강화되었다. 2009년 헌법을 통해서 북한의 지도이념으로 굳혀져 가는 듯했던 선군정치는 2011년 12월 17일 김정일이 사망하면서 상징적인 의미는 간직하고 있으나 실질적으로는 많이 약화되었다. 김정일 생전에

2010년 9월 제3차 당대표자회에서 이미 당의 위상과 역할을 전면적으로 회복시켰고, 김정은 시대에는 조선인민군에 대한 조선노동당의 통제력이 차차 강해지기 시작했다.

2016년 실시된 조선로동당 제7차 대회에서는 조선노동당의 조직을 확대 개편하고 조선노동당의 수뇌부라 할 수 있는 정치국 상무위원회 위원들도 3명에서 5명으로 충원되었다. 조선노동당 정무국이 노동당의 정책을 집행하는 기구라면 조선노동당 정치국은 당의 모든 사업을 조직·지도하는 역할을 한다. 이 과정에서 국방위원회 부위원장 리용무, 오극렬 등 군부의 주요 인사들이 대거 정치국에서 축출되었고 당 중앙군사위원회의 규모도 감축되었다. 이어서 개최된 최고인민회의 13기 4차 회의에서 김정은은 헌법을 개정하여 기존의 국방위원회를 폐지하고 국무위원회로 개편하였으며 전군이 당의 지도를 받는다는 것을 확고히 하였다. 선군정치, 선군사상의 중핵이었던 국방위원회의 폐지는 선군정치의 종언과도 같았다. 2019년 4월 11일 최고인민회의 제14기 제1차 회의에서 수정·보충한 사회주의 헌법에서 서문에 '선군'이 나와 있지만, 헌법 제3조(제1장 정치)에 '선군사상'이나, 제59조(제4장 국방)에 나온 '선군 혁명노선' 등의 표현이 삭제된 것은 이를 잘 보여주고 있다. 즉, 비록 북한이 김정일의 혁명 위업을 강조하기 위해서 공식적으로 선군사상을 내세우기는 하나, 노동당의 영도가 강화될수록 군부가 김정일 시대처럼 당과 국가의 전면에 나서서 주도적인 역할을 할 수는 없게 된다고 볼 수 있다.

2016년 5월 6일 평양에서 개최된 제7차 조선노동당 대회에서 개정한 규약에서 "조선로동당은 위대한 김일성-김정일주의 당이다."라고 규정했다. 또 "위대한 김일성 동지는 조선로동당의 창건자이시고 영원한 수령이시다.”라고 명시했다. 김정일에 대해서는 “조선로동당의 상징이고 영원한 수반이시다.”라고 적시했다. 김정은에 대해서는 “경애하는 김정은 동지는 조선로동당을 위대한 김일성 동지와 김정일 동지의 당으로 강화발전 시키시고 주체혁명을 최후 승리로 이끄시는 조선로동당과 조선 인민의 위대한 령도자이시다.”라고 쓰고 있다. 이어 “조선로동당은 위대한 김일성 동지와 김정일 동지를 영원히 높이 모시고 경애하는 김정은 동지를 중심으로 하여 조직 사상적으로 공고하게 결합한 로동계급과 근로 인민 대중의 핵심부대, 전위부대이다.”라고 밝혔다. 당은 그 자체로 성립하는 조직이 아니라 수령을 위해 존재하고 수령의 교시를 집행하는 기구임을 잘 드러내고 있다.

2) 주석, 국방위원장, 국무위원장

북한이 1972년 12월 27일 제정한 사회주의 헌법은 주체사상을 전면적으로 구현한다. 이 헌법에서 국가주석제도는 “프롤레타리아 독재체제에서 노동계급의 수령이 차지하는 위치와 역사발전에서 수령의 역할”과의 연관성을 규정함으로써 북한 사회의 독특한 수령론을 제도화한 것이다.

국가체계에서 최고의 권력자로 규정하고 있는 북한의 주석제는 중국의 주석제를 모방한 것이지만 그 권한 면에서 볼 때, 중국의 주석보다 더 절대적인 권한이 부여되어 있다고 할 것이다. 이러한 권한을 가진 북한의 주석제는 헌법상 규정된 권한을 초월하여 북한에서는 유일한 존재로 인식되었다. 즉 주석제는 혁명투쟁에서 차지하는 수령의 절대적인 위치와 역할 그리고 사회정치적 생명체에서 뇌수로 위치 지어지는 수령의 법적 표현으로 볼 수 있다.

1972년 사회주의 헌법에 따르면 최고인민회의에 의해 선출되는 국가주석은 주요 핵심 인사의 인사권은 물론 정무원 회의의 주재와 각종 정령 및 명령·결정의 공포, 그리고 국가의 모든 무력의 최종 책임자라는 권한을 부여받고 있다. 또한, 주석은 자기 사업에 대하여 최고인민회의 앞에 책임을 지지만 주석은 최고인민회의에서 선거될 뿐 소환되지 않으며, 오히려 헌법상 국가 부주석, 중앙인민위원회 서기장, 위원들, 정무원 총리, 국방위원회 부위원장을 최고인민회의가 선거 혹은 소환할 때 주석의 제의가 반드시 있어야만 가능한 것으로 되어있어 실질적인 최고 국가 기관으로 설정되어 있다.

이로써 인민 대중의 뇌수로서 당과 대중 그리고 근로 단체의 정신적·상징적 지도자 지위를 부여받고 있던 수령은 신헌법상(1972년 제정)의 절대권 보장을 통하여 그동안 법적 틀 밖에서 이루어지던 자신의 권력 행사를 헌법적 규정을 통해 제도화, 수령체계의 권력적 토대를 마련하고 있다.

1998년 북한은 김정일의 공식적인 등장을 알리는 신헌법을 제정한다. 가장 큰 변화는 주석제를 폐지하고 국방위원회 및 최고인민회의 상임위원회의 권한 강화 그리고 내각의 부활을 들 수 있다. 헌법 개정에 관한 여러 가지 해석은 있으나 과거 주석이 가졌던 절대 권한을 국방위원장, 최고인민회의 상임위원회, 내각으로 분산시킨 것은 틀림없다.

국가주석직이 폐지된 이후 국가수반의 지위는 국방위원장으로 승계되었다. 물론 헌법 조문만을 놓고 보면 국방위원회가 '국가 주권의 최고군사지도기관'에서 '국가 주권의 최고군사지도기관이며 전반적 국방기관'으로 되고 '일체 무력을 지휘통솔'하는 국방위원장의 권한에 '국방사업 전반을 지도한다.'라는 내용이 첨가됐을 뿐이다.

그러나 최고인민회의 제10기 1차 회의에서 국방위원장 추대 연설에 나선 김영남이 '나라의 정치·군사·경제 역량의 총체를 통솔지휘', '전반적 국력을 강화·발전시키는 사업을 조직 영도하는 국가의 최고 직책', '우리 조국의 영예와 민족의 존엄을 상징하고 대표하는 성스러운 중책'이라고 언급한 데서 알 수 있듯이 국방위원장은 명실공히 국가의 최고 권력자의 지위이자 직책이다.

김정일이 주석직을 승계하지 않고 국방위원장을 맡게 된 데 대해서는 많은 추측이 있다. 국방위원장으로서 일체 무력을 통솔하며 국가의 수반으로 군림은 하되, 최고인민회의 상임위원회와 내각에 많은 권한을 이양하여 갈수록 더해지는 경제 실패에 대한 책임을 회피할 수 있는 장치를 마련한 것으로 볼 수도 있다. 북한 체제의 모순이 가중되는 시점에 주석과 같이 모든 권한을 부여받았을 경우 그 책임 또한 가중되기 때문에 새로운 통치전략을 선택한 것으로 보인다.

북한이 1998년 개정한 헌법에는 북한 당국의 경제개방에 대한 확고한 의지를 발견할 수 있다. 생산수단의 소유 주체를 '국가와 협동단체'에서 '국가와 사회협동단체'로 규정하여(제20조), 경제 활동의 주체로서 사회단체가 추가되지만, 국가 소유의 대상이 축소되었다. 또한, 개정 헌법은 과거 협동단체 소유로 되어있던 가축과 건물이 개인 소유가 가능하도록 개정(제22조)되어 사유재산제 도입에 대한 가능성을 열어놓고 있다. 특히 개인 소유 재산에 대한 상속권(제59조)을 보장함에 따라 개인 소유의 인정 범위가 확대되었다. 한편 대외무역의 주체 역시 확대되었다. 종전 헌법 제36조에서 '조선민주주의인민공화국에서 대외무역은 국가가 하거나 국가의 감독 밑에서 한다'라는 조항을 '국가 또한 사회협동단체가 한다'라고 수정하여 교역 확대 및 활성화를 꾀하고 있다. 그리고 외국 법인이나 외국인들과의 기업 합영과 합작을 장려한다는 조항(제37조)을 추가하여 경제특구 지정에 대한 법적·제도적 준비를 하였다.

외국과의 경제개방에 대한 확고한 의지는 곧바로 국가 권력의 분산으로도 표출된다. 물론 수령체계가 구조적으로 작동하고, 국방위원장의 지위가 국가 원수임을 명확히 하면서 군부를 전면에 내세운 점, 조선노동당에서의 확고한 지배체제 확립 등을 상기한다면 김정일의 절대적 권력이 약화하였다고는 볼 수 없다. 하지만 무소불위의 권력 수단이었던 주석직을 폐지하면서 주석이 갖고 있던 권한을 국방위원회, 최고인민위원회 상임위원회, 내각 등으로 분산시킨 점을 고려해본다면 과거와는 분명히 다른 차이를 내포하고 있다.

개정 헌법을 김일성 헌법으로 명명하면서 김일성의 권위를 보호막으로 활용하고자 하는 점에서는 수령의 계승자로서 권력의 정당성을 찾는다고 볼 수도 있지만, 내각을 부활시키면서 그 위상을 강화하고 내각의 경제 관계 책임자 23명을 거의 모두 경제전문가 중심의 전문기술자로 구성·배치한 것은 분명 경제개방에 대한 의지로 설명될 수 있다.

주민동원을 통한 사회주의 건설을 추구할 때는 주민들의 통제를 위한 절대적인 권력 조직이 필요하였다. 하지만 경제개방과 개인 소유 확대를 추진하는 정책은 조직의 유연성을 필연적으로 가져온다. 계획 경제와는 거리가 먼 경제개방에 적합한 국가 권력의 재편성은 김정일이 국방위원장에 취임하면서 국가수반의 직책을 유지하고 군권을 장악하면서도, 외교 분야에 있어 최고인민회의 상임위원장의 권한을 강화하고, 우리의 행정부 격인 내각의 역할과 권한을 강화하는 3각 체제의 출범으로 나타났다.

교시와 복종으로 표현되는 김일성식의 경제지배체제는 경제개방에 따르는 부작용을 최고지도자가 책임져야 하는 부담감을 가중한다. 따라서 기본적인 수령의 통치체제를 유지하면서도 경제개방에 대한 실패를 감당할 임무를 맡길 수 있는 권력기관을 만들었다고 볼 수 있다.

2012년 4월 13일에 북한은 김정은을 국방위원회 제1위원장으로 추대했다. 김정일이 김일성을 영원한 주석으로 두었듯이 김정일을 영원한 국방위원장으로 만들었다. 그리고 2016년 6월 29일 최고인민회의 제13기 제4차 회의에서 김정은은 국무위원회 위원장으로 추대되었다.

국무위원회(國務委員會)는 2016년 6월 29일에 개정된 사회주의 헌법에 따라 국방위원회를 대체하여 설치된 것으로 북한의 최고 통치 기관이자 북한 정부의 권한에 속하는 중요정책을 심의하는 최고 정책 심의기관, 국가 관리 기관이다. 그리고 국가의 대표 직책은 국무위원장이다. 국무위원회에서 개최하는 회의는 국무회의라 하며, 내각의 상급 기관으로 국정 계획과 정부의 일반정책, 대내외 정책을 비롯하여 사회주의 헌법에 명시된 조항을 심의하는 헌법상의 심의 기관이다. 국무회의에는 정기국무회의와 임시국무회의가 있다.

2019년 8월 최고인민회의에서 개정된 헌법에서는 "국무위원회 위원장은 전체 조선 인민의 전체 뜻에 따라 최고인민회의에서 선거하며, 최고인민회의 대의원으로는 선거하지 않는다."라는 내용과 "국무위원회 위원장은 최고인민회의 법령, 국무위원회 중요 정령과 결정을 공포한다는 내용과 다른 나라에 주재하는 외교대표를 임명 또는 소환한다."라는 내용을 보충해 국무위원장의 권한이 대폭 넓어졌음을 보여주었다. 국무위원회 소속기관으로는 국가보위성, 인민무력성, 인민보안성, 내각, 조선인민군 등이 있다.

3. 조정자로서의 수령

김정일은 김일성의 절대적인 권위를 바탕으로 권력을 승계했다. 김일성의 노선과 다른 노선을 취하는 것은 권력의 정당성을 스스로 무너뜨리는 것이다. 따라서 김일성의 노선을 충실히 따를 수밖에 없었다. 김정은도 백두혈통으로 권력을 승계하고 자신이 내세울 업적이 없으므로 선대의 노선을 유지할 수밖에 없다. 김정은이 외모를 할아버지 김일성을 빼닮게 하고 목소리조차 할아버지를 흉내 내는 것은 김일성의 권위를 이용할 수밖에 없는 현실을 말해주고 있다. 현지지도 때 김일성이 하던 방식을 그대로 따라 하는 것 또한 같은 이유이다.

김정은이 집권한 초반기에 최고위급 인사의 처형이 이뤄진 것은 김정은이 북한에서 권력을 완전히 장악하지 못했음을 나타내고 있다. 2012년 리영호 군 총참모장의 숙청을 시작으로 매제 장성택, 현영철 인민무력부장, 리영길 총참모장 등 고위급 인사들이 계속 처형되었으며, 황병서를 비롯한 고위직이 철직(해임) 되거나 계급이 강등되는 일들이 자주 일어나고 있다.

김정은이 위기 상황에서 자신의 권력을 장악하기 위해서는 사상을 내세울 수밖에 없다. 지도자로서 내세울 것이 없이 권력을 승계한 상황에서 수령의 유일 영도체계에 기대기 위해서는 정치사상을 강조하여 돌파구를 마련하는 것이 정해진 경로이다. 김정은은 "정치사상 진지는 사회주의 수호전의 승패를 좌우하는 결정적 보루"라고 했다.(「로동신문」 2014. 2. 18.) 달리 말해, "사상이 없이는 당이 태어날 수도 존재할 수도 없으며 사상사업을 내놓은 당 사업과 혁명투쟁이란 있을 수 없다"라는 것이다. 그는 "사상에 의하여 혁명의 명맥이 지켜지고 사상의 힘으로 혁명이 진전"한다면서, "조선 혁명의 전 로정은 사실상…사상전의 력사"라고 말할 수 있다고 했다.

북한은 리더십에 있어서 무엇보다도 '사상'이 핵심적이라고 강조하고 있다. 정치이념, 즉 사상은 "정치가의 철학적 신조이고 투쟁원칙이며 령도의 라침판"이며, 정치이념에 의하여 "정치의 성격과 목적, 방식과 위력이 결정"되며 나아가서 "나라와 민족의 흥망이 좌우"된다는 것이다. 따라서 정치가는 "올바른 정치이념을 가져야 신념있고 권위 있는 정치를 할 수 있으며 어떤 환경 속에서도 조국 수호와 민족번영의 만년 토대를 마련할 수 있다"라는 것이다.(2013. 10. 27. 「로동신문」) 달리 말해, "수령의 위대성은 사상의 위대성"이며, "혁명의 령도자에게 지워진 가장 중요한 사명은 혁명의 지도 사상을 발전시켜 인민 대중의 자주 위업이 나아갈 길을 뚜렷이 밝혀주는 것"이라고 강조했다.(「로동신문」 2014. 2. 18.)

김정은은 "지금 당 조직들에서 일하는 것을 보면 당의 유일적 령도체계를 세우는 사업을 말로만, 문건으로만 하는 편향이 나타나고" 있다면서, "실지 당 안에서 현대판 종파가 발생한 것을 미연에 적발 분쇄하지 못했다"라면서, "당 안에서 또다시 종파가 나타난 것은 우리 사상일꾼들에게도 책임이 있다"라고 했다.(「로동신문」 2014. 2. 26.)

그동안 북한은 최고지도자의 위신과 국가의 자주성과 단결을 과시하기 위한 건축물 조성이나 행사에 최우선으로 예산투자를 해왔다. 1980년대 김정일에 의해서 주도된 평양의 주체사상탑과 개선문, 김일성경기장, 인민대학습당의 건립이나 1989년에 있었던 평양 세계청년학생축전의 유치 등은 경제의 합리성을 무시한 국가투자의 대표적인 경우라고 할 수 있다. 그럴 뿐만 아니라 1960년대 중후반부터 가속화된 극단적인 개인숭배 캠페인이나 각종 행사에의 잦은 대규모 군중 동원 역시 유일 체제의 유지강화라는 정치적 목표를 위해서 경제의 논리가 배제된 동원화 정책들이었다.

유일 체제 하의 경제방식은 사상동원과 동원화된 사회체계에 기초한 속도전적 방식이다. 그런데 사상론이나 동원화를 바탕으로 하는 속도전적 경제방식은 외연적 발전에 알맞은 경제지침으로 일정 정도 생산력이 오른 후에는 한계에 부딪히게 된다. 개성과 창의력이 있어야 하는 기술혁신에는 오히려 역기능적이다. 대중동원을 통한 경제 성장은 이미 북한에서 한계를 보여주고 있다.

그러므로 체제를 유지하기 위해서는 변화를 모색해야 함을 김정은도 알고 있다. 과거처럼 사상을 내세워 북한 주민들에게 무조건 복종하도록 하는 것은 혁명 1세대 때나 가능한 일이었다. 북한 주민들의 기초적인 생활을 보장하지 않고서는 체제가 유지될 수 없음을 북한 지도부도 직시하고 있다. 그러므로 북한은 기존의 수령론을 유지하면서도 새로운 이데올로기를 창출해야 하는 딜레마를 가지게 된다. 이 작업을 성공적으로 수행한다면 북한은 그만큼 체제 유지를 쉽게 할 수 있겠지만, 실패한다면 시대에 뒤떨어지는 사상에 대한 집착으로 몰락할 수밖에 없을 것이다.

현재의 북한 체제를 한마디로 성격 규정한다면 유일 체제라고 표현할 수 있다. 절대권력자인 수령을 중심으로 전체 사회가 일원적으로 편재된 이 체제는 북한 사회의 특징을 가장 분명하게 보여주고 있는 북한적 현상이다. 북한은 수령의 유일적 지도를 철저히 보장하기 위해 모든 권력기관에서 권위와 권력을 박탈하여 최고지도자에게 집중시켰다.

수령의 권위가 절대화되는 것은 사회주의에서 권력의 중심으로 자리를 잡은 당이 수령의 혁명 사상을 실현하는 도구로 위치가 저하된다는 것을 의미하며, 인민 대중의 자발적 활동이 그만큼 둔화함을 의미한다. 인민 대중은 자신들의 창의적 활동을 통해서 사회를 발전시켜나가는 대신 수령의 혁명 사상을 무조건 접수하여 실천하는 것을 미덕으로 삼는다. 따라서 북한은 정치, 경제, 사회, 문화, 교육 등 사회 각 분야가 독립된 활동 영역을 가지고 나름대로 자생력을 지닌 작동원리가 등장할 수 없다. 사회의 모든 조직은 수령의 혁명 사상을 실현하는 조직으로 자리매김할 뿐이다.

지금까지의 북한의 수령은 단지 상징적인 존재가 아니었다. 전당과 전체 인민의 사상, 의지 및 행동의 완전하고도 조건 없는 통일을 이루어 내는 구체적인 작동원리였다. 수령의 사상에 조금이라도 어긋나는 것은 곧 죽음을 의미했으며, 모든 사업은 수령의 이름으로 구체화하였고 또 전달되었다. 하지만 북한 사회 내부에는 기존 유일 지배체제의 균열이 시작되었다. 이것은 일반 민중들의 정치적 자각에 따른 반체제 세력의 형성에 의한 것이 아니라, 생존하기 위한 체제개혁의 부산물로 형성되기 시작했다.

현재 북한에서 김일성의 권위가 아직도 살아있는 현실을 고려한다면, 기존의 수령론과 사회주의 노선을 그대로 유지하면서도 그 구체적인 역할을 새롭게 창출하는 방향으로 흐를 가능성이 크다. 그것은 경제 분야에서의 부분적인 개혁과 밀접한 관계가 있다.

김정일 체제 출범 이후 북한은 외국기업의 유치를 위한 경제특구를 조성했다. 외국기업의 자율권을 최대한 보장하는 것은 수령과 당의 직접적인 지배가 그만큼 이완됨을 뜻한다. 그리고 독립 채산제를 강조했다. 북한에서의 독립 채산제는 사회주의 체제에서 제기되는 생산력 저하 문제를 해소하기 위해 공장·기업소가 부분적으로나마 독자적으로 경영 활동을 할 수 있도록 한 경영관리 방법이다. 이러한 독립 채산제는 공장·기업소가 독자적으로 은행을 이용하고 대차대조표를 작성함으로써 물자구매와 판매에서 어느 정도의 융통성을 가지고 있다. 그리고 이익금에서 국가 몫을 공제하고 남은 것을 가지고 기업소의 경영상태 개선 및 종업원들의 물질생활 개선에 활용할 수 있다. 즉 사회주의 체제에서 정치·도덕적 자극과 물질적 자극을 결합하여 생산성을 향상하는 데 목적이 있는 제도다. 물론 북한은 1970년대 초에 생산 부문뿐만 아니라 농업, 유통에 독립 채산제를 실시하였고, 1979년도부터는 정부 기관도 독립 채산제를 실시하였다. 그러나 엄격한 당적 지도 즉 중앙의 지도를 관철하는 가운데 각 단위 기업의 자율권을 인정하려고 했기 때문에 큰 효과를 거두는 데는 실패하였다.

하지만 북한이 체제를 위협하는 경제난을 극복하기 위해서는 과거의 형식적인 독립 채산제를 계승할 수는 없다. 특히 국가의 배급 제도가 붕괴한 이후 자력갱생이 강조되고 있는 점을 고려한다면 단위 기업소의 자율권이 강화될 것은 기정사실로 받아들여진다. 이는 세세한 부분까지 수령의 현지지도와 당의 지도로 통제를 받았던 생산 조직이 경제 논리에 따라 재편됨을 의미한다. 비록 북한이 경제를 회복하여 과거와 같은 당과 국가 조직의 지도를 통한 중앙집권적 지배 질서를 복원시킨다고 하더라도, 경제 논리에 따른 수입의 증대를 경험한 주민들의 의식이 과거와 같이 회귀한다는 보장이 없으므로 당의 중앙집권적 지배체제의 탈피는 가속화될 것이다.

북한에서 성행하고 있는 것 중 대표적인 것은 장마당이다. 장마당이 성행한다는 것은 경제의 사적 소유를 촉진해 주민들이 개인주의, 배금주의에 그만큼 쉽게 물들고 있음을 의미한다. 또한, 과거에는 접하지 못했던 외부세계의 정보와 북한 체제에 대한 비판적 의견을 공유할 기회가 많아졌음을 의미한다. 1998년 개정된 북한의 헌법에 개인 소유의 확대를 명문화한 것은 개인의 사적 소유화가 증대되고 있는 현실을 북한 당국이 부분적으로 인정하고 있음을 보여주고 있다.

김정일은 어려운 경제난을 극복하기 위해서 경제개방과 함께 과학 기술을 강조하고 있다. 1999년을 '과학의 해'로 지정하고 2000년에는 과학 기술이 강성대국 건설의 3대 기둥으로까지 지위가 격상되기에 이른다. 이 해 신년 공동사설은 사상, 총대와 함께 과학 기술을 강성대국 건설의 3대 기둥으로 규정했다. 북한이 과학 기술을 강조하는 것은 생산 과정을 현대화한다는 의미와 함께, 컴퓨터 네트워크(인트라넷) 구축의 의미도 포함된다.

재일본 조선인총연합회(총련) 기관지「조선신보」2003년 2월 1일자에 따르면, 북한은 전국의 광섬유 케이블에 의한 통신망을 완성하고 이에 기초한 전화의 현대화와 컴퓨터망 구축 작업을 벌인 결과 국가 범위의 거대한 인트라넷(국제 컴퓨터망, 즉 인터넷과는 잇닿아 있지 않음)을 구축하고, 본격적인 운영에 들어간 것으로 알려졌다. 컴퓨터를 통한 연락망이 형성된다는 것은 외부 정보의 통제가 사실상 불가능하다는 의미도 포함된다. 아무리 북한 당국이 사상통제를 강화하더라도, 컴퓨터 네트워크까지 철저하게 통제하여 자본주의 문화와 정보를 완벽하게 차단할 수는 없는 일이기 때문이다.

경제개방에 따른 경제특구의 증가, 단위 기업소의 자율권 증대, 외부의 정보 유입, 주민들 의식구조의 변화 등으로 대표되는 사회구조의 변화는 기존의 유일 지배체제의 근본적인 수정을 요구하게 된다. 개인과 단위 조직이 당의 직접적인 지배에서 벗어나 사적 소유를 추구하는 상황에서 수령의 혁명 사상을 사회 전 분야에 일률적으로 실행한다는 것은 공식적인 문헌에서나 가능한 것이다.

김정은 시대에 들어서서도 경제개혁의 징후는 많이 보인다. 북한이 2019년 4월 11일 최고인민회의 14기 1차 회의에서 개정한 헌법에서 "국가는 경제관리에서 사회주의 기업 책임관리제를 실시한다." (북한 헌법 33조)라고 명시했다. 북한은 헌법에 당이 주도했던 기존의 '대안의 사업체계'를 삭제했다. 대신 기업의 실제적 경영권을 보장하는 '사회주의 기업 책임관리제'를 시행한다고 못 박았다. 국가가 제시한 생산 목표를 채우면 그 외의 부분은 기업이 자율적으로 생산·판매를 할 수 있게 된 것이다. 개정 헌법은 32조에서 "실리를 보장한다"라는 말을 새로 넣으며 북한 경제 원칙을 재차 밝혀두었다.

사실 사회주의 기업 책임관리제와 관련한 김정은의 방향성은 뚜렷했다. 그는 집권 초인 2012년 6월 28일 노동당 중앙위원회 전원회의에서 "현실 요구에 맞게 우리식의 경제관리 방법을 연구, 완성할 것"을 지시했다. 당과 군 소관이던 북한의 경제사업이 내각으로 이관되었고, 기업의 경영자율권이 확대되었다. 미국의 대북 제재로 경제특구 등 북한의 대외적인 경제개방정책이 사실상 물거품이 되고 있지만, 내부적으로는 체제를 개혁하기 위해서 사회주의 정책보다는 기업의 자율권을 강화하는 방향으로 나아가고 있다.

농업 분야에서는 협동농장에서 운영방식을 분조 관리제를 강화하되 소수 작업 분조 단위 위주로 변경하여 그들이 포전(圃田, 일정한 크기로 나눈 경작용 논밭)을 담당케 하는 포전 담당책임제(포전 담당제)를 실시했다. 그리고 협동농장에 독립 채산제를 도입했다. 이에 따라 국가가 작업조에게 필요한 생산비용을 선(先)지급하며, 생산비 책정이나 수확량에 대한 가격평가 과정에서 현실적인 시장가격을 반영하기로 했다. (가변가격 제정) 또 농민들은 국가에 토지이용료와 트랙터 같은 장비 사용료, 비룟값, 전기세, 물세 등을 제외하고는 모든 생산물을 자율적으로 처분할 수 있게 되었다. 이러한 내용의 6·28 방침은 2002년 7·1 경제관리개선 조치와 마찬가지로 물질적 인센티브와 시장을 인정하고 그것들을 활용하는 정책으로 방향을 전환한 것이었는데, 7·1 경제관리개선 조치보다 진일보한 내용을 담고 있다.

북한은 2013년에 포전 담당책임제를 전국적으로 확대했고, 씨를 뿌리기부터 수확에 이르는 모든 농사 과정을 포전마다 책임지고 진행하고 있다. 이러한 포전 담당책임제는 자연히 적당히 일하고 같은 분배를 받는 건달꾼을 없애고 개인적으로 더 많은 분배를 받으려는 농민들의 물질적 동기부여 덕분에 농민들이 포전을 자기 집 텃밭처럼 여기고 주인답게 일하도록 함으로써 노동생산성을 높여 증산을 이룩하기 위한 것이다.

참고로, 북한은 아직은 가족농 도입은 생각하고 있지 않은 것으로 보인다. 그리고 모든 지역에서 분조를 3~5명 단위로 나눠 포전 담당책임제를 실시하고 있는 것은 아니며, 그 지역의 토지의 규모, 조건, 농작물의 종류 등의 상황에 따라 분조를 나누지 않고 그대로 유지하는 곳도 있다고 한다. 한편, 포전 담당책임제는 규모가 큰 농장보다 산골의 조그마한 농장에서 그 효과가 더 뚜렷한 것으로 알려져 있다. 규모가 큰 협동농장에서는 규모가 큰 작업 인원이 함께 일하는 것이 더 효과적일 것이기 때문이다.

포전 담당책임제의 경우, 농민 대 협동농장 간의 분배가 6:4 제를 적용하고 있어서, 농민들이 더 많은 이익을 얻기 위해 열심히 일하게 되었다고 한다. 그리고 밭의 이용률이 급격히 높아지고 국가가 정한 이모작 외에 3모작, 4모작까지 하는 곳도 생겨났다고 한다. 결론적으로 북한은 농업에서 포전 담당책임제와 생산물 분배 방법의 개선 등 개혁조치를 통해 1990년대 중후반 고난의 행군 시기의 심각한 식량난에서 벗어난 것으로 보인다.

공업 분야의 경우, "기업소의 최초 생산비는 국가에서 투자하고, 그 돈으로 원자재를 구입하여 생산·판매하게 되면 판매수입을 국가와 해당 기업소가 일정 비율로 나눈다."라는 내용이 포함되었다. 또 서비스, 무역 분야에서 개인 자본을 투자하여 국가 및 편의 협동기관 명의로 영리활동을 하는 것을 합법화했다. 2012년 12월 1일에는 시범적으로 시행하던 6·28 방침을 전 기업소와 전 지역에 확대·적용하였다. 그 핵심 골자는 독립 채산제의 도입을 중심으로 한 '지배인 책임경영제'의 전면 실시와 공장·기업, 협동농장의 상대적 독자성의 확대였다.

구체적으로 지배인 책임경영제는 공장 지배인이 독립 채산제를 도입해 각 기업소가 독자적으로 생산 계획부터 인원과 물자 조달, 생산물 판매·분배까지를 책임지고 경영토록 한 것이다. 기업소 간의 계약을 통해 원자재를 조달하고 생산제품을 판매할 수 있게 되었다. 지배인이 수익을 내서 근로자의 임금과 후생(식량과 복지 등)을 보장토록 했다. 국가가 기업소와 공장을 정상화하고 제품을 생산하는 데 필요한 초기 밑 자금(대략 30%)은 국가가 보장할 테니, 각 기업소와 공장은 확대재생산을 통해 근로자의 임금과 후생사업(후방사업)을 책임지라는 것이다. 기업소는 수입 중 토지이용료와 설비사용료, 전기료 등을 국가에 납부하고 남은 수익금을 동일임금제가 아닌 노동시간과 기여도 등에 따라 노동자들에게 일한 것만큼 노동보수(생활비)를 주는 성과급 중심의 차등 임금제를 실시하게 됐다. 공장과 기업소는 필요한 경우 생산성 향상을 위해 인력을 최적 규모로 구조조정을 할 수도 있게 했다. 결국, 이 모든 것은 기업과 공장이 생산성 제고, 경영과 판매전략 등 기업소의 경영전략, 기업전략이 중요해졌다는 것을 의미한다.

참고로 지배인 책임경영제라고 해서 기업소와 공장에서 당비서, 지배인, 기사장의 3위 일체식 집체적 지도방식이 변한 것은 아니었다. 여전히 사회주의적 소유를 옹호·고수하고 집단주의 원칙을 철저히 구현해나가야 함을 강조하고 있다. 종합해 본다면, 당비서가 인사권을 행사하는 등 3위 일체식 집체적 지도는 그대로 유지하면서도 기업소와 공장의 현실적인 운영에서 지배인책임제가 강화된 것으로 볼 수 있다.

이 모든 것은 북한이 1960년대 공업 분야에서의 경제관리체계로서 대안의 사업체계가 들어서기 이전인 1940-50년대 북한의 기업소에서 시행되었던 지배인 유일 책임제가 어느 정도 부활한 것이라고 할 수 있다. 대안의 사업체계에서는 모든 경영 활동이 당위원회의 집체적 지도하에 정치사업을 우선시하면서 이루어졌다.

2013년에 들어, 김정은은 3월 전원회의에서 한 보고에서 "생산수단에 대한 사회주의적 소유를 확고히 고수하면서 국가의 통일적 지도 밑에 모든 기업체가 경영 활동을 독자적으로, 창발적으로 해나감으로써 생산자 대중이 생산과 관리에서 주인으로서의 책임과 역할을 다하도록 사회주의 관리방법으로 되어야 한다."라고 했다. 즉, 우리식 경제관리 방법의 핵심은 무엇보다도 모든 기업체가 경영 활동을 독자적, 창발적으로 해나간다는 것이다. 김정은의 이러한 기준에 따라, 북한은 내각이 경제사업을 확고하게 책임지도록 했고 군 산하 무역회사들에 대한 관할권이 내각 산하로 이전됐다.

2014년 5월 30일, 김정은은 당, 국가, 군대 기관 책임일꾼들과 한 담화인 「현실발전의 요구에 맞게 우리식 경제관리방법을 확립할 데 대하여」(5.30 담화)에서 사회주의 기업 책임관리제를 내세웠다. (5.30 조치) 김정은은 사회주의 기업 책임관리제를 "공장, 기업소, 협동단위들이 생산수단에 대한 사회주의적 소유에 기초하여 실제적인 경영권을 가지고 기업 활동을 창발적으로 하여 당과 국가 앞에 지닌 임무를 수행하며 근로자들이 생산과 관리에서 주인으로서의 책임과 역할을 다하게 하는 기업관리방법"이라고 설명했다. 즉 사회주의 원칙을 확고히 견지하면서 생산과 관리를 객관적 경제법칙과 현대과학기술의 요구에 맞게 하여 최대한의 실리를 얻자는 것이었다. 이제 국가가 북한 전역의 공장과 기업, 회사, 상점 등에 자율경영권을 부여하고, 생산권·분배권에 이어 무역권까지 허용하는 등 공장과 기업의 독자적인 자주적 경영권을 허용하게 된다.

그렇다면 수령 역할의 변화가 필연적으로 요청된다. 개인의 영리활동이 허용되지 않는 분야에서는 과거 수령의 교시를 무조건 실행하는 관행이 계속되겠지만, 영리활동이 허용되는 분야에서는 변화가 발생하게 된다. 경제난 극복을 위해 경제적 개방을 강조하는 세력과 사회주의 체제의 고수를 강조하는 세력의 정책 충돌, 당적 통제의 강화를 노리는 세력과 지역 분권화를 강조하는 세력과의 충돌, 남한과의 관계 개선을 시도하는 세력과 강경노선을 주장하는 세력과의 알력, 기업의 자율권 확대에 따른 기업 이기주의의 등장 등이 그것이다. 이러한 알력을 해결하고 북한 사회를 이끌어갈 존재는 아직 절대적인 권위와 제도적 보장을 받는 수령뿐이다. 따라서 이제 수령은 세세한 지침을 내리면서 북한 체제를 이끌어 가는 역할보다 사회집단 간의 알력을 해결하는 권위로 자리매김할 가능성이 크다. 물론, 사회정치적 생명체에서 수령은 최고 뇌수로서 기존의 역할을 계속 수행하겠지만, 북한 사회의 변화에 따라 그 역할도 조금씩 변화할 가능성이 크다는 것이다. 수령의 혁명 사상을 무조건 접수하여 사회 전체를 유일 지배체제로 확립시키기에는 사회체제가 과거에 비해 많은 변화를 하고 있으며, 생존을 위한 체제 변혁과도 어긋나기 때문이다. 다시 말하면 현장을 방문하여 세세한 것까지 구체적인 지침을 내리고 사회 전체를 수령의 혁명 사상으로 무장시키면서 수령의 유일 지배체제를 완성하고자 했던 수령은 국가 기간사업 분야에서는 그 역할을 계속 수행하겠지만, 이제 일정 정도의 자율권을 보장받은 개인과 사회집단 간의 알력에 대해서는 그 갈등을 해결하는 조정자로서 그 임무를 수행할 가능성이 크다.

4. 수령의 무오류성

북한 전역에 설치된 김일성과 김정일의 동상, 현지지도 기념비, 바위에 새긴 글귀, 공식 문헌에 등장하는 교시 등을 고려하면 북한에서 수령은 그 누구도 권위를 넘볼 수 없으며 무조건 따라야 하는 존재이다. 그러므로 김정은이 지도자로 등극하자 김정은 띄우기에 본격적으로 나섰다. 북한은 김정은을 "경애하는 김정은 동지의 비범한 사상 리론적 예지와 특출한 정치 실력, 고매한 인덕은 우리 당의 조직 사상적 단결과 전투적 위력을 천백 배로 강화하는 근본 원천으로 되고 있다"라고 칭송했다.(「로동신문」 2013. 10. 10.) 영도자의 자질과 능력에서 중요한 것은 "사상 리론적 예지"인데, 김정은은 "비범한 예지로 우리 군대와 인민이 나아갈 길을 휘황하게 밝혀주시는 사상 리론의 영재"라는 것이다.(「로동신문」 2014. 1. 6.) 그는 "천재적인 예지와 선견지명, 비범한 령도력을 지니신 사상 리론의 영재이시며 희세의 걸출한 정치가"로서(「로동신문」 2014. 2. 27.), 그의 예지는 "멀리 앞을 내다보고 백승의 진로를 밝혀주시는 비범한 선견지명이며 그 어떤 복잡한 문제도 단번에 바로잡아나가시는 사상 리론적 예지"라는 것이다.(「로동신문」 2014. 1. 6.)

북한의 주체사상에서 수령은 오류가 없다. 그러므로 김정은이 등극하자 완벽한 지도자로 칭송하는 작업이 시작되었다. 이런 수령의 무오류성(無誤謬性)은 북한만이 가지는 특징이다. 중국에서조차 이런 경향은 없다. 마오쩌둥 사후 그의 후계자로 선택된 화궈펑(華國鋒화국봉)은 '양개범시론(兩個凡是論)'을 주장하였다. 양개범시는 무릇 두 가지는 무조건 옳다는 뜻으로 마오쩌둥 주석이 내린 결정은 반드시 지켜야 하며, 마오쩌둥 주석이 내린 지시는 반드시 따라야 한다는 것이다. 마오쩌둥이 낙점해 당·정·군의 일인자에 오른 화궈펑으로서는 자연스러운 결과였다.

하지만 1977년 장쑤성의 명문대학인 난징대학 철학과 후푸핑 교수는 당의 방침인 양개범시론을 비판한다. 그가 쓴 원고 제목은 '실천은 진리를 검증하는 표준'이었다. 그는 사람은 완벽한 게 아니다, 마오 주석도 잘못할 수 있다, 그러니 실제 행동을 통해 그것이 진리임을 입증할 수 있다는 논리를 개발했다. 1978년 중앙당교 내부 기관지 「이론통태」가 5월 10일 글을 실었고, 이튿날인 광명일보 5월 11일 자에 '실천은 진리를 검증하는 유일한 표준(잣대)(實踐是檢驗眞理的唯一標準)'이라는 특약평론원(特約評論員)의 문장을 실어 외부에 처음 공개했다. 관영 신화사는 당일 이 글을 전재(轉載)했다. 이튿날에는 인민일보, 해방군보 등 관영 언론들이 앞다퉈 실었다. 이 글은 1978년 중국에서 가장 중요한 정치선언으로 평가를 받고 있다.

화궈펑(華國鋒)이 실각한 이후 정권을 잡은 덩샤오핑(鄧小平)은 마오쩌둥을 평가하기로 "마오는 70%는 옳았고 30%는 잘못되었다"라는 이른바 중국인들의 전통적인 역사 인식인 '삼칠개(三七開) 정신'을 적용하면서 반인반신의 위치를 인간의 위치로 끌어내렸다. 그는 "혁명의 수령에게 결함과 오류가 없을 것을 요구한다면 그것은 마르크스주의가 아니다"라고 말하면서 오류 없는 지도란 불가능한 것으로 판단했다. 이것은 중국에서의 최고지도자는 걸출한 개인을 의미함을 의미한다. 사람은 아무리 뛰어나더라도 신이 아닌 이상 실수도 하고 결점을 지닐 수밖에 없다. 그러므로 오류란 필연적으로 발생할 수밖에 없다. 여기에서 북한의 수령과는 차이가 난다. 북한에서 수령은 걸출한 한 개인이 아니라 하나의 제도이다.

항일무장투쟁 때부터 신성시된 김일성은 권력투쟁에서 한 번도 패하지 않았고 자기 아들에게까지 권력을 승계하게 했다. 따라서 그의 사상은 항상 옳은 것으로 간주되었다. 정권의 변동이 있었던 여타 사회주의 국가와는 차이가 있다. 그래서 수령의 사상에 대해 비판할 기회가 없었다. 김일성이 수령에 걸맞은 고매한 인격과 걸출한 능력을 갖추고 있기에 수령으로 추대되었다면, 후계자가 수령의 혁명사상을 그대로 계승한다면 후계자도 절대적인 위치에 서게 된다. 물론, 북한에서는 수령의 후계자를 선택할 때 인물 본위로 뽑는다고 하여 김정일과 김정은이 김일성의 혁명사상을 계승할 수 있는 능력이 있다고 한다.

그런데 북한의 수령을 유일신과 비교하는 경향이 있다. 주체사상을 하나의 종교로 보고 유일신을 믿는 기독교와 비교하는 경향이 가끔 있다. 물론, 주체사상은 북한에서 종교의 역할을 하고 있다. 그러나 주체사상은 기독교와 다른 성격을 지녔다. 기독교는 기본적으로 현세를 부정하고 내세를 지향하는 종교이지만, 주체사상은 기독교와 달리 내세를 부정하고 현세를 긍정하기 때문에 내세관 자체가 아예 존재하지 않는다. 주체사상에서 강조하는 영생이란 사회정치적 생명이 영원하다는 뜻으로 김일성과 김정일의 육체적 생명은 끝났지만, 선대 수령의 사회정치적 생명이 지금 이 시기에 사는 인민들과 영원히 함께한다는 것이다. 그리고 주체사상의 수령-당-대중을 삼위일체로 파악하고, 그것을 기독교의 성부·성자·성령의 삼위일체와 대비하는 경향도 있다. 하지만 기독교의 성부는 세상의 밖에서 존재하는 초월적 존재다. 그러나 주체사상의 수령은 세상 안에서 존재하는 세속적 존재다. 수령이 세상을 창조하고 사람을 심판하지는 않는다.

북한이 최고지도자를 절대적인 존재로 내세우는 것은 체제의 생존과 밀접하게 관련이 있다. 미국과의 대결로 북한 체제가 위기에 처했을 때 단결의 구심으로 내세우는 인물이 수령이고 그런 수령은 한 명의 개인이 아니라 북한 전체 인민들의 상징이다. 북한 곳곳에 걸려 있는 김일성과 김정일의 초상화는 북한식의 논리대로라면 개인으로 숭배되는 것이 아니며 종교적으로 숭배 받는 지도자도 아니다. 그것은 전체 인민을 상징하는 존재이다. 이런 현상을 이해하기 위해서는 북한이 건국 이후 미국과의 대결 상태로 지냈음을 이해해야 한다. 전시상태가 되면 최고지도자는 평시와는 비교할 수 없는 엄청난 권한을 가지게 된다. 북한은 지금까지 준전시 상태로 버티어 왔다. 북한 외에 다른 국가라도 그 오랜 세월을 준전시 상태로 지내 왔다면 최고지도자의 지위는 격상될 것이다.

김일성과 김정일 그리고 김정은은 개인적으로는 실수할 수 있다. 하지만 수령의 지위에서 내린 교시는 전체 인민들의 이해와 요구를 받아안고 내린 지침이다. 그래서 수령은 오류가 없다는 수령 무오류성이 등장한다. 사람으로 비유하자면 뇌수에 해당하는 수령이 실수한다는 것은 사람이 치매에 걸린 것과 마찬가지이다.

남한 주사파의 대부로 알려진 강철 김영환이 1991년 반잠수정을 타고 북한을 비밀리에 방문한 후 전향했다. 김일성을 만나 보니 김일성이 주체사상도 잘 모른다는 느낌을 받았다고 한다. 김일성의 사상이나 국제정세 인식은 1930-40년대의 그것에 완벽하게 박제되어 있었고 빨치산 활동의 추억에 묻혀 살아가는 노인처럼 보였다고 한다. 무엇보다 그가 실망한 것은 북한 주체사상 학자들과의 토론이었다. 김영환은 "수령이 문화대혁명과 같은 오류를 범하려고 하면 어떻게 하겠느냐"라는 질문을 하자 주체사상의 전문가들이 대답을 못했다고 한다. 그래서 주체사상이 국교처럼 되어있는 나라에서 정작 주체사상을 연구하는 것은 불가능한 국가임을 느꼈다고 한다.

하지만 수령을 이해할 때 놓쳐서는 안 되는 점이 있다. 수령도 주체사상의 시스템 속에서 존재하고 있다. 수령이 내린 교시는 개인이 내린 명령이 아니다. 인민들의 요구를 받아안고 당에서 충분히 논의한 지침이다. 전체 인민과 당원들의 토론 결과를 수령의 이름으로 교시로 내리는 것이다. 물론 김일성, 김정일, 김정은의 개인적 의견이 반영되지만, 즉흥적으로 정책을 결정하는 것이 아니라 기본적으로 노동당에서 충분히 토의하는 절차를 거친다. 현지지도에서 수령이 인민들의 생활을 파악하고 개선책을 제시하면 당에서는 그것을 시행하기 위해 토의를 한다. 그리고 그것을 수령의 이름으로 정책을 집행한다. 그 반대로 하급 당에서 올라오는 의견을 중앙당에서 토론하고 수령이 교시한다. 그러므로 수령의 교시는 그 시점에서는 가장 합리적인 지침이 된다. 그래서 오류가 있을 수가 없다. 문화대혁명기의 오류는 사전에 현실을 조사하고 충분한 토론을 거치지 않고 내린 결정으로 권력투쟁의 산물이며 홍위병의 성급한 행동으로 많은 부작용이 발생한 것이다. 이를 인민을 당의 두리에 묶어 당의 지도를 받게 하는 북한과 비교하는 것은 북한으로서는 어불성설(語不成說)이다.

북한이 대외적으로 취하는 정책은 주체사상에 바탕을 두고 있다. 북한이 세상의 온갖 비난에도 불구하고 핵무기를 포기하지 않는 까

닭은 '국방에서 자위'라는 주체사상의 지도적 원칙 때문이다. 북한이 경제적 어려움에도 자본주의적 개혁과 개방을 꺼리는 까닭 역시 주체사상에서 찾아볼 수 있다. 한때 중국이 북한에 경제특구를 건설해서 북한 경제를 부양하려는 방안이 논의된 적이 있다. 북한에 경제특구를 건설해서 북·중 간의 경제적 교류가 활성화된다면 북한의 경제는 비약적으로 발전할 수도 있다. 그러나 북한은 중국의 경제적 식민지로 전락할 가능성을 크게 우려하고 있다. '경제에서 자립'이라는 주체사상의 지도적 원칙을 견지했기 때문이었다.

북한의 통일정책에도 주체사상이 녹아 있다. 6·15 남북공동선언 북측 발표문 제1조는 다음과 같다. "북과 남은 나라의 통일 문제를 그 주인인 우리 민족끼리 서로 힘을 합쳐 자주적으로 해결해 나가기로 하였다." 이 문장은 '정치에서 자주'라는 주체사상의 지도적 원칙을 전형적으로 서술한 것이다.(박한식 "북한은 주체사상의 나라… '역지사지' 눈으로 봐야 보인다", 「한겨레」 2020. 2. 12.)

북한에서 수령은 전체주의 국가에서의 독재자가 아니다. 독재자 개인이 자신의 의지에 따라 모든 정책을 마음대로 펼치는 시스템이 아니다. 주체사상을 바탕으로 하여 인민들의 요구를 당에서 충분히 토론하고 나온다. 모든 정책은 주체사상을 바탕으로 하고 있으며, 당내 토론을 필수적으로 거치게 되어있다. 그러므로 수령이 자기 기분 내키는 대로 정책을 할 수 있다는 생각을 버려야 한다.

그리고 자연재해가 발생하고 국내외적인 정세가 바뀌는 등 새로운 환경에 접하면 수령의 교시도 바뀐다. 상황이 바뀌면 그 상황에 맞는 새로운 정책을 결정하면서 계속 나가는 것이다. 이것이 바로 북한이 주장하는 '수령의 무오류성'이다. 북한에서 처음에는 민족주의에 대해 부정적으로 서술했으나 시대적 상황이 바뀌면서 민족주의를 재해석하여 긍정적으로 묘사하는 것이 이에 해당한다. 초창기 김일성 저작집과 민족주의가 본격적으로 나온 이후 민족주의를 서술한 김일성 저작집의 내용이 조금 다르다. 김일성 저작집의 새로운 판을 낼 때마다 과거 김일성의 발언이나 저작 중 정세에 맞지 않는 부분은 정세에 맞도록 자구를 수정해 왔다. 우리 역사학계에서는 그것을 역사 조작이라고 비판해 왔다. 하지만 김일성의 최초 발언을 담은 서적은 그대로 보관하고 있다. 필요하면 당시 발언이 그대로 실려 있는 초창기 서적을 참고하면 된다.

과거 북한에서는 종교에 대해 부정적으로 취급했다. 하지만 1989년 6월 6일 천주교정의구현전국사제단 남북 동시 통일 염원 미사의 일환이라는 명목으로 문규현 신부가 입북하여 평양 장충성당에서 미사를 봉헌하고, 1989년 7월 정의구현사제단의 결정에 따라 평양 청년학생축전에 밀입북하여 참가한 임수경의 판문점 귀환 목적으로 다시 밀입북하였다. 이후 장충성당은 남북 간의 평화를 위한 가교역할을 꾸준히 해오고 있다.

1989년 3월 25일 전국민족민주운동연합(전민련) 상임고문인 문익환 목사가 방북하고 김일성과 면담을 했다. 이후 한국전쟁 시기에 사람들이 피신해 있는 교회를 폭격하고 무참히 학살한 '기독교의 나라' 미국을 기억하는 북한 주민들이 기독교를 긍정적으로 생각하게 되었다. 그러자 북한 당국은 1992년 말 평양에 칠골교회를 건립한다. 칠골교회는 김일성의 외할아버지인 강돈욱이 시무 장로로 재직한 교회이고, 어머니인 강반석이 태어나고 자라면서 다녔던 곳이며, 김일성 자신도 어렸을 때 이 교회에 다녔다고 한다. 부주석을 지낸

강양욱 목사 역시 어린 시절을 보낸 교회이기도 하다. 또한, 김일성의 회고록 '세기와 더불어'에는 기독교인들에게 많은 도움을 받은 내용이 나온다.

그런데 최근 북한은 과거와는 다른 경향을 보인다. 과거에는 김일성과 김정일은 절대적인 존재로 묘사되고 결점이 있는 모습을 보이지 않았다. 인민들 속에 있지만, 인민들과 같아질 수 없는 존재이다. 그런데 젊은 김정은은 다른 모습을 보인다. 2017년 신년사에서 이례적으로 "능력이 따라서지 못하는 안타까움과 자책 속에 지난 한 해를 보냈다."라며 지도자의 부족함을 반성했다. 2020년 8월에 열린 노동당 중앙위원회 전원회의에서는 2016년 제7차 당대회 때 내세웠던 '국가경제발전 5개년 전략'이 실패했다고 시인하고 2021년 1월 제8차 당대회에서 새로운 '국가경제발전 5개년 계획'을 제시하겠다고 밝혔다. 또한, 2020년 9월 발생한 연평도 공무원 이모(47) 씨 피살 사건에 대해 "문재인 대통령과 남녘 동포들을 크게 실망하게 해 대단히 미안하다."라고 사과했다.

이러한 현상들은 김일성, 김정일 시대에는 없었던 현상이다. 2009년에 있었던 화폐개혁 때도 민심의 불만을 잠재우기 위해 화폐개혁을 망쳐놓았다는 혐의로 박남기 노동당 재정계획 부장을 처형했다. 그리고 김영일 총리가 수천 명 평양시 인민반장들 앞에서 자아비판을 했다. 중대한 화폐개혁 실패도 수령의 잘못이 아니라 측근들의 잘못으로 떠넘겼다.

북한에서는 김일성을 혁명에 있어 가장 완벽한 인간으로 칭송하고 그의 사상을 영생불멸이라고 평가한다. 그런 김일성의 사상과 사업방식을 계승하는 존재가 수령의 후계자이다. 김정은이 수령의 혁명사상을 계승·발전시키는 데 있어서 가장 탁월한 존재로 옹립되었지만, 그것이 김일성과 같은 능력을 지닌 존재라는 의미가 아니다. 아무리 인물 본위로 후계자를 선택한다고 하더라도, 항일무장투쟁의 든든한 배경 속에서 카리스마를 축적하고 북한 정권을 유지한 김일성보다는 국정 운영이 짧은 김정은의 능력이 부족할 수도 있다. 북한도 이것을 부인하지 않는다. 개인적인 능력이 꼭 김일성과 같을 수는 없다. 하지만 김정은은 김일성과 김정일의 사상을 계승하는 후계자이기에 선대 수령의 혁명사상을 계승하는 한 절대적인 권위를 가질 수가 있다. 그러므로 김일성처럼 백전백승의 강철의 영장도 아니고 불세출의 영웅도 아닐지라도, 김정은이 전체 인민들과 전 당원들의 토의 속에 결정된 내용을 김정은의 이름으로 발표한다면 인민들은 무조건 접수해야 한다. 그것은 김정은 개인의 결정이 아니라 수령이 내린 교시이기 때문이다.

이경식

대학교 때 통일 운동을 하다가 입대를 하였다. 우연한 기회에 비무장지대에서 마이크로 북한의 정치 군관과 대화를 하는 대면병 생활을 하면서 북한 이해의 지평을 넓혔다. 전역 후 북한을 계속 연구하여 박사학위를 받았고 부산대학교에서 「북한정치론」, 「북한 사회의 이해」, 「한국 정치론」 등을 강의하였다.

제12기 민주평화통일자문회의 자문위원으로 위촉된 이후 제16기 자문위원까지 10년 동안 활동하였으며, 제17기 통일부 통일교육위원으로 활동하였다. 현재는 경남 양산제 일고등학교에서 교사 생활을 하고 있다.

수령의 나라

초판인쇄 2021년 1월 26일
초판발행 2021년 1월 26일

지은이 이경식
펴낸이 채종준
펴낸곳 한국학술정보㈜
주소 경기도 파주시 회동길 230(문발동)
전화 031) 908-3181(대표)
팩스 031) 908-3189
홈페이지 http://ebook.kstudy.com
전자우편 출판사업부 publish@kstudy.com
등록 제일산-115호(2000. 6. 19)

ISBN 979-11-6603-297-4 03340